진주 3·1운동과
근대 사회 발전

진주학총서 1

진주 3 · 1운동과 근대 사회 발전

2020년 12월 20일 초판 인쇄
2020년 12월 30일 초판 발행

지은이 | 김중섭, 이준식, 김준형, 조헌국, 김희주, 김형목, 조미은
교정교열 | 정난진
펴낸이 | 이찬규
펴낸곳 | 북코리아
등록번호 | 제03-01240호
주소 | 13209 경기도 성남시 중원구 사기막골로 45번길 14
우림2차 A동 1007호
전화 | 02-704-7840
팩스 | 02-704-7848
이메일 | sunhaksa@korea.com
홈페이지 | www.북코리아.kr
ISBN | 978-89-6324-742-7(93900)

값 22,000원

진주학총서 1

진주 3·1운동과 근대 사회 발전

김중섭 · 이준식 · 김준형 · 조헌국 ·
김희주 · 김형목 · 조미은 지음

북코리아

책을 펴내며

2019년, 3 · 1운동 100주년을 맞이했다. 3 · 1운동은 일제 식민지배에 대한 범민족적 항거였다. 식민지로부터 독립을 선언하고 전국적으로 비폭력적 만세 시위를 벌였지만, 일제의 탄압을 받으며 폭력을 수반한 항쟁으로 바뀌어갔다. 그 뒤 3 · 1운동의 영향으로 수립된 대한민국임시정부가 근대국가 건설의 토대가 되었고, 3 · 1운동 이후 폭발적으로 일어난 다양한 사회운동은 한국 사회가 근대 사회로 나아가는 동력이 되었다. 그렇기 때문에 3 · 1운동은 단순한 독립 만세 시위로 보는 해석에 머무르지 않고 근대 사회로 넘어가는 역사의 분수령이라고 본다. 더 나아가 근대 역사의 큰 획을 긋는 '혁명'으로 평가한다. 진주에서 일어난 3 · 1운동과 그 뒤에 일어난 지역사회운동은 이러한 특징을 잘 보여준다.

진주문화연구소는 3 · 1운동 100주년을 기념하여 진주 3 · 1운동의 역사적 의미를 새겨보는 학술대회를 두 차례 열었다. 2019년 3월 22일 진주교회에서 열린 학술대회는 진주지역의 3 · 1운동에 초점을 맞추었고(자료집 「진주 3 · 1운동을 다시 돌아보다」 참조), 9월 27일 진주교육청에서 열린 학술대회는 3 · 1운동 이후의 진주지역 사회운동을 중점적으로 살펴보았다(자료집 「진주

3 · 1운동의 역사적 재평가」 참조). 이 두 차례 학술대회를 통해 진주지역 3 · 1운동과 그 이후의 사회운동이 진주의 오랜 역사와 밀접하게 이어져 있으며, 역사도시 진주의 진면목을 보여주는 또 하나의 사례라는 것을 확인하게 되었다. 특히, 이 역사가 근대 사회로 나아가는 견인차 역할을 했다는 것을 보았다. 이때 발표된 논문들을 다시 다듬어 실은 것이 이 책이다.

이 책이 3 · 1운동과 그 이후의 사회운동을 평가하는 데 조금이나마 이바지하게 된다면 두 차례의 학술대회와 이 책을 준비한 사람들에게 큰 기쁨이 될 것이다. 아울러 진주지역 연구가 활발하지 않은 아쉬움을 달래면서 이 책의 출간을 계기로 앞으로 더 많은 연구가 이루어지면 좋겠다는 바람을 갖고 있다. 한국 근대 역사의 분수령으로 평가되는 진주 3 · 1운동과 지역 사회운동에 관해 밝혀져야 할 사항이 여전히 많다고 생각하기 때문이다.

이 책은 진주지역에 대한 깊이 있는 연구서를 지향하는 '진주학총서' 시리즈를 여는 책이다. 시리즈 첫 책으로 선정한 진주문화연구소 간행위원회에 감사드리며, 출판계의 어려운 여건 속에서도 이 시리즈의 출판을 맡아 주기로 흔쾌히 결정해주신 북코리아 이찬규 대표께 감사드린다. 아울러 이 책의 출간은 삼광문화연구재단의 진주학총서 출판지원사업을 통해 이루어졌음을 밝히며, 진주지역의 문화 창달을 위해 애쓰시는 윤철지 이사장께 마음 깊이 감사의 마음을 드린다.

2020년 10월 1일

글쓴이를 대표하여 김중섭 씀

차례

차례

차례

머리글

역사도시 진주와 3·1운동

—

김중섭

1. 역사도시 진주의 의미

역사도시는 오랜 역사를 가진 도시라는 뜻만이 아니라 "역사적으로 기록될 만한 의미 있는 사건이 일어난 현장"을 의미한다. 이런 점에서 진주가 역사도시라는 것에는 이의가 별로 없다.[1] 우선, 진주는 지방 도읍으로서 오랜 역사를 갖고 있기 때문이다. 이곳 남강 유역에서 청동기시대 유적이나 가야시대 유물과 유구가 발견되었다는 것은 진주가 오랫동안 남강 유역에 형성된 집단 거주지였다는 것을 보여준다. 또 통일신라가 관할 지역을 9주로 구분할 때 청주(菁州)로 명명된 도읍이 이 지역에 설치되었다(신문왕 5년, 685). 그 뒤 강주(康州)로 개명되었다가 다시 청주, 강주로 바뀌었다. 고려시대에 전국을 10개 도로 나눌 때 '진주(晉州)'라고 명명되었고(성종 14년, 995), 그 이름이 오늘날까지 이어지고 있다. 진주는 계속 경상도 지방행정 중심지의 위상을 누리다가 1925년 일제의 경남도청 부산 이전 정책에 따라 광역행정 관청 소재지 지위를 잃게 되었다. 그러니까 1919년 3 · 1운동은 물론 1920년대 전반기 사회운동이 활발할 때 진주는 도청 소재지로서 지역 행정의 중심 도시였다.

1,300년 동안 지방행정 중심지였던 진주는 뜻깊은 역사가 일어난 현장이기도 하다.[2] 그 가운데 하나가 조선 중기 임진왜란 때의 진주성 전투다.[3] 첫 번째 진주성 전투는 임진년(1592) 10월 3만 명(일본 측 기록은 2만 명)의 왜군이 진주성을 공격할 때 3,800여 명의 군사가 엿새 동안 접전하면서 공격을 물리친 '빛나는 승리'였다. 이것이 임진왜란 3대첩 가운데 하나로 회

---

1) 김중섭, 「진주는 역사도시인가?」, 『문화고을 진주』(진주문화연구소) 12호, 2018, 4-14쪽.

2) 김해영, 『진주 역사』(진주문화를 찾아서 13), 문화고을, 2010(초판); 한국문화사, 2020(개정판) 참조.

3) 지승종, 『진주성 전투』(진주문화를 찾아서 14), 문화고을, 2011.

자되는 진주대첩이다. 이 승리로 경상우도의 여러 고을과 곡창 지대 호남이 왜군의 유린을 피할 수 있었다.

그 이듬해인 계사년(1593) 6월 10만 명의 왜군이 앞선 패배를 설욕하기 위해 진주성을 다시 공격했다. 위급하게 진주성을 사수하기 위해 호남 등지에서 모여든 의병을 포함한 6~7천 명의 병사가 대항했다. 그러나 결국 진주성은 함락되었고, 왜군의 광기 어린 만행에 7만 명의 민관군이 목숨을 잃는 참혹한 일이 벌어졌다. 논개가 왜장을 끌어안고 남강에 투신 자결한 것도 이때의 일이다. 이렇게 제2차 진주성 전투는 비록 패전이었지만, 목숨을 아끼지 않은 군관민의 '빛나는 충절'이 높이 평가되었다. 그리고 후대의 사람들은 임진년의 진주대첩과 계사년의 순국 역사를 기억하며 진주를 호국 충절의 고장이라고 칭했다.

진주는 근대 역사 현장으로도 이름이 높다. 1862년(임술년) 진주농민항쟁은 그 가운데 하나다.[4] 19세기 조선 사회는 관리들의 부패와 부조리로 백성의 원한이 널리 퍼져 있었다. 500년을 지배한 조선 왕조는 백성이 겪는 고통을 해결하려고 노력하지 않았다. 이에 대응한 농민항쟁은 정부 관리의 악행을 응징하며 사회 개혁을 요구하는 것이었다. 특히, 1862년 농민항쟁은 전국적으로 확산된 큰 사건이었다. 그 출발이 진주농민항쟁이었다.

1862년 2월 진주에서 일어난 농민항쟁은 10여 일간 지속되었다. 그 영향으로 3월에 이웃 지역인 함양, 거창과 가까운 전라도 지역에서 농민들이 봉기했다. 4월에는 경상도 전 지역으로, 5월에는 충청도와 전라도 나머지 지역까지 농민항쟁이 퍼져나갔다. 그리고 삼남 지방, 경기도, 황해도, 함경도까지 농민항쟁이 확산되어 임술년 내내 전국 곳곳에서 소요가 지속되었다.

---

4) 김준형, 『1862년 진주농민항쟁』(진주문화를 찾아서 4), 지식산업사, 2001.

임술년 농민항쟁은 국가의 책무를 묻는 백성의 행동이었다. 조선 왕조의 지배 질서에 도전하며 사회 개혁을 요구하는 역사였다. 그 흐름은 30년 뒤 갑오년(1894) 동학농민전쟁으로 이어졌다. 농민군 측이 내건 신분제 타파, 과부 재가 요구 등은 사회 폐습을 개혁하여 새로운 사회를 만들고자 한 백성의 염원을 담은 것이었다. 그런데 이를 무시한 채 개혁을 짓밟은 조선 사회의 지배 집단은 결국 국권 상실과 일제 식민지 전락을 초래하고 말았다.

이렇듯 진주는 기록할 만한 우리나라 역사 현장이다. 이 책은 3 · 1운동과 뒤이어 일어난 사회운동이 역사도시 진주의 또 하나의 사례라는 것을 보여줄 것이다. 무수한 과거 사실 가운데 역사적 의미를 밝혀내기 위해서는 특별한 작업이 요구된다. 연구자들은 의미 있다고 평가되는 과거 사실을 특정한 관점을 갖고 살펴보며 설명하고 해석하게 된다. 이처럼 역사적 사실을 탐구하고 기록하고 설명하고 해석하는 과정을 거쳐 과거 사실은 '역사'로 기록되고, 후대에 의미 있게 인식될 것이다. 이 책은 그러한 일을 하려는 것이다. 곧, 진주지역 3 · 1운동과 그 후의 사회운동이라는 역사적 사실을 탐구하고 기록하며, 설명과 해석을 통해 그 역사적 의미를 찾아보려 한다. 이 연구의 결실은 진주의 정체성을 확립하고 역사도시의 모습을 밝히는 데 이바지할 것이다.

요컨대, 이 책은 진주 3 · 1운동의 배경과 진행 과정을 설명하고, 그 이후의 사회운동과 연결 지어 논의하며 그 역사적 의미를 평가하려는 것이다. 그 역사는 진주지역뿐만 아니라 우리나라 전체의 역사적 과정과 밀접하게 이어져 있으므로 근대 사회로의 이행 과정을 설명하는 데 이바지할 것이다. 이렇게 한국 사회가 근대 사회로 나아가는 데 선구적 역할을 한 진주의 3 · 1운동과 그 이후의 사회운동은 또한 역사도시 진주의 위상을 높이는 데 이바지할 것이다.

2. 진주 3·1운동의 배경과 성격

100주년이 지난 이 시점에 3 · 1운동이 한국 사회의 여러 부분과 지역에 미친 영향에 대한 역사적 평가 작업은 의미 깊은 일이다. 1919년 3월 1일 서울을 비롯한 7개 지역에서 시작된 3 · 1운동은 일제강점기뿐만 아니라 우리나라 역사에 새로운 획을 긋는 역사이기 때문이다. 그것은 나라 잃은 상황에서 백성이 일제에 저항하여 독립을 이루고자 결연히 분기하여 행동한 역사다. 또 식민지배에서 벗어나 새로운 나라와 사회를 만들고자 하는 백성의 바람이 표출된 역사였다. 그러나 3 · 1운동을 3월 1일에 시작되어 몇 달 동안 지속된 만세 시위로만 보지 않고, 그 뒤에 신분제, 지주 소작제, 조선 사회의 폐습을 개혁하고 근대 사회로 나아가고자 한 여러 사회운동이 활발하게 전개되었다는 것에 주목하게 된다. 일제 식민지로 전락하여 억압받아온 상황이 3 · 1운동의 배경이었지만, 근대 사회로 나아가고자 하는 백성의 열망이 그 이후의 사회운동을 이끌어갔다. 그리고 그 유산은 오늘날에도 우리 사회에 커다란 영향을 미치고 있다는 점을 간과할 수 없다. 이 책의 권두 논문은 이와 같은 3 · 1운동의 역사적 의미를 논의하고 있다.

진주지역의 역사를 살펴보면, 3 · 1운동은 이전의 역사적 · 사회적 과정과 밀접하게 이어져 있다. 식민지로 전락되는 전후 시기에 진주에서는 전국의 흐름에 맞추어 의병 활동이 벌어졌고, 국채보상운동이 전개되었다. 그러한 맥이 3 · 1운동으로 이어졌다. 이 책의 1장은 이러한 진주 3 · 1운동의 역사적 배경을 설명하고 있다.

또 3 · 1운동에 이어서 소년운동, 농민운동, 소작인운동, 학교 설립 운동, 주민교육운동, 형평운동 등 근대 사회로 나아가려는 활동이 일어났다. 이러한 일련의 역사적 흐름은 역사도시 진주의 오랜 유산을 토대로 하여 근대로 나아가려는 사회적 바람을 반영하고 있다. 이러한 3 · 1운동 이후의 사회운동을 이 책의 제3장, 제4장, 제5장에서 깊이 있게 설명하고 있다.

이러한 역사적 흐름을 파악하기 위해 진주지역 운동의 전개 과정과 특징을 간략하게 살펴보고자 한다.[5] 진주의 만세 시위는 3월 18일 처음 일어났다. 3월 1일 시작된 만세 시위가 진주에서 다소 늦게 일어난 것은 서울에서 멀리 떨어진 지리적 요인도 작용했지만, 3 · 1운동을 준비한 조직이나 인물들과 사전에 연결되지 않은 탓이 크다. 시위는 늦게 일어났지만, 진주 사람들도 전국의 시위 확산 상황을 진작 인지하고 있었다. 고종의 인산을 보기 위해 서울에 갔다가 만세 시위를 목격한 사람들도 있었고, 다른 지역의 독립 만세 시위 소식도 전해지고 있었다. 3월 10일 진주 시내에는 조선 독립 격문이 나붙어서 경찰 경계가 한층 강화되었다. 3월 11일 부산에서 일어난 시위가 동래, 밀양, 의령, 함안 등 경남 지역으로 확산되고 있다는 소문도 전해졌다.

이런 가운데 진주의 젊은이들이 시위를 계획했다. 그들은 사람들이 많이 참여할 수 있도록 3월 18일 장날에 시내 여러 곳에서 동시다발로 시위를 벌였다. 최초의 시위 장소는 다소 논란이 있다. 옥봉동, 시장통, 봉곡동, 재판소 앞, 촉석광장, 남문 안 가운데 작게는 세 곳, 많게는 다섯 곳으로 기록이 엇갈린다. 이 책 제2장에서는 진주 3 · 1운동의 발발과 전개에 관해 살펴보았다.

주동자의 치밀한 계획과 주민의 적극적인 참여로 진주 3 · 1운동이 성공적으로 전개되었다. 이는 전국의 다른 지역과 비슷한 양상이었다. 3월 1일 서울에서 독립선언서를 발표한 민족대표들이 일제 경찰에 끌려가서 지

5) 진주지역 3 · 1운동 전개는 김중섭, 『사회운동의 시대: 일제침략기 지역 공동체의 역사 사회학』, 북코리아, 2012, 제2부 1장 참조.

도부 공백이 생겼어도 진주와 같이 각 지역 지도자들이 자발적이며 독자적으로 시위를 조직하고 이끈 덕분에 3 · 1운동이 성공적으로 확산되었다.

진주의 만세 시위는 읍내에서 며칠 동안 연이어 일어났다. 뒤이어 농촌 지역까지 확산되어 4월 초까지 곳곳에서 간헐적으로 일어났다. 만세 시위의 성공적인 확산은 각계각층 주민의 적극적인 참여 덕분이었다. 시위 참가자들은 학생, 상인, 농민, 노동자, 기독교인, 기생, 걸인 등 다양했다. 농민들은 농악대를 앞세우고 참여했고, 상인들은 가게 문을 닫았다. 학생들은 동맹 휴교를 결의하고 가담했다. 광림학교 악대부는 시위대 앞에서 연주하며 시위를 이끌었다. 조선 시대의 천민 집단인 기생들이 독자적으로 시위를 벌여 언론에 보도되었다.[6] 하층민인 걸인(거지)들도 만세 시위에 참여했다. 말 그대로 각계각층 주민이 독립 열망을 표출했다.

만세 시위를 계획하고 주도한 지도자들의 배경도 다양했다. 심두섭, 이강우, 김재화, 강달영, 권채근, 정준교, 강상호, 강주한, 박진환 등 지도자의 대부분이 교육 수준이 높은 30세 전 · 후반의 청년들이었다. 호주 선교사가 세운 광림학교, 지역 주민이 설립한 봉양학교 등의 학생, 졸업생, 교사들이 많았다. 학교에 다니기 위해 진주로 와 있던 다른 지역 사람들도 있었다. 직업도 대서인, 미곡상, 광산업, 잡화상, 농업 등 다양했다. 만세 시위에 쓰려는 독립선언서를 등사하여 집에 감추어두었던 정용길은 일제 경찰의 하급 관리인 순사였다. 또 조선총독부 기관지 『매일신보』에 "진주 소요 범인에 재산가가 다수"라고 보도될 정도로 지역 유력자나 그 자제가 많았다.[7]

---

6) 『매일신보』, 1919년 3월 25일.

7) 『매일신보』, 1919년 4월 26일.

3. 진주 3·1운동의 영향

3 · 1운동은 이전의 역사적 경험과 이후의 다양한 사회운동을 잇는 연결고리였다. 19세기 말의 농민항쟁, 의병 활동 같은 집합행동의 경험, 1900년대에 전개된 애국계몽운동, 사립학교 설립 운동, 물산장려운동 같은 민족주의적 경험이 3 · 1운동의 발발과 전개에 작용했다. 또 기독교 전래 등 외세의 영향 아래 활발해진 교육 및 계몽 활동, 사회 개혁 활동도 식민지로 전락한 민족 상황을 깨닫고 조선 사회 개혁이라는 시대적 소명 의식을 조성하는 데 이바지했다. 이러한 상황에서 3 · 1운동은 단발성의 만세 시위에 머무르지 않고 그 이후 폭발적으로 일어난 사회운동의 원동력이 되었다.

3 · 1운동을 겪으면서 독립 쟁취와 함께 시대적 과제인 사회 개혁의 움직임이 활발하게 일어났다. 대표적인 보기가 3 · 1운동 직후의 임시정부 수립이었다. 그 정치 체제는 조선 사회를 지배해온 왕정이 아니라 국민이 대표자를 뽑는 공화정이었다. 임시정부가 채택한 대한민국임시헌장은 남녀, 귀천, 빈부 계급이 없는 평등한 사회를 지향한다는 것을 명시했다. 모든 구성원이 평등을 누리는 사회가 한국의 미래상이었다. 이 책의 권두 논문은 이러한 3 · 1운동의 성격을 다루고 있다.

사회 전반에 광범위하게 남아 있는 조선 사회 폐습의 개혁은 20세기 초의 시대적 과제였다. 1894년 갑오개혁의 신분제 혁파에도 불구하고 신분 중시와 반상 차별의 관습이 일상생활에 뿌리 깊게 박혀 있었다. 남자와 여자, 어른과 아이 사이의 엄격한 위계질서를 강조한 유교 관습의 잔재는 어린아이와 여성의 삶을 억압했다. 또 조선의 농업 사회에서 통용되던 지주 소작제의 폐습이 그대로 지속되었다. 오히려 일제 침략과 함께 토지 소유의 편중이 심화되면서 지주의 전횡과 소작인에 대한 불공정 관행이 더욱 악화되었다.

3 · 1운동은 온 민족이 바라던 독립을 이루지 못했지만, 사회 개혁의 출발점이 되었다. 식민지배에서 벗어나기 위해 벌인 집합행동의 경험은 사회 개혁 활동의 원동력이 되었다. 감옥에 갔건 가지 않았건, 3 · 1운동을 경험한 주민은 사회를 바꾸기 위한 사회운동에 적극적으로 참여했다. 전국 차원뿐만 아니라 각 지역에서 다양한 목적의 사회운동 단체가 폭발적으로 생겨났다. 진주의 경우, 1925년까지 신문에 보도된 단체가 60개가 넘었다.[8)]

1920년대 조선 사회 전반에 확산되어 있는 문제를 해결하려는 청년운동, 노동운동, 농민운동이 활발했다. 이른바 '사회운동의 시대'였다. 그것은 민족 독립과 해방을 쟁취하여 새로운 사회를 만들고자 했던 3 · 1운동을 계승 · 발전한 것이었다. 또 사회 변혁에 대한 시대적 요구의 소산이었다. 그들의 목표는 사회 폐습을 타파하고 새로운 사회를 주체적으로 만들려는 것이었다. 이러한 양상은 이 책의 제3장에서 상세하게 다루고 있다.

1921년 진주에서 전국 최초의 소년단체인 '진주소년회'가 결성되었다. 유교 지배의 전통 사회에서 제대로 대우받지 못하던 어린이를 위한 단체였다. 주동자들이 불온 활동을 했다고 경찰에 잡혀간 탓으로 이 단체는 오랫동안 유지되지 못했다. 그러나 그 정신은 다양한 어린이운동으로 이어졌다. 외래 종교인 기독교와 천주교, 전통 종교인 보천교와 천도교 등 종교단체들이 적극적으로 어린이의 권익을 위해 활동했다. 이 책의 제4장은 이러한 활동을 다루고 있다.

그 이후 전국에서, 또 해외에서 어린이운동이 일어났다. 1921년 방정환이 주도한 천도교소년회 결성, 1923년 동경 유학생들의 어린이 문화운동 단체인 색동회 결성, 1923년 어린이 잡지 창간, 어린이날 제정 등 어린이 권익 활동이 시대적 흐름에 따라 발전했다. 이들의 아동 권리공약 3장 주창

8) 김중섭, 위의 글(2012), 70쪽.

은 1924년 9월 국제연맹의 어린이 권리선언 채택에 앞서 이루어진 선구적인 역사였다.

여성도 유교 관습에서 억눌림을 받은 피해자였다. 여성들은 자유로운 외부 활동이 허용되지 않았고, 교육도 제대로 받지 못했다. 이러한 폐습 타파에 진주지역의 기독교와 천주교 여성 단체들이 앞장섰다. 여성을 위한 야학이나 강습소를 설치하여 여성 교육 기회를 확대했고, 여성의 사회 참여를 독려했다. 또 여성의 중등교육을 위한 일신여자고등보통학교가 설립되었다.[9)]

조선 사회의 신분제 타파를 위한 활동도 생겨났다. 1923년 4월의 형평사 창립이었다.[10)] 조선 사회의 엄격한 신분제 위계질서에서 가장 천대받던 백정을 위한 단체였다. 목적은 백정 차별을 철폐하고 평등 대우를 주창하는 것이었다. 모든 사람의 기본 권리를 실현하여 평등 사회를 만들려는 것이 궁극적인 목적이었다. 전국 조직으로 발전한 형평사 활동은 일제강점기에 단일조직으로 가장 오랫동안 지속된 사회운동이었다. 형평운동은 차별 없는 사회, 평등한 사회를 만들고자 한 우리나라 인권운동의 금자탑으로 평가된다. 형평운동의 발상지 진주는 일제강점기 내내 형평운동의 메카로 기억되었다. 이 책의 5장은 형평운동을 논의하고 있다.

3 · 1운동 이후 진주지역에서 활발하게 전개된 소작인 운동도 사회 개혁 활동으로 기억되어야 한다. 3 · 1운동으로 복역한 강달영, 김재홍 등 지역의 사회운동가들이 출옥 후 조선노동공제회 진주지부를 결성하여 소작인의 권익을 보호하는 활동을 벌였다. 그들은 지주와 농지 관리인 마름이

9) 처음에는 남자 고등보통학교를 설립하려고 했으나 일제의 간계로 좌절되었다. 그렇지만, 일제가 남자학교를 세우는 대신에 여자학교 설립을 제안했을 때 여성 권익의 중요성을 인식하여 수용했다. 이 과정에 관해서는 김중섭, 위의 글(2012), 제2부 2장 「일제 식민 통치와 주민교육운동」 참조.

10) 김중섭, 『형평운동』(진주문화를 찾아서 3), 지식산업사, 2001.

자행하는 갖가지 불공정한 소작 관행과 폐습을 바꾸려고 했다. 1922년 9월 진주에서 열린 전국 최초의 소작인 대회는 소작인운동의 선구적 활동이었다.[11] 대규모 집회를 통해 부당하고 불공정한 소작 관행을 비판하며 공정한 사회를 만들고자 했다.

전통 사회의 폐습을 타파하고 근대 사회를 만들고자 한 사회운동은 3 · 1운동의 유산 속에서 발전했다. 우선, 3 · 1운동을 경험한 활동가들이 사회운동 단체를 만들고 활동을 주도했다. 그들은 사회 폐습을 타파하고 모두가 평등하게 대우받는 근대 사회로 나아가고자 했다. 어린이, 여성, 백정, 소작인, 노동자의 권익을 보장하는 공정하고 정의로운 사회를 만들고자 했다. 모든 사람이 존중받고 평등을 누리는 사회, 공정하고 정의롭고 평등한 사회가 그들이 꿈꾸는 다가올 근대 사회였다. 교육 기회 확대, 차별 철폐, 불공정의 시정 같은 활동을 통해 사회적 약자들에게 공평하게 기회를 주고 대우하는 사회를 만들고자 했다. 그러한 활동에 적극적으로 참여하는 활동가 집단이 생겨났다. 곧, 직업처럼 사회운동에 참여하는 이른바 '직업적 사회운동가'였다. 그들 사이에는 연대의식이 존재했다. 그러한 연대의식은 지역을 뛰어넘어 한국 사회 전반에 확산되어 사회 개혁을 이끄는 토양으로 작용했다.

3 · 1운동을 경험한 진주 주민은 조선 사회의 폐습을 타파하고 근대 사회로 나아가기 위한 다양한 사회운동에 주체적으로 참여했다. 그러한 행동을 통해 그들은 주체적인 행위자 '시민'으로 발전하고 있었다. 그들은 사회의 의사 결정 과정에 참여하고 영향을 미치는 '시민 세력'으로 성장할 것으로 보였다. 이것은 '시민사회'가 형성되는 조짐이기도 했다. 그러나 불행히도 식민통치와 지배 세력은 이러한 흐름을 막고 꿈을 짓밟았다. 이와 같이

11) 김중섭, 위의 글(2012), 제3부 3장 참조.

진주 3 · 1운동과 그 이후 사회운동의 뜻깊은 역사적 의미가 있다. 이 책의 마무리 논문은 근대 사회 발전에 이바지한 진주지역 사회운동의 역사적 의미를 살펴보고 있다.

4. 이 책의 구성

진주는 근대 사회를 여는 다양한 사회운동의 역사 현장이었다. 진주의 3 · 1운동과 그 뒤 1920년대 전반기의 지역 사회운동은 조선 사회의 폐습을 없애고 평등하고 공정한 근대 사회를 만들어가는 역사적 과정이었다. 새로운 사회를 만들고자 한 진주 사람들의 의지와 행동을 통해 다양한 단체가 결성되고 활동이 이루어졌다. 그것은 전통 사회에서 억압받고 부당하게 대우받던 어린이, 여성, 소작인, 백정 같은 사회적 약자의 권익을 증진하기 위해 불공정하고 부당한 사회 관습과 제도의 폐습을 타파하고 평등하고 공정한 근대 사회로 나아가는 모습이었다. 지역 주민이 이러한 활동을 주체적으로 이끌었다.

일제와 지배 세력의 강압적인 탄압과 교활한 간계로 소기의 목적을 성취하지 못하기도 했지만, 진주의 3 · 1운동과 어린이운동, 농민/노동운동, 형평운동 등 근대 사회를 만들어가고자 한 다양한 사회운동은 근대 사회를 여는 선구적 역사로 평가되고 있다. 이것은 역사도시 진주의 또 하나의 모습을 보여주고 있다.

이 책은 진주의 3 · 1운동이 식민지배에서 벗어나 독립을 요구하는 만세 시위에 멈추지 않고, 근대 사회를 여는 다양한 사회운동으로 이어졌다는 것을 보여주고 있다. 권두 논문에서 이준식 관장은 3 · 1운동의 역사적 의미를 살펴보고, 제1장에서 김준형 교수는 진주 3 · 1운동의 배경이 된 역사지리적 · 행정적 입지 변화와 19세기 후반 역사적 과정을 논의하고, 제2장에서 조헌국 선생은 자료 비판을 통해 진주지역 3 · 1운동의 전개 과정을 둘러싼 쟁점을 살펴본다. 제3장에서 김희주 교수는 진주지역의 청년운동, 노동, 농민운동을 논의하고, 제4장에서 김형목 박사는 사회적 약자인 어린이, 여성을 위한 진주지역 사회운동을 살펴보고, 제5장에서 조미은 박사는 진주지역 중심으로 형평운동을 심층적으로 논의하고 있다. 마지막으로, 머리글을 쓴 필자가 근대 사회 발전에 이바지한 3 · 1운동과 그 이후 사회운동의 역사적 의미를 마무리 논문으로 정리하고 있다.

참고문헌

『동아일보』

『매일신보』

『조선일보』

김준형, 『1862년 진주농민항쟁』(진주문화를 찾아서 4), 지식산업사, 2001.

김중섭, 『형평운동』(진주문화를 찾아서 3), 지식산업사, 2001.

______, 『사회운동의 시대: 일제침략기 지역 공동체의 역사사회학』, 북코리아, 2012.

______, 「진주는 역사도시인가?」, 『문화고을 진주』(진주문화연구소) 12호, 2018, 4-14쪽.

김해영, 『진주 역사』(진주문화를 찾아서 13), 문화고을(2010); 한국문화사(2020).

지승종, 『진주성 전투』(진주문화를 찾아서 14), 문화고을, 2011.

권두 논문

3·1운동의 역사적 의미

—

이준식

1. 3·1운동의 올바른 이름 찾기

3 · 1운동을 '3 · 1혁명'이라는 올바른 이름으로 바꾸어야 한다는 움직임이 점차 활발해지고 있다. 거기에는 한국 근 · 현대사에서 분수령을 이룬 일대 사건으로 평가받는 3 · 1운동의 의미를 제대로 담아내기에는 '운동'이라는, 뜻이 분명하지 않은 용어가 적절하지 않다는 생각이 깔려 있다.[1] 이러한 움직임이 활발해지는 데 가장 큰 계기는 민족문제연구소가 중심이 되어 2014년 혁명100주년기념사업추진위원회를 출범시킨 것이다. 출범 모임과 같은 날 열린 학술회의의 주제는 '제국에서 민국으로'였다. 운동의 역사적 의미를 함축적으로 보여주는 제목이었다. 나는 이 학술회의에서 '운동인가 혁명인가: 혁명의 재인식'이라는 주제의 발표를 맡았는데,[2] 3 · 1운동을 '3 · 1혁명'으로 바꿔 불러야 하는 이유로 다음의 세 가지를 들었다.

첫째, 학술회의 제목에서 잘 드러나듯이 3 · 1운동은 민국, 곧 민주공화국 출범의 계기였다. 1910년 강제병합 당시만 해도 황제가 권력의 유일한 주체이던 대한제국이 불과 9년 뒤에 일어난 3 · 1운동을 계기로 인민[3]이 주권자인 대한민국으로 바뀌었다. 혁명적 변화가 일어난 것이다. 독립운동은 일제 식민통치로부터의 독립, 그리고 그에 뒤이은 완전한 자주독립 국가의 수립을 지향했다. 이러한 의미에서 독립운동은 민족 혁명이었다. 그러나 독립운동에는 그 이상의 의미가 있다. 독립운동은 민족 혁명과 동시에 국

---

1) 3 · 1운동과 함께 일제강점기 국내 3대 민족운동으로 꼽히는 6 · 10만세운동과 광주학생독립운동만 해도 이름만 들어도 대개 어떤 성격의 운동이었는지 알 수 있지만, 3 · 1운동은 그렇지 않다.

2) 이 글은 조금 수정되어 이준식, 「운동인가 혁명인가: 3 · 1혁명의 재인식」, 『역사와 책임』 7, 2014로 발표되었다.

3) 당시에는 지금 쓰는 '국민'보다는 '인민'이라는 표현이 더 많이 쓰였다.

민 주권주의의 실현, 곧 민주 혁명을 지향했다. 독립을 이룬 뒤 다시 제국으로 돌아가자고 생각한 독립운동가는 거의 없었다. 특히 3 · 1운동 이후에는 1910년대에 일부 존재했던 복벽주의의 흐름도 사실상 사라졌다. 민주 공화제가 독립운동의 주된 흐름이 되었다. 그러한 변화의 결정적 계기가 되었다는 점에서 3 · 1운동은 혁명으로 평가받아 마땅하다.

둘째, 일제강점기 독립운동 진영에서 '3 · 1혁명'으로 부르는 것이 점차 보편화되고 있었다. 3 · 1운동 직후만 해도 운동, 독립 선언, 만세 시위, 혁명이라는 용어가 혼재했다. 어떤 하나의 용어가 절대적 우위를 갖지 못했다. 독립운동 진영의 3 · 1운동 평가가 서로 달랐기 때문이다. 그러나 1930년대 중반 이후 점차 '3 · 1혁명'으로 부르는 것이 정착되었다. 특히 중국 관내 지역에서 이러한 현상이 두드러졌다. 이를 가장 잘 보여주는 것이 현행 헌법 전문에 대한 국민에 법통을 부여한 것으로 규정되어 있는 대한민국임시정부(이하 임시정부)[4]의 3 · 1운동 인식이다. 임시정부는 1944년 마지막으로 헌법을 개정했는데, 이때 공포된 대한민국임시헌장 서문에는 '삼일대혁명'이라는 다섯 글자가 분명히 적혀 있다. 임시정부에 모인 독립운동가들은 운동을 프랑스'대'혁명에 비견되는 민주주의 '대혁명'으로 인식하고 있었다.[5] 임시정부가 1944년 3월 1일을 맞아 미국의 주미외교위원부를 통

---

4) 임시정부에는 두 가지 용례가 있다. 하나는 고유한 존재로서의 대한민국임시정부의 약칭이다. 다른 하나는 정식 정부가 아니라 말 그대로 임시로 만들어진 정부라는 의미에서의 임시 정부다. 이하 후자에 해당하는 경우에는 '임시 정부'로 쓴다.

5) 이는 임시정부 요인들의 개인적인 발언이나 기고에서도 확인된다. 보기를 들어 임시정부 주석 김구는 1943년 "우리 혁명자들은 3 · 1운동 당시 이루고자 했으나 아직까지도 이루지 못하고 있는 혁명대업을 완성하기 위해 더욱 발분 노력해야 할 것이다. 3 · 1대혁명은 한국 민족이 부흥과 재생을 위해 일으킨 운동이었다. 결론적으로 말해 3 · 1운동은 단순한 반일복국운동이 아니었다. … 우리는 3 · 1절을 기념할 때 반드시 3 · 1대혁명의 정신이 무엇인지 분명하게 밝히고 이를 널리 알리기 위해 노력해야 한다. 3 · 1대혁명의 가장 기본적인 정신은 바로 반일독립과 민주자유이다. … 자존과 공존, 민주와 단결, 기개와 도의, 자신과 자존이야말로 3 · 1대혁명 정신의 요체이자 전부라 할 수 있다"라고 주장했다. "闡揚三一大革命精神", 『新華日報』, 1943년

해 발표한 성명서에서 "금년 3월 1일은 한국 민주 혁명 제25주년 기념일이다"[6]라고 주장한 것도 같은 맥락에서 이해할 수 있다.

셋째, 해방 이후 첫 총선거로 구성된 제헌 국회가 제헌 헌법을 제정할 때 헌법 초안에는 '3 · 1혁명'으로, 그리고 수정안에는 '3월혁명'으로 되어 있었다. 그런데 헌법 조문을 축조 심의하는 과정에서 일부 의원들이 독립운동을 '혁명'으로 부르는 것이 맞지 않다는 다소 황당한 주장을 했다. 당시 국회의장이던 이승만과 한민당 계열이 이러한 주장에 동조하면서 갑자기 '3 · 1혁명'이 '기미3 · 1운동'으로 바뀌었다. 흥미로운 것은 정작 이승만 본인은 미국에 체류하던 동안 미국인에게 3 · 1운동을 혁명으로 부르고 있었으며 대한민국 정부 출범 이후에도 이승만 정부에서 '3 · 1혁명'이라는 표현을 계속 쓰고 있었다는 사실이다. 혁명이냐 운동이냐 하는 문제가 정치적 상황에 따라 결정되었음을 시사하는 대목이다.

이 글은 위에서 든 세 가지 이유 가운데 첫 번째에 초점을 맞추어 3 · 1운동이 우리 근현대사에서 새로운 지평을 연 분수령의 의미를 갖고 있었음을 이야기하려고 한다.

3월 1일. 김구는 '3 · 1혁명'이 독립을 목표로 한 민족혁명이자 민주주의의 실현을 위한 민주혁명이라는 점을 분명히 밝힌 것이다.

6) '韓政府向美聲明', 『新華日報』, 1944년 3월 1일.

2. 동아시아 혁명의 시대와 3·1운동

영국의 역사학자 홉스봄은 프랑스혁명이 일어난 1789년부터 마르크스가 『공산당 선언』을 발표한 1848년까지의 60년 동안을 '혁명의 시대'라고 불렀다.[7] 홉스봄이 말하는 혁명은 유럽에서의 혁명을 가리킨다. 그러나 혁명은 유럽에서만 일어난 것이 아니었다. 비록 19세기는 아니지만 20세기 들어 유럽에서 가장 먼 동아시아에서도 혁명의 바람이 불었다.

동아시아 혁명의 첫 불길은 1911년 중국에서 타올랐다. 쑨원(孫文) 등이 이끄는 신해혁명이 일어난 것이다. 신해혁명은 단순히 만주족의 이족 지배를 타도하고 한족의 나라를 되찾겠다는 것이 아니었다. 수천 년 동안 이어지던 전제 체제를 무너뜨리고 인민이 주권을 행사하는 공화제를 실현하겠다는 꿈이 담겨 있었다. 그리하여 신해혁명으로 촉발된 민주 혁명의 바람이 중국을 넘어 동아시아 전역으로 확산되었다.

신해혁명에 식민지 조선의 젊은이들도 뜨겁게 반응했다. 1911년 이후 "서울의 중국인 상점에는 손문과 황흥의 사진이 걸리고 혁명이라는 새로운 음파(音波)가 뜻을 지닌 청년의 귀를 난타하는"[8] 상황이 되었다. 나중에 신해혁명에 직접 참여한 신규식의 사위가 되는 민필호에 따르면 "신해년에 국민들이 중화민국의 혁명 성공을 풍문에 듣고 심중에 흥분했다"[9]라는 것이다. 그리하여 많은 젊은이가 "이웃 대륙에서 혁명군의 소식이 천하에 진동하자 이에 감격되어 길을 떠나" 중국으로 망명했다.[10] 중국의 공화 혁명

7) 에릭 홉스봄, 정도영 · 차명수 역, 『혁명의 시대』, 한길사, 1998.

8) 이만규, 『여운형선생투쟁사』, 민주문화사, 1947, 19쪽.

9) 민필호, 「한중외교사화」, 『한국혼』, 보신각, 1971, 109쪽.

10) 그 가운데는 나중에 임시정부의 부주석이 되는 김규식, 나중에 김규식의 처남이 되는 김필순, 김규식과 김필순의 평생 동지인 이태준도 포함되어 있었다. 세 사람의 중국 망명에 대해서는

에서 우리 독립운동의 가능성을 보고 신해혁명에 참여한 것이다.

1917년에는 러시아에서 볼셰비키 혁명이 일어났다. 러시아의 서쪽 페테르부르크와 모스크바에서 시작된 혁명은 동쪽의 시베리아와 연해주까지 확산되었다. 러시아의 차르 체제가 혁명으로 무너졌다는 사실은 많은 사람에게 충격을 주었다. 러시아 혁명의 동진에서 혁명의 가능성을 보는 사람들이 늘어났다. 이동휘 등이 1918년 연해주 하바롭스크에서 한인사회당을 만든 것을 비롯해 연해주, 국내 등지에서 사회주의 단체가 속속 출범한 것이 이를 잘 보여준다.

중국과 러시아(연해주)에서 일어난 혁명의 움직임은 식민지 조선의 젊은이들에게 큰 영향을 미쳤다. 기꺼이 혁명가가 되기를 원하는 사람들이 늘어났다.

1897년 태어나 3 · 1운동이 일어난 1919년에는 일본 와세다대학에 유학하고 있던 20대 초반의 김우진은 대한제국의 황제이던 고종의 승하 소식을 듣고 "아! 혁명! 새 생명의 혁명"을 외쳤다.[11] 김우진에게 고종의 죽음은 조선 사회를 혁명적으로 변화시킬 계기로 받아들여졌다.

김우진만 이러한 생각을 하고 있었던 것은 아니다. 김우진보다 1년 뒤에 태어나 일본 메이지대학에 유학하고 있던 양주흡도 이 무렵 혁명에 심취해 있었다.[12] 양주흡에 따르면 1919년 1월 초 도쿄의 조선인 유학생 400여 명은 '독립운동혁명회'라는 이름의 모임을 갖고 고종의 죽음을 계기로 대규모 시위 운동을 벌일 것을 결정했다고 한다. 아마도 이러한 움직임의 연장

이준식, 『민족의 독립과 통합에 바친 삶 김규식』, 독립기념관 한국독립운동사연구소, 2014, 37-47쪽 참조.

11) 김우진, 「心の迹」, 서연호 · 홍창수 편, 『김우진 전집』 2, 연극과 인간, 2000, 458쪽.

12) 양주흡이 남긴 일기에는 '혁명'이라는 단어가 여러 차례 등장한다. 「일기장(증 제1호)」, 국사편찬위원회 편찬, 『한민족독립운동사자료집』 13, 국사편찬위원회, 1990.

선에서 2 · 8독립선언서가 나왔을 것이다. 그런데 흥미로운 것은 이 모임의 이름을 양주흡이 '독립운동혁명회'로 불렀다는 사실이다. 이는 양주흡이 독립운동을 곧 혁명으로 여기고 있었음을 시사한다. 양주흡 등의 유학생들에게 그만큼 '혁명'이라는 말은 친숙하게 쓰이고 있었을 것이다.

바야흐로 젊은이들을 중심으로 혁명의 시대가 열리고 있었다. 모두에게 해당하는 것은 아니겠지만 3 · 1운동의 독립 선언과 만세 시위에 참여하고, 그에 뒤이어 해외에서든 국내에서든 다른 부문의 독립운동에 투신한 상당수 젊은이들은 자신의 행동을 혁명으로 간주했다. 3 · 1운동은 식민지 조선에서 혁명의 불길을 댕기는 계기였다.

1919년 3월과 4월 국내는 물론 해외에서까지 활발하게 전개된 독립 선언과 만세 시위는 '독립'이라는 1차적인 목표를 이루는 데 실패했다. 그러나 독립 선언과 만세 시위는 '임시 정부' 수립 운동을 동반했다.

흔히 3 · 1운동이 임시정부 수립으로 귀결되었다고 한다. 3 · 1운동은 원인이고 임시정부는 결과라는 것이다. 그러나 임시정부를 포함한 '임시 정부' 수립 움직임은 더 넓은 의미에서의 3 · 1운동의 한 과정이었다. 이전부터 이루어져오던 '임시 정부' 수립 운동이 독립 선언과 만세 시위를 계기로 구체적 성과를 거둘 수 있었던 것으로 이해되어야 한다.

실제로 나중에 임시정부로 통합되는 연해주 대한국민의회의 경우 2월 말에 이미 '임시 정부'를 수립하기 위한 모임을 가졌다.[13] 3월 1일보다 며칠 앞선 2월 25일의 일이다.[14] 대한국민의회는 이름은 의회이지만, 실제로는 대통령제의 '임시 정부'를 자임했다. 러시아 혁명의 영향으로 의회와 정부가 한 몸인 소비에트제를 채택한 것으로 보인다.

---

13) 국회도서관, 『한국민족운동사료 3 · 1운동 편』 3, 1979, 107쪽.

14) 실제로 대한국민의회가 출범한 것은 3 · 1운동 이후다.

만세 시위가 시작된 직후인 3월 2일 천도교 측에서 제작 · 배포한 『조선독립신문』 2호에는 "근일 중에 가정부를 조직하고 가대통령 선거를 할 것이다"[15]라는 내용의 기사가 실렸다. 여기서 가정부는 '임시 정부'를, 가대통령은 '임시 대통령'을 뜻한다. 이미 천도교 측이 '임시 정부'가 만들어질 것임을 예상 또는 준비하고 있었음을 알 수 있다. 이는 같은 신문 3호의 "13도 각 대표자를 선정하여 3월 6일 오전 11시 경성 종로에서 조선 독립 대회를 개최하니 신성한 우리 형제자매는 일제히 내회하라"라는 기사[16]로 연결된다. 이 기사는 독립선언서에 서명한 민족 대표 33인과는 별도로 13도 대표자의 독립 대회가 추진되고 있었음을 시사한다. 이 독립 대회가 '임시 정부' 수립을 위한 것이었음을 짐작하기란 어려운 일이 아니다.

그리고 독립 대회 개최는 실행에 옮겨졌다. 이른바 한성정부 수립운동이 그것이다. 3월 초부터 논의되기 시작한 13도 대표자 회의는 4월 2일 열렸다. 참석자들은 "국민 대회를 조직하고 가정부를 만들어 파리 강화 회의와 여러 나라에 조선 독립의 승인을 요구할 것"을 결정했다.[17]

한성정부 외에도 국내에서는 다양한 갈래의 '임시 정부' 수립 움직임이 나타났다. 대통령에 해당하는 집정관으로 이동휘를 내세운 '신한민국정부', 천도교를 중심으로 한 '조선민국임시정부'와 '대한민간정부' 등이 대표적이다.

3 · 1운동을 전후해 등장한 '임시 정부'는 대체로 '민국' 또는 '민간 정부'를 표방했다. 이미 국민 주권을 바탕으로 한 민주주의 정치 체제에 대한 인식이 상당히 폭넓게 퍼져 있었음을 시사한다. 따라서 3 · 1운동을 좁은

---

15) 독립운동사편찬위원회, 『독립운동사자료집(3 · 1운동 재판기록)』 5, 1972, 165쪽.

16) 위의 글, 165-166쪽.

17) "한남수 및 안상덕 신문조서", 위의 글, 138-139쪽.

의미의 독립 선언과 만세 시위에 국한하지 않고 민주공화국 출범으로까지 이어 인식할 필요가 있다. 전국 각지에서 만세 시위가 벌어지는 동안 이미 국내에서 '임시 정부' 수립 움직임이 가시화되었다는 사실이 이를 잘 보여준다.

3. 3·1운동과 새로운 근대 주체의 등장

3 · 1운동 하면 사람들이 가장 많이 떠올리는 것이 독립선언서의 "조선의 독립국임과 조선인의 자주민임을 선언하노라"라는 구절이다. 분명히 3 · 1운동은 일제 식민통치로부터의 독립을 1차적인 목표로 한 민족 혁명이었다. 독립과 자주야말로 3 · 1운동의 핵심이었다.

3 · 1운동은 한말 이래 여러 갈래의 독립운동 흐름을 하나의 물줄기로 만들어 다시 새로운 차원의 독립운동을 가능하게 만들었다. 독립운동의 저수지 같은 역할을 한 것이다. 다양한 독립운동의 갈래가 1919년 3월 한군데로 모여 엄청난 통합의 힘을 창출했을 뿐만 아니라 거대한 새로운 물줄기를 만들어냈다. 3 · 1운동이 우리 역사에서 분수령의 의미를 갖는 첫 번째 이유다.

3 · 1운동을 상징하는 것은 '거족적'이라는 세 글자다. 실제로 3 · 1운동의 만세 시위에는 각계각층의 사람들이 참여했다. 보기를 들어 천도교와 기독교가 중심이 되고 불교와 천주교도 참여해 초교파적으로 독립 선언과 만세 시위를 계획했다는 사실 자체가 민족 통합의 상징으로서의 3 · 1운동

을 잘 보여준다. 70년 이상 분단 체제가 지속되는 상황에서 민족 통합과 관련해 3 · 1운동을 기억해야 하는 이유도 여기에 있다.

그런데 최근 3 · 1운동의 역사적 의미 해석에서 새로운 경향이 등장했다. 3 · 1운동을 계기로 새로운 근대 주체가 본격적으로 등장하게 되었다는 데 주목하기 시작한 것이다. 여기서는 이 문제를 전면적으로 다룰 필요가 없어서 일단 3 · 1운동 이후 청년, 여성이라는 새로운 주체의 등장만을 언급하겠다.

19세기 말부터 쓰이기 시작한 '청년'이라는 말은 1905년 을사늑약으로 대한제국이 보호국의 처지로 전락하면서부터 더 널리 퍼졌다. 청년은 계몽운동에서 자주 쓰이는 말이 되었다. 그러나 이때만 해도 청년은 아직 교육을 받아야 할 대상일 뿐이었다. 청년을 근대 개혁의 주체로 인정하는 단계까지 나아가지는 못했다.

실제로 하나의 집단으로서의 청년이 처음으로 역사의 전면에 등장한 계기는 3 · 1운동이었다. 3 · 1운동 당시 독립선언서의 제작 및 유포, 그리고 거리에서의 만세 시위에 적극적으로 참가하면서 청년은 변화하는 사회의 상징이 되었다. 3 · 1운동은 청년이 역사의 주체로 등장하는 결정적 계기였다. 이제 청년이야말로 빼앗긴 나라의 주권을 되찾고 민족의 앞날을 밝힐 주역으로 인식되기 시작했다.

3 · 1운동 이후 청년의 권익 향상과 역사적 임무 수행을 내건 청년 단체가 전국 각지에서 '우후죽순의 세'로 조직되었다. 주로 ○○청년회라는 이름 아래 마을 단위로 조직되고 있던 청년 단체는 새로운 사상이 더 널리 확산되고 독립운동이 활성화되는 데 중요한 역할을 했다. 신문과 잡지에 청년 관련 기사가 수없이 실린 것이라든지, '청년'이라는 이름을 내건 대중 잡지가 창간된 것도 청년 문화가 1920년대 이후 우리 사회에 정착되고 있었음을 잘 보여준다.

1920년대 초반부터 사회주의 운동이 정착하면서 청년이란 혁명 운동의 본진이라는 생각도 널리 퍼졌다. '청년 선봉주의'라는 말이 나올 정도로 사회주의자들이 청년의 역할을 중시한 데는 까닭이 있었다. 사회주의자들은 혁명의 주체여야 할 노동자 계급의 형성이 아직 미진하고 농민운동도 조직화되지 못한 상황에서 연령상 10대 후반부터 20대에 해당하는 청년이야말로 가장 순수하고 열정적인 세대로 혁명을 이끄는 존재라고 보았다.

3 · 1운동 이전만 해도 여성이 자신의 이름을 내걸고 독립운동에 참여하는 것은 쉬운 일이 아니었다. 여전히 남녀를 구분하는 인습이 강하게 자리 잡고 있었기 때문이다. 그런 가운데서도 독립을 이루기 위해서는 남성과 여성이 모두 독립운동의 일선에 나서야 한다는 사실을 자각하는 사람들이 늘어나기 시작했다.

3 · 1운동은 여성이 독립운동의 일선, 아니 더 나아가서는 사회 활동의 전면에 나서게 되는 결정적인 계기가 되었다. 3 · 1운동 과정에서 여성은 남성과 같은 방식으로 참여했다. 만 18세가 되지 않은 소녀 유관순에게서 잘 알 수 있듯이 만세 시위를 계획하고 실제로 만세 시위를 벌이는 데 남녀의 차이는 없었다.

1919년 4월 상하이에서 출범한 임시정부 기관지 『독립신문』에는 여성, 특히 여학생이 만세 시위에 광범위하게 참여했다는 사실이 계속 보도되고 있었다. "대한 독립을 위한 첫 피는 대한 여자에게서 흘렀다"[18]라는 기사가 실릴 정도로 임시정부는 여성의 만세 시위 참여를 긍정적으로 보고 있었다. 당연히 이러한 인식은 임시정부의 여성 정책에도 큰 영향을 미쳤다.

임시정부의 독립운동가들이 여성에 대해 갖고 있던 인식은 헌법에서 단적으로 드러났다. 임시정부가 1919년 4월 제정한 대한민국임시헌장은

18) "부인과 독립운동", 『독립신문』, 1920년 2월 17일.

모두 10개 조밖에 되지 않는 간단한 것이지만, 눈에 띄는 조항이 있다. "대한민국의 인민은 남녀 귀천 및 빈부의 계급이 없고 일체 평등임"(제3조), "대한민국의 인민으로 공민 자격이 있는 자는 선거권 및 피선거권이 있음"(제5조), 그리고 "대한민국의 인민은 교육 납세 및 병역의 의무가 있음"(제6조)이라는 조항이 바로 그것이다. 이 세 조항에 따르면 남녀 사이의 불평등은 더 이상 인정되지 않고, 여성도 남성과 같이 국민으로서의 동등한 권리와 의무(대표적으로는 참정권과 병역 의무)를 갖는다는 것이었다.[19] 여성은 남성과 같은 권리와 의무를 갖는 주체로 간주되었다. 이제 남녀평등은 임시정부의 확고한 방침이 되었다.

1940년 임시정부 산하의 국군으로 출범한 한국광복군에 여성이 적극적으로 참여한 것도 이러한 맥락에서 이해될 수 있다. 한국광복군은 1941년 말 제정된 한국광복군 공약 제1조를 통해 "한국 남녀는 그 주의 사상의 여하를 물론하고 한국광복군의 군인될 의무와 권리가 있음"[20]이라고 밝힘으로써 한국광복군에 여성도 포함된다는 점을 분명히 했다. 한편 한국광복군에 입대한 여성들도 국민으로서의 의무를 다함으로써 남녀평등을 이루겠다는 의지를 밝혔다.

여성이 독립운동에 적극적으로 참여하는 양상은 국내에서도 나타나고 있었다. 1920년대 전국 각지에서 활발하게 조직된 '여성청년회'나 1927년 전국적 여성 단체로 출범한 '근우회'는 모두 여성 문제와 민족 문제를 해결하기 위해 다양한 활동을 벌였다. 이보다 더 좋은 보기는 1930년 1월 서울에서 일어난 학생 시위였다. 이 시위는 1929년 11월 광주에서 시작된 광주

19) 여기에 대해 자세히 논의하고 있는 이준식, 「대한민국임시정부와 여성 독립운동」, 『한국민족운동사연구』 61, 2009 참조.

20) 『대한민국임시정부공보』, 1941년 12월 8일.

학생독립운동이 전국적으로 확산되는 가운데 일어났다. 1929년 12월 일어난 서울의 1차 학생 시위에 이은 두 번째 시위여서 '서울의 2차 학생 시위'라고 하지만, 여학생이 중심이 되어 일으킨 시위여서 '여학생 만세 시위'라고도 불린다. 일제강점기 국내에서 일어난 3대 독립운동의 하나라고 하는 광주학생독립운동 당시 서울의 시위 투쟁을 주도한 것은 근우회와 연결된 여학생들이었다. 이제 여성은 스스로의 힘으로 대규모 시위 투쟁을 벌일 정도의 역량을 축적하고 있었다. 물론 그 밑바탕에는 민족 해방, 여성 해방을 향한 여성의 주체적 자각이 자리를 잡고 있었다.

3 · 1운동 과정에는 전근대 사회에서 여러 가지 이유로 인정받지 못하던 청년, 여성이 당당히 독립 선언과 만세 시위의 주체로 참여했다. 3 · 1운동 이후 이들은 모두 국내외에서 대중 투쟁의 주체로 자리를 잡았다. 청년, 여성 등의 부문 운동이 활성화되는 계기는 3 · 1운동으로부터 주어졌다. 처음부터 의도했든 그렇지 않았든 3 · 1운동은 평등주의 이념이 확산되는 데 중요한 계기가 되었다.

4. 3·1운동과 민주주의

3 · 1운동은 분명히 자주독립을 목표로 한 민족 혁명이었다. 그러나 3 · 1운동의 의미가 여기에 그치는 것은 아니다. 3 · 1운동은 동시에 국민주권론을 바탕으로 한 민주공화국을 이루기 위한 민주 혁명으로서의 성격도 갖고 있었다. 아니 3 · 1운동을 포함한 독립운동 자체가 그랬다. 헌법 전

문에 나와 있는 "3 · 1운동으로 건립된 대한민국임시정부의 법통"이란 오늘의 민주공화국 대한민국이 독립운동 과정에서 이루어진 민주 혁명의 계승자라는 것을 의미한다.

따라서 3 · 1운동과 독립운동을 '민주주의'라는 관점에서 이해할 필요가 있다. 최근 역사학계에서도 이러한 경향이 나타난 바 있다. 애초에 독립운동과 민주주의를 연결하려는 관심은 사회과학계의 몫이었지만,[21] 최근에 들어와서는 역사학계에서도 민주주의 문제에 대한 관심이 높아지고 있다. 해방 이전에 이미 민주주의의 씨앗이 뿌려졌다는 문제의식도 심화되었다.[22]

민주주의에 주목하는 새로운 연구 경향에 따라 이제 독립운동이 단순히 자주독립만이 아니라 자유 · 평등 · 민주의 가치를 동시에 추구하면서 전개되었다는 사실이 입증되었다. 독립운동은 나라의 독립과 민족의 해방을 위한 운동인 동시에 민주주의를 실현하기 위한 운동이기도 했다. 이념과

---

21) 예를 들어 민주 공화국의 역사적 기원을 독립운동에서 찾는 작업만 해도 20여 년 전부터 일부 법학자와 정치학자 중심으로 시작되었다. 대표적인 예로 박명림, 「한국의 초기 헌정체제와 민주주의」, 『한국정치학회보』 37집 1호, 2003; 신우철, 「중국의 제헌운동이 상해 임시정부 헌법 제정에 미친 영향」, 『법사학연구』 29, 2004; 신우철, 「임시헌장(1944. 4. 22) 연구」, 『법과 사회』 34, 2008; 서희경, 「대한민국건국헌법의 역사적 기원(1898~1919)」, 『한국정치학회보』 40집 5호, 2006; 서희경 · 박명림, 「민주공화주의와 대한민국 헌법 이념의 형성」, 『정신문화연구』 30권 1호, 2007; 정상우, 「대한민국임시정부 헌법과 1948년 헌법」, 『법과 사회』 32(2007); 한인섭, 「대한민국은 임시공화제로 함: 대한민국임시헌장(1919.4.11.) 제정의 역사적 의의」, 『서울대학교 법학』 50권 3호, 2009 등 참조.

22) 김정인, 『민주주의를 향한 역사: 시대의 건널목, 19세기 한국사의 재발견』, 책과함께, 2015; 김정인, 『독립을 꿈꾸는 민주주의: 민주주의 개념으로 독립운동사를 새로 쓰다』, 책과함께, 2017; 김정인, 「근대 한국 민주주의 문화의 전통 수립과 특질」, 『역사와 현실』 87, 2013; 김정인, 「민주주의의 눈으로 본 역사학」, 『역사교육』 126, 2013; 김정인, 「민주주의, 다시 시작이다」, 『역사와 현실』 103, 2017; 김정인, 「초기 독립운동과 민주 공화제의 태동」, 『인문과학연구』 24, 2017; 박찬승, 『민족주의의 시대』, 경인문화사, 2007; 박찬승, 『대한민국은 민주 공화국이다』, 돌베개, 2013; 이준식, 「민족해방운동의 유산과 민주화운동」, 『역사와 현실』 77, 2010; 이준식, 위의 글, 2014; 장규식, 「3 · 1운동 이전 민주 공화제의 수용과 확산」, 『한국사학사학보』 38, 2018 등 참조.

노선의 차이에도 불구하고 독립운동가들의 정치사상 바탕에는 민주 · 자유 · 평등이라는 공통분모가 자리하고 있었다. 독립운동 진영은 대체로 '민주'라는 가치 지향, 곧 '주권 재민'이라는 민주주의의 원칙을 받아들였다. 따라서 독립 이후 새로운 나라를 만들 때 민주공화국이 되어야 한다는 데 대부분의 독립운동가가 동의했다. 민주주의는 독립운동 진영을 하나로 묶는 데 가교 같은 역할을 한 것이다.

독립운동이 내건 자주독립에는 또 다른 의미가 내포되어 있었다. 독립을 이루고 난 뒤 어떠한 나라를 만들어나갈 것인가의 문제가 바로 그것이다. 예를 들어 조소앙은 혁명을 "일정한 주의에 호응된 집단이 폭력으로써 그들과 대립한 통치 계급의 모든 기관을 여지없이 전복하고 즉각에 그들이 표방하는 주의로서 새로 통치 기관을 시설하는 정치 운동"으로 규정했다. 그러면서 "독립이라는 문구로서 만반을 표현할 수 없는 약점"이 있고 "운동하는 방법도 독립 두 자만으로는 표현되기" 어렵다고도 보았다.[23] 그러니 독립운동은 혁명이 되어야 한다는 것이다. 조소앙이 말하는 혁명은 단지 일제 식민통치로부터의 해방, 곧 민족 혁명에 그치는 것이 아니라 새로운 통치 기관을 만들어가는 과정으로서의 정치 운동, 곧 민주 혁명이기도 했다. 그리고 구체적으로 민주 혁명의 계기가 된 사건이 3 · 1운동이었다.

19세기 말부터 일부 지식인들을 중심으로 서양에서 들어온 people, 곧 인민(국민)에 대한 관심이 고조되기 시작했다. 그러나 지금 우리가 말하는 의미에서의 국민 주권론 단계에까지 나아가지는 못했다. 예를 들어 국내에서는 신민회가 민주 공화제를 구상하고 있었던 것으로 알려졌지만, 실제로는 신민회가 민주 공화제를 추진했다는 증거는 없다.

그러나 국외의 경우는 달랐다. 미주에서 이미 대한제국이 나라를 지킬

---

23) 조소앙, 「각국 혁명운동사요」, 『소앙선생문집』, 삼균학회, 1979, 111-112쪽.

의지도 능력도 없다는 사실이 드러난 이상 '임시 정부'를 수립해야 한다는 움직임이 등장했다. 이때 '임시 정부'의 주체로 상정된 것은 인민이었다. 미주의 한인 결사체인 대한인국민회 북미 지방 총회 기관지인 『신한민보』는 국망 직전에 이미 "현 정부가 일본에 투항한 지가 이미 오래되었은즉, 우리는 인민의 정신을 대표하여 우리의 복리를 도모할 만한 정부를 세울 것"임을 천명했다.[24] 강제병합 직후에는 "우리 손으로 자치하는 법률을 제정하며 공법에 상당한 가정부(假政府, 가정부는 공법이 허용하는 바이다)를 설시함이 목하의 급무"[25]라고도 주장했다. 법률 제정의 주체를 우리, 곧 인민으로 규정한 것이 눈길을 끈다. 인민 주권론에 입각한 가정부, 곧 '임시 정부' 수립 주장은 (입헌)군주제론을 전면적으로 부정하는 것이었다. 신한민보 주필이던 박용만이 1911년 내놓은 무형 국가론[26]은 이러한 '임시 정부'론을 더 체계화한 것이었다. 박용만은 국외에 살고 있는 한인을 무형 정부로 결집시켜 헌법을 제정하고 지역별 행정기관을 갖추는 동시에 개인들에게 의무와 권리를 부여하자고 주장했다.[27]

박용만을 중심으로 미주 동포 사회에서 제기된 무형 국가론은 단지 논의의 수준에 그치지 않고 일정 부분 실행에 옮겨졌다. 대한인국민회는 1912년 11월 미국은 물론 만주와 연해주의 한인을 포괄하는 대한인국민회 중앙 총회를 출범시켰다. 미국을 비롯하여 만주, 연해주 등지에는 지방 총회를 설치했다. 대한인국민회 중앙 총회는 자신이 해외 한인을 대표하는 자치 기관임을 분명히 했다. '형식으로서의 대한제국은 망했으나 정신으로 민

24) "슬프다, 나라가 죽어도 그 백성은 아픔을 알지 못하는가", 『신한민보』, 1910년 7월 6일.

25) "오호라 옛 한국이 죽었도다", 『신한민보』, 1910년 9월 21일.

26) "조선 독립을 회복하기 위하여 무형한 국가를 먼저 설립할 일", 『신한민보』, 1911년 4월 5일.

27) "정치 조직에 대하여 두 번째 언론", 『신한민보』, 1911년 5월 3일.

주주의 국가로 발홍'하고자 하는 해외 한인 최고 기관이라는 것이었다.[28)]

국외에서의 '임시 정부' 수립 운동이 원활하게 진행된 것은 아니었다는 사실에 주목할 필요가 있다. 여러 가지 이유가 있었을 것이다. 무엇보다 남의 나라 영토 안에 '임시 정부'를 세운다는 것이 생각만큼 쉬운 일은 아니었다. 그에 못지않게 중요한 사실이 아직은 인민 주권론을 바탕으로 한 '임시 정부'의 필요성에 대해 논리적으로 명쾌하게 정리된 것이 없었다는 점이다. 그런 가운데 등장한 것이 1917년 '대동단결선언'이다.

신규식, 박은식, 신채호, 조소앙 등 14인의 이름으로 발표된 대동단결선언은 국민 주권의 공화주의 이념을 처음으로 공식 문서화한 것이었다.[29)] 이 선언에서 특히 주목되는 것은 '주권상속의 대의'라는 구절이다. 이는 대한제국이 삼보, 곧 토지와 국민과 주권을 포기한 1910년 8월 29일은 곧 "오인 동지가 삼보를 계승한 날"이며 "오인 동지는 완전한 상속자"라는 의미였다. 곧 강제병합의 순간 군주 주권의 제국은 사라졌고 '계승과 상속'에 의해 주권 재민의 민주공화제 국가가 새로 출범했다는 것이다. 그러나 현실적으로 아직은 인민이 주권을 실행할 수 없는 상황이므로 '우리 동지', 곧 독립운동가들이 인민을 대신해 '임시 정부'를 수립함으로써 하루빨리 독립을 이룬 뒤 인민 주권론을 실현에 옮겨야 한다는 논리가 대동단결선언을 통해 구체화되었다.

3 · 1운동은 대동단결선언에서 제기된 주권 상속론을 한 단계 더 발전시켰다. 인민 또는 독립운동가가 주권을 그냥 '상속'받은 것이 아니라 독립 선언과 만세 시위를 통해 스스로 쟁취하게 되었다는 것을 입증했기 때문이다.

---

28) 박찬승, 위의 글, 116-117쪽.

29) 박찬승, 『민족주의의 시대: 일제하의 한국민족주의』, 경인문화사, 2007.

3 · 1운동은 군주권을 폐기하고 인민이 그것을 쟁취했다고 해석될 근거를 만들었다. 3 · 1운동 과정에서 여러 독립선언서가 발표되었다. 그 가운데 대한제국으로의 복귀를 주장한 것은 하나도 없었다. 오히려 민주 공화제에 대한 지향성이 드러났다.

이와 관련해 먼저 1919년 2월 도쿄 유학생들이 발표한 2 · 8독립선언 가운데 "동양 평화의 견지로 보건대 위협이던 러시아는 이미 군국주의적 야심을 포기하고 정의와 자유를 기초로 한 신국가의 건설에 종사하는 중이며, 중화민국도 역연(亦然)하며"라는 구절이 주목된다. 도쿄 유학생들은 러시아와 중국에 빗대 조선이 앞으로 나아갈 바를 '정의와 자유를 기초로 한 신국가'로 보고 있었다. 곧 러시아와 중국에서 혁명 이후 기존의 전제 정치와는 다른 정치 체제가 들어선 데 대한 기대를 숨기지 않고 있었다.

앞에서도 언급했듯이 3월 1일을 전후해 국내외에서 '임시 정부' 수립 운동이 이미 추진된 것도 독립 선언과 만세 시위가 민주 공화제로의 전환 움직임과 밀접한 관련이 있음을 보여준다. 그리고 3 · 1운동 과정에서 국내에 뿌려진 여러 지하 신문과 전단에는 '임시 정부' 수립을 지지한다는 기사가 계속 실렸다. 보기를 들어 4월 25일 배포된 『국민신보』 11호[30]의 '가정부 조직에 대하야'라는 사설의 "조선 13도 대표자가 회집하여 우리 2천만인이 의사를 찬(贊)하여 세계의 부끄럼이 없을 만한 주밀한 규모로 가정부를 조직하야 열국에 공포했도다. … 오늘날은 조선민국의 자유 인민됨을 득하고 동시에 세상에 출두하야 자유 인권을 사랑할 만하도다. 연즉 오족은 우리 2천만을 대표한 가정부의 지도함을 각수(恪守)하여 완전 공고한 독립과 자유를 수립하기까지 우리 2천만은 일거수일투족을 일치하에 동(動)하

30) 누가 제작한 것인지는 현재 알려져 있지 않다.

여 세계를 개혁"[31]하겠다는 기사가 이를 잘 보여준다. 이 사설에서도 알 수 있듯이 3 · 1운동의 주체들은 새로운 나라를 민국, 곧 민주 공화국으로 인식하는 가운데 '임시 정부' 수립을 추진하고 있었다.

공화주의로의 흐름은 조소앙이 기초하고 신채호, 박은식 등의 이름 아래 발표된 대한독립선언서에서도 분명히 드러났다.[32] 이 선언서는 "이족(異族) 전제의 학압을 해탈하고 대한 민주의 자립을 선포하노라"라는 문장으로 시작된다. 전제 정치와 민주 정치를 이분법적으로 파악하는 가운데 독립 이후의 나라가 민주 공화제여야 함을 분명히 한 것이다. 이 선언의 서명자들에 따르면 독립 이후에 건설될 새로운 나라는 정치적으로는 권리의 평등이 보장되고, 사회경제적으로는 빈부의 격차가 없는 그런 나라여야 했다.

3 · 1운동 당시 한성정부 약법 등 여러 정부안이 등장했는데, 모두 민주 공화제를 지향했다. 3 · 1운동을 통해 확고해진 주권 재민 이념은 그 뒤 독립운동에서 중요한 역할을 했다. 이를 상징적으로 보여준 것이 1919년 상하이에서 수립된 임시정부였다. 임시정부는 3 · 1운동의 일부였다. 독립 선언과 만세 시위에서 제기된 새로운 미래에 대한 꿈, 과거와의 혁명적 단절이라는 꿈은 임시정부에서 구체화되었다. 임시정부 수립을 통해 처음으로 인민의 평등과 자유를 보장하는 주권 재민의 근대 국민 국가가 출범했

31) 국가보훈처, 『3 · 1운동 독립선언서와 격문』, 2002, 298-299쪽. 여기서 가정부는 상하이의 임시정부가 아니라 서울의 13도 대표 국민대회에서 발표된 정부, 곧 한성정부를 가리키는 것으로 보인다.

32) 김기승, 「대한독립선언서의 사상적 구조」, 『한국민족운동사연구』 22, 1999. 대한독립선언서 서명자는 김교헌, 김규식, 김동삼, 김약연, 김좌진, 김학만, 여준, 유동열, 이광, 이대위, 이동녕, 이동휘, 이범윤, 이상룡, 이세영, 이승만, 이시영, 이탁, 문창범, 박용만, 박은식, 박찬익, 손일민, 신채호, 안정근, 안창호, 윤세복, 조용은, 정재관, 황상규 등이다.

다. 1919년 4월 제정된 대한민국임시헌장[33]은 대한민국이 민주 공화제 국가라는 점을 분명히 했다. 동시에 대한민국의 인민은 종교 · 언론 · 저작 · 출판 · 결사 · 집회 · 통신 · 주소이전 · 신체 · 소유의 자유를 누리는 한편 남녀 · 귀천 · 빈부의 차이 없이 일체 평등하다고도 규정함으로써 자유 · 민주 · 평등을 대한민국의 핵심 가치로 설정했다.

임시정부가 구상한 민주 공화제에서 '공화'는 평등과 이어지는 것이었다. 인민은 일체 평등하다는 규정이 이를 잘 보여준다. 모든 인민이 평등하게 자유를 누리고, 의무를 지며, 정부 구성에 참여한다는 규정도 마찬가지다. 인간의 존엄과 가치에 대한 존중은 생명형, 신체형, 공창제 등이 모두 인간의 존엄과 가치에 반하는 것으로 전폐되어야 한다고 본 데서 잘 드러났다.

3 · 1운동을 통해 민주주의라는 정치 이념이 널리 확산되었고, '민국'이라는 새로운 정치 체제가 성립했다. 그런 의미에서 3 · 1운동은 민족 혁명에 그치지 않고 근대 국민 국가를 이루려는 민주 혁명이기도 했다. 민주주의는 단지 정치적 측면에 국한되지 않았고 사회적 · 경제적 의미까지 함축하는 것이었다. 3 · 1운동은 인민의 자발적인 참여를 통해 정치 체제를 포함한 과거와의 혁명적 단절을 이루는 데 성공했다.

임시정부는 해방을 앞두고 마지막으로 헌법을 개정했다. 이때의 대한민국임시헌장(1944) 서문에는 "무수한 선열들은 피와 눈물로써 민족 자유의 회부에 노력하야 삼일대혁명에 이르러 전민족의 요구와 시대의 추향에 순응하야 정치, 경제, 문화 기타 일절 제도에 자유, 평등 및 진보를 기본 정신으로 한 새로운 대한민국과 임시의정원과 임시정부가 건립되었고 아울러 임시헌장이 제정되었다"라고 명기되어 있다. 임시정부의 독립운동가들은 3 · 1운동이 단순히 독립운동, 곧 민족 혁명에 그치는 것이 아니라 '자유, 평

33) 국사편찬위원회 편, 『대한민국임시정부 자료집』 1, 국사편찬위원회, 2005, 3쪽.

등, 진보'를 기본으로 하는 민주 공화제의 원점이 됨으로써 민주 혁명의 성격을 띠고 있었다는 점을 강조하기 위해 '3 · 1대혁명'이라는 표현을 헌법에 집어넣은 것이다.

5. 3·1운동과 국제주의, 그리고 세계 평화

한국 독립운동의 특징으로 가장 먼저 꼽히는 것이 민족주의의 색채가 매우 강했다는 사실이다. 실제로 독립운동의 이념적 기초는 민족주의였다. 민족주의를 바탕으로 하지 않는 독립운동은 거의 존재하지 않았다. 심지어 흔히 민족주의 계열의 독립운동과 대척점을 이룬 것으로 여겨지는 사회주의 계열의 운동조차 그 출발점은 사실상 민족주의였다.[34)]

사회주의 운동은 '민족운동의 한 분파'[35)]로 출현했다. 나아가 일제강점 말기까지 민족 문제의 해결을 방기하지 않았다. 일제강점기 사회주의자들은 계급 해방, 계급 혁명보다 민족 해방, 민족 혁명이 더 중요하다고 보았다. 민족 해방을 이룬 뒤 계급 해방을 이루자는 일종의 2단계 혁명론이 대세를 이루었다.[36)] 이는 독립을 위해서는 프롤레타리아 독재마저 유보했다는 것을 의미한다. 사회주의 계열 독립운동가의 내면에도 민족주의 정서가 강하게 깔려 있었던 셈이다.

---

34) 이준식, 「국내 사회주의 운동에 대한 역사적 평가」, 『한국민족운동사연구』 23, 1999; 임경석, 『한국 사회주의의 기원』, 역사비평사, 2003 등 참조.

35) 임경석, 『한국사회주의의 기원』, 역사비평사, 2003, 40쪽.

36) 이준식, 「사회주의 운동의 진화와 발전」, 『한국사론』, 국사편찬위원회, 2006.

사회주의의 반대는 자본주의이고 자유주의다. 민족주의의 반대 개념은 국제주의라고 할 수 있다. 사회주의 운동이 세계 프롤레타리아의 국제주의를 지향하고 있었다는 의미에서는 사회주의와 민족주의를 대립적인 개념으로 파악할 수도 있다. 실제로 일제강점기에 이미 국제주의와 민족주의를 공존할 수 없는 것으로 보는, 더 나아가서는 적대적인 것으로 보는 시각도 존재했다. 그러나 국제주의와 민족주의가 원천적으로 상호 배타적인 개념이 아니었다는 데 한국 독립운동의 역사적 특수성이 있다. 일제 식민통치로부터의 해방을 운동의 당면 과제로 인식하고 있는 한, 그리고 그것을 이루기 위해 세계 약소 민족의 연대를 추구하고 있는 한 사회주의 운동조차 민족주의와 공존할 수 있었다.

많은 독립운동가가 독립운동에 대한 국제적 지원을 추구하고 세계 혁명 운동과 연대를 통해 민족 해방을 이루려고 했다.[37] 더욱이 일제의 가혹한 탄압 아래 자신의 안위도 장담하지 못하는 상황에서 중국 혁명 원조를 주장하고 세계 약소 민족 해방의 구호를 외친 독립운동가가 적지 않았다. 이는 단지 구호에 그치지 않고 실제로 목숨을 내걸고 중국과 러시아의 혁명 운동에 직접 투신한 독립운동가도 여럿이다.

이는 독립운동이 민족주의를 바탕으로 하면서도 국제주의를 아울러 추구했음을 의미한다. 민족주의와 국제주의의 공존이야말로 한국 독립운동의 또 다른 중요한 특징이다. 독립운동에는 민족주의 못지않게 국제주의의 정서도 크게 작용하고 있었다. 앞에서 언급했듯이 1911년 신해혁명이 일어나고, 1917년 러시아 혁명이 일어나자 두 혁명에 직접 참여한 독립운동가는 상당수에 이른다. 이들이 중국과 러시아에서의 혁명에 참여한 이유는 복합적

37) 많은 보기를 들 수 있지만, 그 가운데서도 동학의 2대 교주인 최시형의 아들이자 천도교 교주인 손병희의 조카이면서도 고려혁명을 내걸고 코민테른과의 연대를 추구한 최동희에 대해 논의한 이준식, 「최동희의 민족혁명운동과 코민테른」, 『역사와 현실』 32호, 1999 참조.

일 것이다. 먼저 두 나라의 혁명이 우리의 독립운동에 유리한 조건으로 작용할 것이라고 보는 전략적 사고도 일정하게 작용했을 것이다. 그러나 제국주의의 침략을 받아 남의 식민지가 되면서 세계의 약소 민족은 공동 운명체라는 국제주의 인식도 분명하게 존재했다. 그렇지 않고서야 남의 나라 혁명 운동에 목숨을 내걸고 참여하기는 힘들었을 것이다.

흔히 '기미독립선언서'로 알려진, '오등은 자에'로 시작되는 독립선언서에는 "전 인류 공존 동생권"이나 "동양 평화로 중요한 일부를 삼은 세계 평화, 인류 행복"이라는 구절이 포함되었다. '세계 평화와 인류 행복'을 추구한 것은 '기미독립선언서'에만 그치지 않는다.

예를 들어 3 · 1운동의 출발점이 된 도쿄 유학생의 2 · 8독립선언에도 "정의와 자유를 기초로 한 민주주의 위에 선진국의 모범을 따라 새 국가를 건설한 뒤에는 건국 이래 문화와 정의와 평화를 애호하는 우리 민족은 세계의 평화와 인류의 문화에 공헌할 수 있게 될 줄로 믿는 바이다"라는 구절이 등장한다. 우리의 독립이 곧 세계 평화를 이루는 지름길이 될 것이라는 기대를 숨기지 않았다.

3 · 1운동 당시 해외 독립운동가들이 발표한 대한독립선언서에서 자립(=독립)을 "동양 평화를 보장하고 인류 평등을 실시"하는 것으로 연결한 것도 마찬가지다. 대한독립선언서에 참여한 조소앙도 이 선언의 의미를 "세계 화평을 고조하고 침략주의를 배격"했다는 데서 찾은 바 있다.[38] 대한독립선언서는 독립이 민족 평등, 동양 평화 보장, 인류 평등을 위한 길이라는 점을 분명히 함으로써 사해 동포주의를 이상으로 하는 열린 민족주의의 사고를 보여주었다. 그와 동시에 독립을 정의와 인도에 입각한 민주, 자유, 인간(개인) · 민족 평등의 실현을 통해 모든 민족과 사람이 평화롭게 공존하

38) 송우혜, 「대한독립선언서(세칭 '무오독립선언서')의 실체」, 『역사비평』 1988년 여름호, 175쪽.

는 대동 사회 건설의 한 과정이라고 규정한 것도 주목된다.

이처럼 조선의 독립을 곧 세계 평화와 인류 행복으로 이어 생각하는 것은 1919년 4월 임시정부가 출범할 때의 대한민국임시헌장에도 그대로 구현되었다. 대한민국임시헌장 제7조의 "대한민국은 신(神)의 의사에 의해 건국한 정신을 세계에 발휘하고 나아가 인류문화 및 평화에 공헌하기 위해 국제연맹에 가입함"이라는 구절이 바로 그것이다. 이 조항에서 알 수 있듯이 임시정부는 민족 구성원 모두가 평등한 국가만을 지향한 것이 아니라 여러 민족과 국가의 평등, 나아가 인류의 평등을 지향하겠다고 밝혔다. 임시정부 더 나아가 독립운동은 출발부터 배외주의적 태도를 배격하려는 의지를 분명히 했다. 보편주의에 입각한 수평적 국제 연대를 일상적인 과제로 제기한 것이야말로 한국 독립운동의 특징이다.[39]

3 · 1운동 이후 독립운동 단체가 내건 강령과 정강에서 국제주의를 표방하지 않은 경우는 찾아보기 힘들다. 단순히 구호로만 국제주의를 지향하는 데 그치지 않았다. 1910년대의 신해혁명과 러시아 혁명에 직접 참여했듯이 3 · 1운동 이후에도 중국 혁명과 러시아 혁명에 참여하는 독립운동가들은 끊이지 않았다. 아니 그 숫자가 급증했다. 그 가운데는 이름이 알려진 사람도 있지만, 이름 없이 혁명의 현장에서 산화한 경우도 적지 않다. 중국 혁명만 하더라도 전자의 대표적인 보기로 중국국민당 계열의 이범석, 김홍일, 이상정, 권기옥 등과 중국공산당 계열의 김산(본명 장지락), 한위건, 정율성, 이홍광, 김훈(중국명 양림), 김창화(중국명 진광화) 등을 들 수 있다. 이들 대부분은 중국 혁명에 참여하기 이전에 이미 독립운동을 벌인 경력을 갖고 있었

39) 이는 일찍이 동양평화를 말한 안중근으로부터 비롯된 것이라고도 할 수 있다. 다만 안중근 등의 초기 동양평화론, 세계평화론이 개인적인 차원에서의 문제 제기와 실천에 그쳤다면 3 · 1운동을 전후한 시기부터는 이러한 경향이 독립운동 전체의 흐름으로 수렴되었다는 점에서 차이가 있다.

다. 독립운동과 중국 혁명이 둘이 아니고 하나라고 생각했기에 중국 혁명에 목숨을 걸고 참여했을 것이다.

6. 맺음말

19세기 말 이후 한국 사회의 과제는 두 가지였다. 하나는 전근대적 요소를 극복해 근대 사회를 구현하는 것이었고, 다른 하나는 제국주의의 침략에 맞서 주권을 지키고 잃어버린 주권을 되찾는 것이었다. 3 · 1운동은 이러한 두 가지 과제를 동시에 이루려고 한 역사적 사건이었다.

3 · 1운동에 참여한 사람들이 외친 독립에는 두 가지 의미가 복합적으로 함축되어 있었다. 하나는 말 그대로 식민통치로부터 벗어나 독립을 이루려는 것이었다. 그렇지만 독립선언서의 '조선인의 자주민'이라는 말에는 정치적 정당성을 결여한 권력이자 부당한 폭력의 주체인 일제(조선총독부)에 대항해 주권자로서의 인민이 봉기한다는 의미도 담겨 있었다. 그리고 그 결실이 자유 · 민주 · 평등의 가치를 내건 새로운 정치 체제, 곧 민주 공화제의 확립이었다.

1910년 국망 당시 황제와 지배층이 지켜내지 못한 국가의 주권을 인민의 힘으로 되찾으려 나선 것은 그야말로 역사의 주체가 바뀐 것을 보여주는 일대 사건이었다. 그런 의미에서 3 · 1운동은 대한민국임시헌장(1919)이 주권의 주체로 명기한 인민이 처음으로 역사의 주체로 떠오르는 계기가 되었다. 3 · 1운동은 국가의 주인이 더 이상 황제나 소수의 지배층이 아니라는 사실을 분명히 보여주었다. 3 · 1운동을 통해 제국은 사실상 종지부를 찍었다. 그리고 민국의 시대가 새로 열렸다. 인민은 더 이상 1910년 이전의 신민이 아니었다. 목숨을 내건 투쟁을 통해 민주 공화국의 주체임을 스스로 입증했다. 3 · 1운동을 통해 부정된 것은 단지 일본 제국만이 아니었다. 대한제국도 부정되었다.

3 · 1운동을 독립 선언과 만세 시위에 국한시킨다면 그 자체로는 일제의 통치 정책에 약간의 변화를 가져온 결과만을 남겼기에 실패한 운동일 수밖에 없다. 그러나 3 · 1운동은 임시정부의 수립에서 상징되듯이 민국으로의 전환을 가져왔다는 점에서 과거와의 혁명적 단절을 초래한 미증유의 사건이었다.

3 · 1운동 과정에서 출범한 여러 '임시 정부'는 약속이나 한 것처럼 민주 공화제를 내걸었다. 해방 공간의 혼란 속에서도 다른 나라에서는 흔히 있는 왕정 복고파와 민주 공화파의 갈등도 없었다. 좌우를 막론하고 민주 공화제 말고 다른 정체를 이야기한 정치 집단이 없었다는 것은 수천 년 동안의 전제 왕권과 35년의 일본 천황제를 감안하면 놀라운 일이었다. 이러한 의미에서 3 · 1운동은 단순히 민족 혁명에 그친 것이 아니라 민주 혁명이기도 했다. 일제강점기에 독립운동 진영에서 3 · 1운동을 프랑스혁명에 자주 비교한 데는 나름의 이유가 있었다.

그동안에는 좁은 의미에서의 독립운동(민족 혁명)으로만 3 · 1운동을 이해해왔다. 이제 민주 혁명으로서의 3 · 1운동으로 시야를 확대할 필요가 있다. 실제로 임시정부(넓은 의미로는 독립운동 진영)가 1930년대 말 이후 그러한 인식을 분명히 보이고 있었다. 임시정부의 건국강령과 대한민국임시헌장(1944) 등이 구체적인 증거다. 해방 이후 헌법을 만들 때도 국가 형태에 대해서는 민주 공화국만 언급되었을 뿐 군주 체제로의 복귀는 전혀 거론되지 않았다. 3 · 1운동의 결과다. 제헌 헌법과 현행 헌법 제1조에 새겨진 "대한민국은 민주 공화국이다"라는 주권 재민의 조항이나 국민의 권리를 보장하는 여러 조항은 결코 공짜로 생긴 것도 아니고 남이 선물한 것도 아니다. 거기에는 3 · 1운동 이후 우리 민족이 흘린 수많은 피와 땀이 녹아 있다. 3 · 1운동이야말로 해방 이후 대한민국의 출범을 가능하게 한 헌법 혁명의 기원이었다.

일찍이 안창호는 "과거 1년간 일인(日人)은 이날(3월 1일-인용자)을 무효화하려 했고 우리는 이날을 유효하게 하려 싸웠소. 일인의 최대 문제는 이날을 무효로 돌리는 것이고 우리의 최대 의무는 이날을 영원히 유효하게 함이외다"[40]라고 한 적이 있다. 3 · 1운동을 박제화하려고 한 것은 일본 제국주의자들뿐만이 아니다. 해방 이후 3 · 1운동의 역사적 의의를 축소하고 더 나아가서는 왜곡한 세력도 마찬가지다. 이제는 3 · 1운동 참여자들이 꿈꾼 미래, 그리하여 이후의 독립운동가들이 이어받은 3 · 1운동의 정신을 제대로 반영하는 방향으로 3 · 1운동의 역사상을 복원해야 한다.

참고문헌

『대한민국임시정부공보』

『독립신문』

『신한민보』

『신화일보』

국가보훈처, 『3 · 1운동 독립선언서와 격문』, 2002.

40) 『독립신문』, 1920년 3월 20일.

국사편찬위원회 편, 『대한민국임시정부 자료집 1』, 국사편찬위원회, 2005.

국회도서관, 『한국민족운동사료 3 · 1운동편 3』, 1979.

김기승, 「대한독립선언서의 사상적 구조」, 『한국민족운동사연구』 22, 1999.

김우진, 「心の迹」, 서연호 · 홍창수 편, 『김우진 전집 2』, 연극과 인간, 2009.

독립운동사편찬위원회, 『독립운동사자료집(3 · 1운동 재판기록)』 5, 1972.

민필호, 「한중외교사화」, 『한국혼』, 보신각, 1971.

박찬승, 『민족주의의 시대: 일제하의 한국민족주의』, 경인문화사, 2007.

송우혜, 「대한독립선언서(세칭 '무오독립선언서')의 실체」, 『역사비평』, 1988년 여름호.

이만규, 『여운형선생투쟁사』, 민주문화사, 1947.

이준식, 「최동희의 민족혁명운동과 코민테른」, 『역사와 현실』 32호, 1999.

____, 「사회주의 운동의 진화와 발전」, 『한국사론』, 국사편찬위원회, 2006.

____, 「대한민국임시정부와 여성 독립운동」, 『한국민족운동사연구』 61, 2009.

____, 『민족의 독립과 통합에 바친 삶 김규식』, 독립기념관 한국독립운동사연구소, 2014.

____, 「운동인가 혁명인가-3 · 1혁명의 재인식」, 『역사와 책임』 7, 2014.

「일기장(증 제1호)」, 『한민족독립운동사자료집 13』, 국사편찬위원회, 1990.

임경석, 『한국사회주의의 기원』, 역사비평사, 2003.

조소앙, 「각국 혁명운동사요」, 『소앙선생문집』, 삼균학회, 1979.

홉스봄, 에릭, 정도영 · 차명수 역, 『혁명의 시대』, 한길사, 1998.

I.

진주지역 3·1운동의 배경

—

김준형

1. 머리말

1919년 3월 1일 서울을 비롯한 7개 지역에서 시작된 만세 시위는 3월 초순에 이미 중부와 북부지방의 여러 지역으로 확산되고 있었다. 경남지역에서는 조금 늦은 3월 11일 부산에서 처음 만세 시위가 일어났다. 이후 만세운동은 13일에는 동래 · 창녕 · 밀양, 14일에는 의령, 17일에는 함안, 그리고 18일에는 진주 · 합천 · 통영 · 하동으로 확산되었다.

이처럼 진주의 만세 시위가 다른 지역보다 늦은 3월 18일에야 일어났지만, 진주지역 3 · 1운동은 지도자들의 주도면밀한 계획과 주민의 적극적인 참여 덕분에 성공적으로 진행되었다. 또 각계각층의 주민이 만세 시위에 참여하여 천민 신분에 해당하는 기생들이 시위를 벌였고, 상인들이 가게 문을 닫았으며, 학생들이 시위를 주도했다.[1] 진주의 3 · 1운동은 20대 후반부터 30대 초반에 이르는 청 · 장년이 주도했다. 그들은 대서인, 미곡상, 광산업, 잡화상, 농업, 교사 등 지역의 유력자나 지주들이 많았고, 신식교육을 받은 사람들이 많았다. 기독교 관련자들이 만세 시위에 앞장선 것도 특기할 만하다.[2]

진주에서는 읍내뿐만 아니라 주위 농촌 지역으로도 만세 시위가 확산되어갔다. 정촌면에서는 3월 18일 수천 명이 새벼리 석류공원을 넘어 칠암동 남강변으로 진출하여 경찰과 충돌했고, 금산면에서는 3월 20일 인근 3개 면민 3천여 명이 시위했다. 이외에 미천 · 문산 · 반성 · 수곡면 등에서도 만세운동이 일어났다.[3]

---

1) 김중섭, 『사회운동의 시대: 일제침략기 지역 공동체의 역사 사회학』, 북코리아, 2012, 54-56쪽.

2) 김중섭, 위의 글(2012), 59-60쪽.

3) 秋慶和, 『晉州抗日運動史』, 晉州文化院, 2008, 62-63쪽.

진주에서는 19세기 후반 이후 사회변혁운동과 저항운동이 여러 형태로 전개되어왔다. 진주의 3·1운동도 이런 운동의 연장선상에서 살펴볼 필요가 있을 것이다. 필자는 진주지역 3·1운동의 배경으로 이런 지역적·역사적 조건을 객관적이고 총체적으로 살펴보고자 한다.

우선 필자는 진주의 역사지리적·행정적 입지와 전통사회 이래 진주가 지니는 저항적 성격 부분을 다루고자 한다. 그런 다음 19세기 후반 이후 진주에서 전개된 농민항쟁, 동학군 봉기 및 의병투쟁 등 여러 저항운동의 양상과 변화를 살펴볼 것이다. 그리고 근대로의 이행 과정에서 일제의 침략에 대응해 진주에서 전개된 여러 가지 계몽운동의 흐름과 그 주도 세력의 면모에 대해 살펴보고, 동시에 그 과정에서 각 종교 세력의 대응 양상과 입지도 살펴보려고 한다.

2. 진주의 입지 변화와 저항거점 형성

1) 진주의 역사지리적·행정적 입지의 변화

신라의 삼국 통일 직후인 685년 9주 제도가 갖추어지는데, 이 9주 중의 하나가 경남 서부지역 일대에 해당하는 청주[菁州, 후에 강주(康州), 진주(晉州)로 바뀜]였다. 이때 청주는 '진주'라는 한 고을의 명칭이면서 여러 고을을 예하에 두는 주의 기능도 겸하고 있었다. 이후 진주는 남부 지역에서 명실상

부한 거읍(巨邑)으로 자리 잡게 된다. 고려 시대에 들어와 5도 양계 체제의 성립으로 경상도가 생겨나지만, 진주는 여전히 경상도 계수관(界首官)의 하나로 기능했다.[4] 조선 시대에 와서도 진주는 거읍으로서 중요한 역할을 하고 있었다.[5]

개항 이후 우리 사회에서는 서구 문물의 영향을 받아 여러 근대적 제도개혁이 이루어졌다. 특히 1895년에는 갑오경장의 일환으로 지방제도의 개혁이 시도되어 전국의 8도 체제를 23부(府) 체제로 변경하고, 그 밑의 주(州) · 부(府) · 군(郡) · 현(縣)의 명칭을 '군'으로 일원화했다. 그러나 친일 개화파 정권이 무너진 1896년 23부제가 폐지되고 전국이 13도 체제로 다시 개편되었다. 이때부터 '경상남도'라는 행정구역이 설치되었는데, 진주가 그 관찰부 소재지로 결정되었다. 이후 진주는 일제강점기 초까지 경남 관찰부 또는 도청 소재지로서 기능했지만, 1925년 도청은 부산으로 이전되어버린다.[6]

이와 함께 진주의 강역도 현격히 줄어들고 있었다. 조선 초기 진주목의 범위는 지방의 중심 고을이라는 위상에 걸맞게 상당히 너른 영역을 차지하고 있었다. 진주의 강역은 서쪽으로는 섬진강을 경계로 현재의 전라남도 광양 · 구례와 이웃하고 있었으며, 하동군 화개 · 악양 · 옥종 · 청암 · 적량면, 하동읍 · 북천면 일부까지 포함하고 있었다. 동쪽으로는 현재의 고성군 개천 · 영오 · 영현면, 창원시 진전면 일부 지역까지 포함하고 있었으며, 남쪽으로는 사천시 곤명 · 곤양 · 서포 · 진교면, 금남 · 축동면 일부, 구 삼천

---

4) 김준형, 「경상남도의 역사적 배경」, 『慶尙南道의 鄕土文化』 上, 한국정신문화연구원, 1999, 134-137쪽.

5) 심혜영 · 김준형, 「진주강역과 하부조직의 시기별 변화」, 『南冥學硏究』 39, 경상대학교 남명학연구소, 2013, 224쪽.

6) 김준형, 위의 글(1999), 139-143쪽.

포시 일부와 남해군 창선도까지 포함하고 있었다. 북쪽으로는 현재의 산청군 단성면 일부 지역과 삼장 · 시천면을 포함하고, 지리산 천왕봉에서 이어지는 능선을 따라 함양 · 산청군 및 전라북도 남원시(당시 운봉현)와 이웃하고 있었다. 그러나 이 강역이 조선 시대 내내 유지된 것은 아니다. 세종대 이후 진주의 영역은 줄어들기 시작한다. 1419년(세종 1) 진주의 속현 중 하나인 곤명현이 진주로부터 분리되어 곤양군으로 독립했다. 또 1702년(숙종 28)에는 적량 · 진답 · 화개 · 악양면이 하동현에 이속되었다.[7)]

이런 과정에서 진주의 강역이 줄어들기는 했지만, 20세기에 들어오기 전까지만 해도 진주는 거읍으로서 손색이 없었다. 그러다가 을사늑약이 체결된 직후인 1906년 일부 군의 통폐합과 행정구역 개편이 단행되면서 진주 강역은 크게 줄어든다. 행정구역 개편으로 진주군의 75개 면 중 25개 면이 산청 · 하동 · 고성 · 사천 · 남해 · 함안 등 주변 고을에 이속되면서 진주에는 50면 298리 · 동만 남게 되었기 때문이다. 1913년 10월 들어와서 총독부는 다시 전국의 군과 면 · 리를 통폐합하여 그 수를 크게 줄였는데, 이때도 진주군의 부화곡 · 유동면 일부가 사천군으로 이속되었고, 1906년 진주에서 이속된 함안군의 상사 · 상봉 · 하봉면을 다시 편입해왔다.[8)] 이에 따라 진주는 이전 영역의 절반도 안 되는 구역으로 크게 축소되어 거읍의 모습은 사라진다.

앞에서도 언급했듯이 1895년 지방제도 개정으로 모든 고을을 일률적으로 군으로 칭하게 되는데, 다음 해의 지방제도 개정에서 경기도의 광주 · 개성 · 강화와 개항장을 포함하고 있는 인천 · 동래 · 덕원 · 경흥 등 7개 군을, 1899년에는 다시 옥구 · 창원 · 성진 3개 군을 부로 승격시켰다. 1906년

7) 심혜영 · 김준형, 위의 글(2013), 221-228쪽.

8) 심혜영 · 김준형, 위의 글(2013), 230-233쪽.

개정에서는 개항장 · 개시장(開市場) 소재지의 군들은 모두 부가 되었고, 반대로 경기도 3개 고을은 군으로 강등되었다.[9] 개항장 · 개시장 소재지의 고을에는 관내에 다수의 외국인이 거주하고 외국 영사관 또는 일본 이사청(理事廳)이 있어 대외인 사무가 있었을 뿐 아니라 행정업무도 더욱 복잡해서 고을의 격을 높여 직원의 정원도 늘리고 책임자도 우수하고 노련한 자로 배치해야 했기 때문이다. 실제로 각 개항장은 활발한 경제활동, 급격한 인구증가, 건물, 기타 시설 등으로 근대 도시로서의 모습을 갖추어가고 있었다.[10] 경남지역에서는 이런 곳이 동래부와 창원부였다.[11]

물론 진주는 13도 관찰부 소재지의 하나였으므로 어느 정도 발전의 여지가 있었다. 13도 관찰부 소재지에는 관찰부만이 아니라 도의 중심지로서 행정 · 사법 · 재정 · 교육 등과 관련된 여러 주요 기관이 새로 들어선다. 경무서 · 지방법원 · 관세관(管稅官) 등이 그것이다. 또 1906년 각 도 관찰부 소재지마다 보통학교를 한 개씩 세웠다. 국내 중요 지방도시마다 우편관서와 전신전화국 등이 설치되었는데, 각 개항장 · 개시장 소재지와 관찰부 소재지 등에는 일등 또는 이등 우체사가 있었다.[12] 이런 기관들의 배치와 활동이 진주 지역사회의 새로운 발전과 활성화에 상당한 기회를 제공할 수 있었다.

---

9) 孫禎睦, 『韓國地方制度 · 自治史硏究(上): 甲午更張~日帝强占期』, 一志社, 1992, 76-77쪽.

10) 孫禎睦, 위의 글(1992), 77쪽.

11) 강제병합 무렵 부산포 인구는 4만 4,898명(일본인 2만 3,900명, 조선인 2만 989명), 마산포는 1만 7,079명(일본인 6,039명, 조선인 1만 1,040명)인 데 반해, 도청 소재지인 진주군의 도회지 진주면 인구는 1만 2,031명(일본인 1,051명, 조선인 1만 990명)이었다(『慶南日報』 1911년 3월 11일 '都會地 日鮮人口' 참조).

12) 孫禎睦, 위의 글(1992), 78-79쪽.

2) 저항운동 거점으로서의 진주

앞에서도 언급했듯이 진주 강역은 북서쪽으로는 지리산 천왕봉까지 이르고 있어 진주의 역사 · 문화에서 빼놓을 수 없는 중요한 곳으로 자리 잡고 있었다. 지리산은 영남과 호남의 여러 고을에 걸쳐 너르게 퍼져 있었고, 곳곳에 깊은 골이 형성되어 관(官)의 힘이 미치지 못하는 은밀한 곳이 많았다. 또 지리산은 주변이 매우 기름져서 다양한 작물이 풍성하게 자라났고, 여러 가지 생계 대책이 마련되어 있었다. 따라서 이곳은 생계가 어려운 사람들이나 도망친 자들이나 도적들의 온상이 되기도 했다.

신라 때부터 국가에서 오악(五岳) 중의 하나인 남악(南岳)으로 지정하여 중시해온 지리산은 고려 · 조선 왕조의 건국 설화와 관련되어 신비화되기도 했고, 이를 역대의 통치자나 관료들이 활용하기도 했다. 민간에서도 일찍부터 지리산 산신인 성모(聖母)가 석가의 어머니 마야부인이라는 전설이 있었고, 지리산은 태을신(太乙神)이 살고 있으며 도가들이 도를 대대로 전수하던 곳이고 신선들이 모여 사는 곳이라는 전설 등과 같이 불교나 도교적인 면도 가미되어 더욱더 신비화되어 영험한 산으로 알려져 있었다. 따라서 민간인도 질병에 걸리거나 문제가 생기면 으레 찾아와 기도했고, 무당들도 많이 몰려들었다.[13)]

이처럼 신비화된 지리산은 조선 시대에 '지리성모(智異聖母)' 등 비기류에도 자주 등장하고 있었고, 지리산과 관련된 참설들도 만들어지고 있었다. 난리를 피해 숨어 살 수 있는 곳이나 복지(福地)들도 적지 않게 거론되고 있었다. 그런데 조선 중기 이후 관의 침탈이 증가하면서 민간인이나 승려, 무

---

13) 김준형, 「조선시대 지리산에 대한 다양한 인식과 이용」, 『南冥學硏究』 29, 경상대학교 남명학연구소, 2010.

당들의 불만이 고조되었다. 따라서 어떤 조건이나 계기가 마련된다면, 이들이 연대하여 조정에 저항하는 세력으로 변할 가능성이 어느 곳보다 높았다. 실제로 조선 왕조 전 시기에 걸쳐 지리산을 배경으로 한 도적들의 활동이 다른 어느 산보다 활발했다. 정치적 변란이나 사회변혁을 도모하는 세력들이 지리산을 이용하려 했던 사례도 적지 않게 나타난다. 1589년 정여립(鄭汝立) 모반 사건이나 1785년 문양해(文洋海) 등의 역모 사건, 1870년 이필제(李弼濟)의 진주 변란 도모 등이 대표적인 예다. 지리산을 거점으로 한 이런 도적 사건이나 저항운동 등은 진주 주민에게 영향을 주어 다른 지역에 비해 저항운동 전반에 대한 인식과 열정이 고조될 가능성이 컸다.[14)]

이와 함께 언급해야 할 것이 남명학파의 영향이다. 흔히 16세기 중반에 형성된 영남학파(嶺南學派)의 쌍벽이라 하면, 경상좌도의 퇴계 이황(退溪 李滉)과 경상우도의 남명 조식(南冥 曺植)을 든다. 양자는 직접 만난 적은 없지만, 나이도 같고 서로 친교가 있었으며, 제자들도 양쪽을 넘나드는 경우가 적지 않았다. 그러나 학문과 현실 대응 면에서는 양자가 확연히 다른 모습을 보였다. 퇴계가 현실에 대해 온건한 입장을 취한 반면에, 남명은 여러 번의 관직 제수에도 불구하고 끝내 나아가지 않았으며 시국 문제에 대한 대응은 과격했고 불의를 보면 참지 못하는 경향이 있었다. 학문에 있어서는 퇴계가 성리학 이론을 깊이 추구하면서 다른 학문은 배척하는 경향이 있는 반면에, 남명은 공허한 이론 추구를 비판하고 의(義)에 바탕을 둔 실천을 강조하면서 노장학(老莊學) 등 다른 학문에도 개방적이었다. 남명의 상의(尙義)·주기(主氣)의 현실 대응 자세는 문인들에게도 이어지면서 강직하고 과격한 성향으로 인해 적을 많이 만들게 되어 정여립 모반 사건 때는 여러 문인이

14) 김준형, 「조선시대 지리산을 중심으로 한 저항운동」, 『南冥學研究』 31, 경상대학교 남명학연구소, 2011.

억울하게 연루되어 옥사를 당하기도 했다.[15)]

임진왜란이 일어나자 남명학파 인물들과 진주 주민의 저항적 기질은 다시 한번 드러난다. 1592년 4월 왜적이 부산에 상륙한 이래 파죽지세로 북상하여 조선군이 패퇴하자, 의령의 곽재우(郭再祐)는 4월 말부터 의병을 조직해 왜병과 격전을 벌이며 이에 맞섰다. 이후에는 초유사 김성일(金誠一)의 주선으로 김면(金沔)·정인홍(鄭仁弘) 등도 의병을 조직해 합천·초계·성주·거창·지례 등지에서 왜적의 진입을 막아냈다. 경남 서부지역 주요 방어거점인 진주도 5월 말 이후부터 왜적의 집요한 공격을 받았지만, 판관 김시민(金時敏)을 정점으로 한 관군과 진주 및 인근 고을 출신 의병장의 연합적인 진주성 방어체제에 의해 격퇴되었다. 이들은 각각 자기 지역을 방어하기도 하고 서로 연대하면서 경남 서부지역을 왜적의 유린에서 보호할 수 있었고, 왜적의 호남 진출도 막아낼 수 있었다. 이런 의병 활동은 다른 지방의 의병 활동을 촉발하면서 전쟁 상황을 바꾸는 데도 일조했다. 이들 의병장과 이에 협조하고 있던 인물들은 거의 남명의 문인이었다.[16)]

진주성이 경남 서부지역 의병 활동의 총 본거지라고 인식한 왜적은 많은 병력을 동원해 진주성을 공격하려 했다. 이로 인해 1592년 10월 제1차 진주성 전투가 치열하게 벌어져 아군이 승리했고, 이어 1593년 6월 벌어진 제2차 진주성 전투에서는 조선에 파견된 대다수 왜적을 동원한 공격으로 진주성이 함락되었다. 이 과정에서 많은 사람이 순절했다. 이 전투에서는 다른 지방에서 온 많은 관군과 의병들의 항전이 있었지만, 진주 의병과 주민의 결사적인 항거도 중요한 역할을 했다. 이런 전투를 통해 진주 주민은

---

15) 李樹健, 『嶺南學派의 形成과 展開』, 一潮閣, 1995, 327-333쪽.

16) 李樹健, 「南冥學派 義兵活動의 歷史的 意義」, 『南冥學研究』 2, 1992; 김준형, 「진주 주변에서의 왜적방어와 의병 활동: 제1차 진주성 전투 이전」, 『경남문화연구』 17, 1995 참조.

외세침략에 대한 저항적 기질을 다시 드러냈다.[17]

남명학파 인물들은 임진왜란에서 큰 전과를 올린 것을 계기로 이후 북인의 한 축을 이루며 정계의 핵심 세력으로 등장했으며, 급기야 광해군 대에 가면 정인홍을 중심으로 한 대북 세력이 정계의 실권을 독점적으로 장악하게 된다. 그런데 정인홍을 정점으로 한 대북 정권은 '폐모살제(廢母殺弟)'라는 패륜 행위와 후금에 대한 대외정책이 빌미가 되어 인조반정이 일어나면서 막을 내리게 된다.[18] 반정 이후 경상우도와 남명학파는 서인과 남인에 의해 억압과 소외의 대상이 되었다. 이에 우도 사림들은 인조반정 이후 대거 남인화하며 남명 학풍을 계속 이어가려고 했다.

그런데 남명학파의 사림들이 모두 남인화해간 것은 아니다. 남명학파 자체 내의 분열 · 대립이 지속되면서 일부는 서인화되고 있었다. 게다가 1728년(영조 4) 노론 정권을 뒤엎기 위해 일어난 무신난에 안음(안의)에 세력 기반을 둔 정희량(鄭希亮)을 비롯한 사림 일부가 깊이 개입함으로써 우도의 사족들은 또다시 큰 타격을 입었다. 우도 사림의 전통은 그 근원인 남명의 학문에서부터 잘못되어 있어 정인홍 같은 인물이 나오고 무신의 난도 일으켰다고 보는 시각이 나타날 정도였다. 이처럼 남인 · 노론으로 분화되어가면서 다른 지역 사림들의 경계의 대상이 되어버린 진주권 사림들은 전반적으로 침체해갈 수밖에 없었다.[19] 이로 인해 진주권 사림들의 불만이 고조되어가면서 저항적인 성격이 더 강화될 조건이 마련되고 있었다.

---

17) 지승종, 『진주성전투』, 문화고을, 2011.

18) 李樹健, 위의 글(1995), 387-399쪽.

19) 김준형, 「조선후기 진주지역 司馬所의 연혁과 성격」, 『남명학연구』 22, 2006, 379-383쪽.

3. 19세기 후반 이후의 농민항쟁, 동학군 봉기와 의병투쟁

1) 1862년 진주농민항쟁과 1894년 동학군 봉기

(1) 진주농민항쟁

조선 시대 말기로 오면서 국가의 조세제도가 점점 문란해지고 수령과 아전의 비리, 토호층의 수탈이 심해지면서 백성의 고통이 커지고 있었다. 그중에서도 불만 폭발의 결정적인 계기가 된 것은 도결(都結) 시행이었다. 이것은 춘궁기에 빈민을 구제하기 위해 실시된 환곡의 운영과정에서 관리들의 비리로 축난 부분을 메우기 위해 지방 관리들이 각 고을에서 실시하던 부세 방식이었다. 국가에서 인정하지 않은 것으로, 주민에게 새로운 부담이 되어 반발이 클 수밖에 없었다. 진주에서는 이외에 우병영에서도 '통환(統還)'이라는 이름으로 주민에게 새로운 부담을 지웠다. 감영 등에 이를 없애 줄 것을 여러 차례 청원해도 받아들여지지 않자, 진주 주민은 장시를 철거하고 집단시위에 나서게 되었다.

이 항쟁은 1862년 2월 14일 진주의 서북쪽 지리산 기슭에 위치한 덕산장에서의 봉기로 막이 오른다. 이후 농민군은 덕천강을 따라 서서히 이동하면서 세력을 규합하고 19일 관아가 있는 진주 읍내로 들어온다. 이 무렵에는 진주의 다른 곳의 농민군들도 합세해 상당한 수로 불어나 있었다. 진주목사와 우병사가 도결과 통환을 취소한다는 증서를 써주었지만, 농민군은 읍내 장터에서 시위를 계속했다. 이때 시위가 절정에 이르렀고, 진주목사와 우병사가 농민군에 둘러싸여 곤욕을 치렀으며, 일부 아전들이 맞아 죽기도 했다.

다음날 농민군은 진주목사와 우병사를 풀어주고 다시 동남방으로 행진하며 농민들을 못살게 굴었던 곳곳의 토호들을 공격하고 징벌을 가한다. 그러다가 옥천사에서 하루 기숙한 이후인 2월 23일 해산함으로써 항쟁은 일단락되었다. 이 항쟁의 핵심 세력은 농민, 그중에서도 초군(樵軍)이었다. 그리고 이 항쟁을 이끌었던 지도자로는 몰락양반 출신인 유계춘(柳繼春), 신흥계층 김수만(金守萬), 빈농으로 초군을 이끌었던 이귀재(李貴才) 등이 있었다.

이 저항운동은 단지 수탈에 대한 불만에 의해 폭발한 것만은 아니다. 그 밑바닥에는 끊임없이 기존의 사회체제를 바꾸려고 여러 방면에서 전개된 민중운동의 흐름이 밑받침되고 있었다. 진주농민항쟁을 계기로 농민항쟁은 삼남지방을 비롯한 전국으로 확산되면서 봉건 정부를 위기로 몰아넣었다. 1862년 농민항쟁은 아직 여러 한계를 지니고 있었지만, 이런 경험을 바탕으로 농민층의 사회변혁운동은 더욱더 거세어진다.[20)]

(2) 동학군 봉기

1876년 개항 이후 경남 서부지역에서는 상품화폐경제의 확산과 함께 지주제가 확대되고 농민층 분해가 가속화되고 있었다. 게다가 진주권 지역의 거의 모든 읍은 혹심한 가뭄과 화적들로 불안한 상황이 지속되고 있었다. 이런 상황에서 봉건적 수탈의 가중은 경남지역 농민의 저항을 불러일으켰다. 진주 인근 고을에서는 이미 1894년 1월 중순경부터 민란이 일어나고 있었다. 이후 민란은 경상도 전체로 확산되어갔다.

---

20) 김준형, 『1862년 진주농민항쟁』, 지식산업사, 2001.

게다가 개항 이후 제국주의 세력의 국내 상권침투는 조선의 상품화폐 경제의 구조를 왜곡시키고 봉건지배계급의 수탈을 강화시키는 원인이 되었고, 빈농층의 경제적 몰락도 더욱더 가속화되었다. 이런 상황에서 농민들의 외세, 특히 일본에 대한 불만과 저항은 커질 수밖에 없었다. 이런 추세 속에서 전라도 고부민란을 계기로 1894년 3월 시작된 동학농민군 봉기는 관군과의 전투에서 승리하면서 전라도 전역으로 퍼졌다. 그러다가 5월 전주화약이 체결된 이후 농민군의 활동은 소강상태에 접어들게 된다. 그러나 6월 말 일본군의 궁성 점령 소식이 알려지면서 일본에 대한 적개심은 한층 더 높아졌다. 이에 따라 9월 이후 동학군이 재차 봉기하는데, 이 봉기는 호남 이외에 전국으로 확산되었다.

경남 서부지역에서는 백낙도(白樂道)가 일찍부터 덕산을 근거지로 하여 동학조직을 인근 고을로 확산시켜나가고 있었다. 진주 영장이 이끄는 관군에 의해 덕산의 동학 세력이 토벌되었기 때문에 동학도들의 위세가 한때 위축되기도 했지만, 민란이 격화되는 7월 들어 동학도들의 활동은 다시 활발해졌다. 경상도 지역에서는 8월 말부터 동학군의 읍내 점거 및 무기 탈취 등의 본격적인 활동이 전개되었다. 진주 등지에서도 이미 9월 1일 이전부터 동학도들이 매일 집회를 열며 개혁을 요구하고 본격적인 활동을 벌이고 있었다.

전라도 광양으로 쫓겨갔던 하동의 동학도들도 광양 · 순천포의 동학군과 함께 섬진강을 건너 하동을 공격해왔다. 이들의 일부는 진주로 들어와 이미 활동하고 있던 진주와 인근 고을의 동학도와 대집회를 열고 분위기를 고조시켰다. 9월 중순 진주에서의 대집회 이후 동학도들은 자기 지역에만 있지 않고 여기저기로 돌아다니며 같이 연대해서 활동을 벌이고 있었다. 동학도들은 각 고을 차원에서의 폐정개혁을 요구하고 향리 · 토호 · 사찰 등 일반 민중을 수탈했던 자들에게 징벌을 가했다. 그리고 '척왜양'을 전면적으로 제기하고 개화파에 대해서도 적개심을 분출하고 있었다.

그러자 9월 말경부터 대구에서 파견된 관군과 일본군이 동학군 토벌을 시도했다. 하동의 광평동 전투, 곤양의 금오산 전투와 진주의 고승산성 전투에서 동학군이 패배하면서 주력군은 크게 약화되었다. 일부 읍에서는 관과 보수 세력이 앞장서 동학군 진압에 나섰다. 이에 따라 경남 서부지역 동학군은 활동이 점차 위축되어갔지만, 그 잔여 세력들은 이후에도 상당 기간 동안 지역 곳곳에 존재하며 활동하고 있었다.[21]

2) 진주 부근에서의 의병투쟁

1895년 을미사변이 일어나고 단발령이 공포되자, 유생들이 이끄는 의병들이 여기저기에서 봉기했다. 진주에서도 의병이 일어났다. 안의에 거주하던 노응규(盧應奎)가 서재기(徐再起) 등과 함께 1896년 1월 7일 진주로 들어왔다. 그들은 향교에서 진주의 의병 주도 세력들과 거사를 논의하고 다음 날 새벽 진주성을 공격하여 장악했다. 이에 관찰사와 경무관 및 여러 관리는 도주해버렸다. 이 무렵 진주의 유림들도 별도로 본주 의병을 조직하고 정한용(鄭漢鎔)을 의병장으로 추대했다. 노응규 진영은 진주성 내에, 정한용 진영은 성 밖의 진주 관아에 포진하여 각각 '병영의소(兵營義所)', '본주의소(本州義所)'라 칭하며 독자적인 입장을 취하면서도 서로 협조하는 모습을 보였다. 양 의병장은 창의의 사실을 널리 알리고 의병의 정당성을 확보하기 위해 각각 상소를 올렸다.

본주의소에서는 진주 각 면 · 리에 전령을 보내 두 가구당 한 명의 병

21) 김준형, 「진주 인근에서의 동학군 봉기」, 『진주농민운동의 역사적 조명』, 역사비평사, 2003.

사를 내도록 독촉했다. 그리고 관내 창고의 무기를 탈취하고 각 촌리의 포수나 유력자들도 불러들였는데, 14일까지 모인 자가 1천여 명에 이르렀다. 외부에서도 지원자들이 계속 모여들어 1월 말경에는 의병이 3천 명 내외에 이르렀다. 본주의소는 동시에 인근 고을의 사림 · 이서들에게 통문을 띄워 고을 단위로 의병을 조직해 각 고을을 적으로부터 방어하고 진주를 중심으로 서로 연대할 것을 호소했다.[22)]

진주를 중심으로 의병들이 조직되고 본격적인 활동에 들어가면서 진주 의병과 관군 사이의 충돌이 벌어지기 시작했다. 대구로 달아났던 경무관 김세진이 16일 대구 군사 100명을 이끌고 의령군에 쳐들어왔다. 이 소식을 접한 진주에서는 의병을 파견하여 관군을 격퇴했다. 이들은 더 나아가 일본인이 밀집해 살고 일본 공관과 군대가 있는 부산을 공격하기 위해 2월 16일 김해에 진출했다가 철수했다. 그 후 2월 28일경 다시 의병들이 김해 선암 도선장에 진출하여 일본군과 전투를 벌였지만, 일부 사상자를 내면서 패퇴했다.

2월 말경에 의병을 해산하라는 왕명이 전해지고 해산하지 않는 의병에 대해서는 경병(京兵)을 파견하여 토벌하기 시작하자, 3월 초 진주 의병은 경병에 맞서 근왕(勤王)활동을 계속하기 위해 서재기는 안의로, 정한용은 삼가로 군사를 이동해 주둔했다. 그러나 50~60명의 병사를 인솔하고 대비하던 노응규가 3월 12일 밤 경병의 진주성 공격으로 패산하여 정한용의 진영으로 도망가자, 여러 곳의 의병이 일시에 흩어져버렸다.[23)]

1905년 을사늑약 이후 다시 전국적으로 의병투쟁이 전개되었지만, 진주를 비롯한 경남 서부지역에서는 다른 지역과 달리 별다른 의병 활동이 없

---

22) 김준형, 「盧應奎의 의병 활동과 사상적 특성」, 『남명학연구』 24, 2007, 337-339쪽.

23) 김준형, 위의 글(2007), 341-344쪽.

었다. 여기에는 두 가지 이유가 있었다. 우선 들 수 있는 것은 의병 세력 간의 알력이었다. 이러한 알력이 시작된 것은 노응규가 자신이 지은 면고문(面告文)을 퍼뜨리면서부터였다. 면고문에서 그는 경병이 진입하자 스스로 군대를 해산하고 상소문을 써서 서울로 가서 국가의 처분을 기다리기 위해 삼가에 갔다가 정한용 등에게 붙들려 감옥에 갇혔지만, 주위 유림들의 도움으로 간신히 풀려났다고 언급하고 있다.[24] 즉, 정한용이 자신을 배신했다고 비난한 것이다. 이로 인해 사과 정기석(鄭箕錫) 등 일부 유림은 통문을 돌려 국적에게 아부하여 충량한 신하를 적으로 돌려 죽이고 국가의 맥을 상하게 했다고 정한용을 공격했다.[25] 영남지역의 일부 유생들도 통문을 돌려 노응규의 의병이 패산한 것이나 그가 삼가에 억류되었던 것, 그리고 노응규의 가족이 참화를 입은 것은 모두 정한용의 흉계와 모함 때문이라고 하여 정한용을 공격했다.[26]

그러나 정한용의 배신 여부는 좀 더 검토할 점이 있다. 남로선유사로 파견된 신기선(申箕善)의 『봉사일기(奉使日記)』에는 이와는 다른 내용이 나온다. 즉 그가 2월 말 의병 해산을 권유하기 위해 진주에 파견한 권용화(權庸華)의 보고에 의하면, 정한용은 그를 공손하게 맞으며 자기 입장의 불가피성을 설명한 데 반해, 노응규는 응대하는 태도가 불만스러웠고, 또한 권용화를 참모청에 가두기까지 했다. 정한용이 그를 풀어줄 것을 권했으나, 노응규의 반대로 그는 10여 일 구금되어 있었다. 정한용은 노응규와 의견이 맞지 않자 성을 벗어나 다른 곳으로 떠나버렸다고 한다. 진주참서관 권병직(權秉稷)이 정한용이 부탁한 첩칙(帖勅) 등을 측근 부하를 시켜 전송하려 했으나 그

---

24) 盧應奎,『愼菴遺稿』面告文.

25) 盧應奎,『愼菴遺稿』通文(司果鄭箕錫 幼學李埈亨等 布嶺南各郡縣).

26) 盧應奎,『愼菴遺稿』道會儒生(布三南及京疏廳).

마저 구금되어버렸다.[27] 아마 의병 해산을 권유하는 왕의 조칙에 대해 어떻게 대응할 것인가를 두고 두 의병장이 충돌하면서 정한용은 자신 예하의 의병을 삼가로 이동시켜버린 것이 아닌가 추측된다.

조성가(趙性家)의 『월고일기(月皐日記)』에 의하면, 이미 2월 22일경 정한용이 대구를 공격하기 위해 진영을 옮기기 시작하고 있었다.[28] 『진양속지(晉陽續誌)』에는 3월 근왕을 도모하고자 노응규의 참모 서재기는 안의로, 정한용은 삼가로 군사를 옮긴 것으로 기록되어 있다.[29] 전상무(田相武)의 『적원일기(赤猿日記)』에도 3월 6일 정한용이 삼가로 진을 옮기고 의령에도 전령을 보내 경병을 막기 위해 의령 의병도 같이 동참하라고 권유하는 것으로 나타난다.[30] 그리고 노응규가 삼가로 쫓겨오자 정한용과 의령의 의병이 궤산했다고 기록하고 있을 뿐이다.[31] 정한용에게 큰 잘못이 있었으면, 이 사실도 언급되었을 것이나 이런 내용은 언급되어 있지 않다.

정한용은 다시 상소를 올려 칙교가 내려졌음에도 불구하고 처음에는 아관파천 이후 왕이 환궁하지 못한 상태라 군사를 해산시키지 못하고 계속 근왕운동을 하려 했다고 자신을 변명했다.[32] 정한용은 고향 주위에서 자신이 명예를 노리고 의병을 일으켰다고 비난하고 있다는 소문을 들었다면서 억울해했다.[33] 의병 참여자에 대한 일부 유생들의 보복도 있었다. 정한용을 비난한 사과 정기석도 의병에 참여했던 것 같은데, 그는 이성술(李聖述) 등에

27) 申箕善, 『陽園遺集』 권17, 日記 奉使日記, 丙申 3월 15일.
28) 趙性家, 『月皐日記』 丙申日記 2월 22일.
29) 『晉陽續誌』 권4, 叢談.
30) 田相武, 『赤猿日記』 3월 6일.
31) 田相武, 『赤猿日記』 3월 8일.
32) 鄭漢鎔, 『直齋遺稿』 권2, 疏 再疏.
33) 鄭漢鎔, 『直齋遺稿』 권2, 書 上外舅成丈(潤).

의해 비류(匪類)로 몰려 가사가 훼진되고 가산도 적몰되었다고 한다.[34] 경남 서부지역 노론계의 중요 인물인 정재규(鄭載圭)·권봉희(權鳳熙) 등이 군사(軍師)로 참여하기도 했지만,[35] 이런 분란으로 인해 이후 의병투쟁이 다시 전개될 동력은 크게 상실되었다.

의병투쟁 침체의 원인으로 또 하나 들 수 있는 것은 다수의 보수 유림들이 사회변화와 일본 침략에 대해 분개하면서도 '폐문자정(閉門自靖)'의 입장을 취하고 있었다는 것이다. 경남 서부지역에서는 보수 유림의 다수가 남인이었고, 을미의병을 주도한 노론계는 소수에 불과했다. 그런데 남인에게는 당시 경남 서부지역 유림에게 지대한 영향을 미치고 있던 면우 곽종석(俛宇 郭鍾錫)의 입장이 많이 작용하고 있었다.

곽종석은 사회 변화와 함께 일제의 침략이 전개되는 가운데 이에 대한 대응으로 숨어지내며 자신을 수양하고 전통문화를 지켜나가는 '폐문자정'을 주장했고, 의병봉기나 자결 등은 찬성하지 않았다. 그는 제자에게도 이를 강조했다.[36] 이처럼 곽종석은 유림의 영수로서 1895년, 1905년, 1910년의 국가위기 상황에서 소극적인 태도로 일관하여 주위에서 많은 비판을 받았다.[37] 이런 연유로 인해 을사늑약 이후 전국적으로 의병이 봉기하는 상황에서도 경남 서부지역에서는 유림 지도자가 주도하는 의병봉기는 거의 나타나지 않는다.

이후 1907년 8월 군대해산에 즈음해 경남 서부지역에서도 진주진위대가 봉기를 시도했지만, 진해만에서 파견된 일본군의 진압으로 봉기는 무

---

34) 盧應奎, 『愼菴遺稿』 道會儒生(付晉州).

35) 『晉陽續誌』 권4, 叢談.

36) 『俛宇集』 권14, 書 與洪丈東可(起商○丙申; 권21, 書 與姜學叟; 권36, 書 與李子翼(丙申).

37) 서동일, 「파리長書運動의 기원과 在京儒林」, 『한국독립운동사연구』 30, 독립기념관 한국독립운동사연구소, 2008, 191쪽.

산되었다.[38] 그러나 일부 진위대 출신들은 계속적인 저항을 위해 여러 곳으로 흩어져 의병 활동에 참여했다. 게다가 전라도 의병들이 경남 서부지역까지 활동 영역을 넓히면서 이곳의 의병 활동에도 영향을 준다. 이때는 보수 유림들이 주도하는 경우도 일부 있기는 했지만, 동학의 일부 잔여 세력이나 군인 출신 등 다양한 세력이 참여하고 주도해가는 모습을 보인다.

이 시기 경남지역에서 의병투쟁의 선구적 역할을 한 대표적 인물은 충남 회덕군 출신 의병장 김동신(金東臣)과 고광순(高光洵)이었다. 10월 초에 두 사람은 모두 경남 지리산으로 거점을 옮겨 지형을 이용한 방어시설을 구축하고, 애국심이 강한 포수들과 진주에서 강제 해산된 진위대 군인들을 끌어들여 역량을 강화했다. 김동신과 고광순의 의병부대는 지리산을 거점으로 각종 투쟁을 전개했다. 지리산을 거점으로 한 김동신 등의 반일 투쟁이 활발해지자, 일제는 토벌대를 편성하여 산에 불을 지르는 등 토벌 공세를 펼쳤다. 이때 의병장 고광순은 토벌대와 맞서 싸우다가 1907년 10월 17일 구례의 연곡사에서 전사했다. 이후에도 김동신은 호남의 이석용 · 김용구 의병부대와 연대를 꾀하기도 하고, 혹은 독자적으로 의병을 이끌고 지리산 인근의 각처에서 투쟁을 계속했다.[39]

김동신이 고향에서 체포된 뒤에도 그의 비장(裨將)들은 각지에서 의병투쟁을 계속 전개했다. 경남 서부의 의병들은 소백산맥을 넘나들며 때로는 호남에서 활약하다가 때로는 속리산을 넘어 충청도에서 활약했는데, 호남이나 충청도의 의병들도 산맥과 도 경계를 넘어 경남 서부지역에 자주 출몰했

---

38) 『統監府文書』 4권, 5. 電受 一 · 二 · 三 (127) 若澤 支隊의 폭도 진압 결과 및 晋州 · 咸興鎮衛隊 해산 件 보고(往電第23號, 明治 40년 8월 27日); 5. 電受 一 · 二 · 三 (141) 順興 · 豊基 지방의 폭도 격퇴 및 槐山討伐隊 파견 件(往電第32號 明治 40년 8월 31일).

39) 홍순권, 「한말 경남 서부지역의 의병 활동」, 『지역사회연구』 5(한국지역사회학회, 1996), 99-101쪽.

다. 이는 삼도 접경지역 의병들의 공통적인 의병 활동 양상으로, 그들 모두 소부대 중심의 유격 전술로 반일 의병투쟁을 전개했다. 이들은 적과 정면으로 대결하는 것을 피하고, 각 지방의 분파소 · 경무분소를 기습공격하거나, 일제의 앞잡이 역할을 하는 우편체송인 · 공전영수원 · 면장 · 일진회원 등과 지역 내에 거주하는 일본인을 기습적으로 공격하는 활동에 주력했다.

그러나 1909년 들어서면서 경남 서부지역의 의병투쟁은 점차 약화되어갔다. 투쟁 양상도 공세적 성격에서 방어적인 성격으로 바뀌어갔다. 경남지역에서의 의병운동이 강화될 수 없었던 내적 원인도 있었겠으나, 무엇보다 일본군 측의 집요하고 계속적인 토벌 작전이 주효했기 때문이다.[40] 경상남도 관찰부가 진주에 두어진 이후 여기에 관심을 쏟고 총력 대응하는 일본 세력의 움직임이 많이 작용했던 것 같다. 특히 진주를 비롯한 인근 요소에 수비대를 조밀하게 배치하여 대응한 것이 의병운동의 활성화에 장애 요소로 작용한 것으로 추정된다.

40) 홍순권, 위의 글(1996), 106-107쪽.

4. 진주지역 계몽운동의 분석

1) 다양한 계몽운동의 추이

(1) 동아개진교육회 사건, 국채보상운동, 대한협회운동, 언론운동

일본의 침략에 강력하게 대응하며 기존 체제를 유지해가려던 보수 유림의 입지는 사회의 급속한 변화와 일제의 압박으로 인해 점차 약화되어간다. 이런 상황 속에서 진주지역의 일부 양반 · 유림들은 개화를 어느 정도 받아들이는 입장으로 변하고 있었다. 특히 서울에서 관료 생활을 하면서 정부의 개화 정책에 참여한 인물들이 그러했다. 당시 서울에서 활동하던 인물들은 국내정세와 국제정세의 변화 현실에 민감할 수 있었으므로 개화사상을 받아들이기가 쉬웠다. 그러나 이들 다수의 입장은 온건개화론이요, 동도서기론적 개량론이며, 급진적 개화론은 드물었다. 이들은 일제의 침략이 노골화되는 가운데 계몽운동에도 참여해 우리 사회의 자강력을 키우려 노력하고 있었다.

1905년 3월 중순 진주에서 일진회의 지회 활동이 전개되자, 이들의 친일 활동에 자극받은 일부 유림이 창의회(倡義會)를 조직해 삼강의 정론으로 일진회의 망설(妄說)을 타파하자며 '일진회를 배척하는 전국 창의소 통장(通章)'을 돌리는 움직임이 있었다. 일진회 지회장 김사영(金士泳) 등이 마산주재 일본 영사에게 공격 우려를 호소하고 진주관찰사가 제지해서 이 움직임은 무산된 것 같다.[41] 이를 주도한 인사들의 명단이 없어서 그들의 성격을 알

41) 『駐韓日本公使館記錄』 26권, 五. 木浦群山往來 · 釜山馬山往來 (4) 관내에서의 일진회원의 동

수 없지만, 그들의 주장 내용을 보면 보수 유림일 가능성이 크다. 이후 3월 31일 진주에 헌병분주소가 설치되자, 일진회는 후원자가 생겼다며 4월 3일 촉석루에서 1천여 명의 성대한 모임을 가진다.[42)]

이런 가운데 11월 을사늑약이 강제로 체결되자, 진주에서는 12월 초 동아개진교육회(東亞改進教育會) 진주지회가 결성되고 그 내부에서 비밀리에 연판장이 작성되고 있었다. 연판장 중앙에는 '이국편민 효충격의 약맹이심 천인공륙(利國便民 効忠激義 若萌貳心 天人共戮)'이라는 문자가 있고, 그 문자 주위에 파상형으로 각자의 성명이 기록되어 있었다. 이후 연판장 서명자가 점점 증가하고 각 군으로 퍼져나가자, 일제는 이를 막으려 했다. 12월 17일 진주에 근무하는 곡천(谷川) 경부가 분견소 헌병조장과 정찰하러 진주에 온 부산 주둔 소위 이하 보병 10명을 동원하여 중요 인물 13명을 체포하고 연판장 및 기타 서류를 압수했다.

지회 참여 인물 40명 중 연판장에 서명한 인물은 20명이라 하는데, 알려진 인물은 이찬호(李贊鎬)·장두용(張斗用)·정효덕(鄭孝德)·황주현(黃柱顯)·황보연(黃輔淵)·백필주(白弼珠)·이종선(李鍾善)·이환익(李還翼)·양수묵(梁秀默)·오종근(吳鍾根)·유진태(柳震台)·조연승(曺淵承)·허만두(許萬斗)·조병덕(曺秉德)·손진휴(孫振休)·김가익(金軻益) 등이었다. 일본 당국이 지방의 완고한 세력이 현재의 사변에 분개하여 일으킨 일이라고 밝히고 있듯이, 보수 유림들이 이를 주도하고 있었다.[43)] 그러나 이들 중에는 〈표 1〉에 나타

정 보고의 건(公第4號).

42) 『駐韓日本公使館記錄』 26권, 五. 木浦群山往來 · 釜山馬山往來 (5) 晋州一進會의 動靜續報件(公第6號).

43) 『駐韓日本公使館記錄』 24권, 六. 顧問警察事故報告 (46) 東亞改進教育支會活動件 報告移牒(秘第165號); (51) 東亞開進教育支會 近況報告移牒(顧警제193호); (61) 軍律違反者 처분 건 移牒(顧警第27號).

나듯이 관료 출신들이 다수를 이루고 있었고, 이후 계몽운동에 참여한 자들도 적지 않았다.

동아개진교육회는 뒤에 언급하듯이 보부상들을 규합하여 사회운동을 전개하기 위해 1905년 10월 만들어진 단체로, 처음에는 일진회와 대립하면서 민족적인 입장을 견지하고 있었다. 따라서 1905년 12월 진주에서 결성된 동아개진교육회 진주지회도 보부상들이 참여하는 조직으로, 이에는 보부상 조직에 관여하는 관료 출신 인사들이 대거 포진되어 있었다. 연판장 사건으로 진주지역의 이 조직은 크게 위축되었지만, 이후에도 지회 활동을 꾸리려는 모습을 보인다. 1908년 3월 진주 · 안의의 일부 인사가 동아개진 지회장 이규하(李奎夏)와 협의하여 진주 · 사천 · 곤양 · 단성 · 산청 · 함양 · 안의 등의 부상(負商)들에게 통문하여 집회하려다가 경찰서의 금지로 해산된 것[44]이 그 예다.

이보다 조금 앞선 1905년 8월 진주에서는 사립 진명(晉明)학교 설립 운동이 전개된다. 여기에는 당시 경남관찰사(교장), 진주군수(부교장)를 비롯해 각 군의 군수들이 참여하고 있었고, 많은 관료 출신 인사들이 보조금을 출연하거나 운영에 참여하고 있었다(표 1 참조). 주목되는 것은 그 과정에서 일본인 요시무라 신지(吉村眞治)와 논의하고 실행 단계에서는 일본인이 보조금도 내고 학교 운영에 찬성원 및 일어교사로 참여하고 있었다는 점이다.[45] 따라서 이들이 신식교육을 위한 계몽운동을 전개했다 하더라도 일반 민중과 함께 전개하는 면이 적었고, 민족적인 입장을 제대로 드러내지 못하는 한계를 지니고 있었다고 할 수 있다.

---

44) 『皇城新聞』, 1908년 3월 5일 晉會被禁; 『大韓每日申報』, 1908년 3월 13일.

45) 『皇城新聞』, 1905년 8월 28일 廣告.

〈표 1〉 여러 계몽운동에 참여한 인물들

이름	명진	동아	국보	대한	비고
서진욱(徐珍旭)	재무		○		주사(부 · 군). 1911 진양계 평의장, 1911 경북도장관 환영 모임, 경상농공은행 감역
허만두(許萬斗)	사무	○		회장	감찰, 관찰사 황철과 대립
이일중(李日重)	출연			○	1889 의녕원 수봉관, 1890 감찰
강주식(姜周湜)	출연		○	○	의관. 1910 봉양학교 개교식, 학감. 1910 여학교 건축 노력. 1923 동아일보 지국 총무 겸 기자
황의호(黃義浩)	출연			○	1899 충북 관찰부 총순, 창원항 총순. 1903 경남 관찰부 주사. 1913 난정계 참여. 1922 소작인상조회 경남총지회
양수묵(梁秀默)	출연	○			사과
천수현(千守鉉)	출연		○		감찰
강선호(姜善昊)	출연		○	○	참봉. 1907 상무사 공원, 1924~1927 반수. 1910 보신사(普信社) 주. 1909 기독청년 전도회 발회식. 1911 중안동의소 총무. 1911 경북도장관 환영모임. 1913 경남일보사 이사. 1923 동아일보 지국장, 1924 재단법인 일신여고 이사
강규형(姜葵馨)	출연			○	의관. 1928 도통사에서 기묘록(己卯錄) 출간 담당
김홍식(金弘植)	출연			○	총순. 1908 동아개진교육회 상무과 우단 도공사원
이상렬(李相烈)	출연			○	부총순. 경상북도 공전독쇄관. 중추원의관. 1910 중안면장. 평거면장
홍순옥(洪淳玉)	출연				주사
안정기(安正基)	출연				도사
서윤보(徐允甫)	출연				유학(幼學). 1909 상무사 접장, 1911 반수. 1927 일신여고 이사감사진에 포함. 1921 평안동에서 포목장사
이현중(李鉉重)	출연				
이찬호(李贊鎬)		○			1894 전우총국위원

이름	명진	동아	국보	대한	비고
황보연(黃輔淵)		○			헌납. 1894 동학군 토벌. 1898 시무상소. 황국협회 조직 주도. 을사늑약을 반대하는 조병세의 상소에 참여
유진태(柳震台)		○			무과초시
조연승(曺淵承)		○			내부 시찰관
장두용(張斗用)		○		본회	
황주현(黃柱顯)		○		본회	대한자강회 회원
손진휴(孫振休)		○		평의장	군참사. 1911 중안동의소 소장. 낙육고등학교 교장. 1911 진주위생회 역원. 1913 지주회 설비위원
오종근(嗚鍾根)		○		○	찰방. 을미의병 참여
이규하(李奎夏)		○			참봉. 1908 동아개진지회장으로 보부상 소집하려다 무산
윤순백(尹順伯)			○	○	1884 기찰포교로 공을 세워 변장. 1894 동학군 토벌. 1902 사천군수. 1887 우도소 창설 때 감역
이현중(李現重)			○	회계	1911 봉곡민의소 총무. 1913 기업전습소 설립. 1922 소작인상조회 경남총지회
김종우(金鐘祐)			○	○	
안종수(安鍾洙)			○	○	
강경호(姜璟鎬)			○	○	강상호(姜相鎬)의 초명. 강재순(姜在淳)의 자. 1909 안신(安新)여학교 설립, 운영
안헌(安憲)			○	○	안확(安廓)의 초명. 광림학교 교사
하기룡(河琦龍)			○		1893, 1899 상무사 반수. 1905 사과. 1887 유학
변집중(邊執中)			○	○	1909 상무사 총무(邊集仲)
천응칠(千應七)			○	○	1910 상무사 서기
김두호(金斗昊)			○		1894 상무사 서기. 1908 반수

이름	명진	동아	국보	대한	비고
문장현(文章現)			○		1904 상무사 별공원. 1931 반수. 1924 옥봉야학 창설
강영언(姜永彥)			○		1903 상무사 본방(本房), 1909, 1910 반수
박여순(朴汝純)			○		1913, 1916 반수
이찬경(李贊敬)			○		1910 본방. 1912 공원. 1915 반수
안택중(安宅重)			○		1906 사범학교 설립 요청(낙육재). 장지연 만장(挽章)
강상희(姜尙熙)				○	1903 중추원 의관, 1910 도주사
구연승(具然升)				○	향교교임. 일반성면 · 외진성면 면장. 1910 진명학교 설립
김갑순(金甲淳)				○	『태극학보』, 『대한학회월보』에 등장, 기고
김기제(金琪濟)				○	정평부사. 곤명면 방보작답 계승. 진주농공은행 행장
김달희(金達熙)				○	1902 경남 관찰부 주사
김상정(金相鼎)				○	진보회 경남 두령, 1908 천도교 진주교구장
김상호(金翔昊)				○	1899 통신사전화과 주사. 1901 경남관찰부 주사
김동황(金東湟)				○	1909 야학교를 성내2동 동사에 설립
박태곤(朴台坤)				○	1909 야학교를 성내2동 동사에 설립
박재화(朴在華)				○	1910 나동면장. 1910 독명(篤明)학교 설립, 교장. 1913 지주회설비위원. 조선인으로 처음 목욕장 개장. 1922 소작인상조회 경남총지회.
박재구(朴在九)				회장	외부 주사. 난정계 참여. 1914 경남공진회 시관
윤순명(尹舜明)				○	후에 일진회로 옮김. 이 일로 양 단체 갈등
이규범(李圭範)				부회장	부위. 진주위생회 간사. 1913년 도동면장. 1913 지주회설비위원. 1913 매일신보 경남지국 통신원. 1913 기업전습소 설립. 1911 · 1914 천도교 전제원?

이름	명진	동아	국보	대한	비고
이규열(李圭烈)				○	
이규하(李圭夏)				○	정위. 1908 동아개진교육회 상무과 진주지회 상무좌우단 사무장. 구해창 객주. 1910 부화곡면 일신(日新)학교 설립에 참여. 1911 부화곡면 면장
이로중(李珯重)				○	
이한중(李漢重)				○	1910 마동면 하전(荷田)학교 설립
이태중(李泰重)				○	1883 사옹봉사, 금부도사.
전경준(全慶駿)				○	1905 일진회 경남 교두. 1909 대한협회 가입
정규석(鄭圭錫)				초대 회장	1868 무과급제, 1891 청송부사. 1892 내금위장. 1913 지주회 설비위원. 난정계 참여
정순교(鄭舜敎)				○	1893 무과. 사과
정한교(鄭翰敎)				○	
정주호(鄭湊祜)				○	1909 낙육교 개학을 관찰사에 요청
정용수(鄭龍秀)				○	1910 일진회 대표로 대한협회 회장 고소
황규연(黃圭淵)				○	1911 봉곡민의소 간사원. 1913 기업전습소 설립. 1914 의생인가. 1916 진주의생회 회장. 의생강습회 조직
황제연(黃齊淵)				총무	1911 중안면 윤정(允精)학교 교장

* 이 표에서 '진명'은 진명학교 설립 운동에 참여, '동아'는 '동아개진교육회' 사건에 연루, '국보'는 국채보상운동 참여, '대한'은 대한협회 활동에 참여한 것을 의미함.

이후 일본이 차관을 명목으로 침탈을 강화해가자, 1907년 2월 대구를 시작으로 전국에 걸쳐 국채보상운동이 전개된다. 진주에서도 3월경부터 이 운동이 시작된다. 3월 14일 당시 경남관찰부 주사였던 김용효(金容孝) 등이 경남지역의 단연의금(斷烟義金)을 모집하기 위한 '국채보상경남찬성회 취지서'를 발표했다.[46] 이보다 며칠 후에는 안택중(安宅重)·안효정(安孝政)·김기대(金其大) 등 20인이 경남애국회를 발기하고 통문을 돌렸다고 한다.[47]

그리하여 진주에서는 3월 19일경 유향(儒鄕, 양반 지칭)이 애국보상소를 설치했고, 예수교 신자, 상인층도 상채소(償債所)를 설립했다.[48] 20일경에는 기생 부용(芙蓉)이 앞장서 국채보상을 위한 애국부인회를 조직하여 활동하기 시작했고, 29일경에는 부인 매옥(梅玉) 등 4명이 객사 앞에서 애국부인회를 개최하고 금련(錦蓮)이 연단에 올라 보채의무를 열렬히 연설했다.[49] 28일경에는 강주제(姜周提: 姜周湜?)·안헌·강경호 등이 국채보상경남회취지서를 발표하여 국채보상운동의 구체적인 실행 방향을 제시하기도 했다.[50]

『대한매일신보』 1907년 3월 31일 및 8월 17일에는 국채보상경남회에서 수금한 의연금 내역이 소개되고 있는데, 이를 보면 관리 출신뿐만 아니라 일반 서민이 대거 참여하고 있다. 심지어 ○○의 부인, ○○의 모친, 동몽 ○○(15세 미만이 다수 참여, 3세 아동도 있음)이 의연금을 내고 있고, 부부가 함께 참여하는 경우도 있다[강경석(姜敬錫) 10전, 강경석 부인 10전]. 그리고 뒤에 언급하듯이 상인층도 다수 참여하고 있다.

이런 여러 움직임은 사회가 급속하게 변화하고 일본의 침략이 노골화되는 과정에서 보수 유림이나 관료 중 일부가 입장을 바꾸어 계몽운동을 주도해가기 시작하고, 또 이런 운동에 일반 서민, 특히 상인, 예수교도, 기생, 부인, 아동도 참여하면서 계몽운동의 기반이 넓어져가고 있음을 보여주고 있다.

---

46) 『大韓每日申報』, 1907년 3월 14일.

47) 『皇城新聞』, 1907년 3월 20일.

48) 『大韓每日申報』, 1907년 3월 19일.

49) 『大韓每日申報』, 1907년 3월 20일; 『皇城新聞』, 1907년 3월 29일.

50) 『大韓每日申報』, 1907년 3월 28일.

이런 움직임이 전개되는 가운데 1908년에는 진주에 대한협회 지회가 결성되어 이를 중심으로 한 계몽운동이 치열하게 전개된다. 1907년 11월 대한협회가 발족되면서 1908년 5월부터 진주지역에서 지회를 결성하려는 움직임이 시작되었다. 7월 11일 진주지회는 총회를 열어 초대 임원을 선발했다.[51)]

진주지회는 직접 학교를 설립하고 운영하거나, 아니면 지역의 교육풍토를 조성하는 등 교육운동에 매진했다. 교육재정을 확보하기 위해 유지들에게 찬조를 요구하거나 스스로 기금 조성을 시도했고, 연설회와 신문 · 잡지를 통해 교육열을 계도했다. 지회는 중앙동의 지회 사무실에 야학강습소를 설치하여 운영했다. 회원이 개인적으로 학교를 운영하거나 후원하는 경우도 있었다. 교육계몽운동의 연장선상에서 진주지회는 관내 주민을 대상으로 법률 지식 보급에 나섰고, 강연회와 토론회도 꾸준히 개최했다. 또 주민의 재산권 보호와 폐정개혁의 일환으로 조세저항운동을 적극적으로 전개했다.

대한협회 진주지회의 활동은 본회와 일진회의 제휴 시도가 실패로 끝나는 1909년 12월 이후 약화되었다. 하지만 1910년 5월까지 총회를 개최하고 사무를 처리한 사실로 보아 본회가 해산되는 1910년 8월까지는 조직이 유지된 것으로 보인다. 또 강제병합 시도에 대응하여 일진회 지회와 극렬히 대립하면서 지역의 반(反)일진회 정서를 주도했다.[52)]

이와 함께 주목되는 것은 1909년 10월 15일 경남지역의 개명 인사들에 의한 '경남일보(慶南日報)'의 창간과 운영이다. 발기 주도자 중 친일적인

---

51) 김희주, 「대한협회 진주지회의 결성과 활동」, 『역사와 교육』 21, 동국대학교 역사교과서연구소, 2015, 510-511쪽.

52) 김희주, 위의 글(2015), 521-530쪽.

경향이 있는 자가 상당수 있었고, 그 기사 내용도 일제의 침략에 대한 민족적 저항이라고 하는 정치적 입장은 의도적으로 배제하는 측면이 있기는 했지만, 실업 장려와 민지 개발에 관심을 두고 국민계몽에 힘썼다. 이 신문은 몇 년 가지 않아 1914년 말에 폐간되었다. 그러나 당시에 한국인에 의해 간행된 유일한 지방신문으로서 진주를 비롯한 경남지역의 많은 인사가 신문의 창간과 간행, 그리고 이에 부수된 노동야학회 활동 등 관련된 사업에 참여함으로써 이 지역에 새로운 바람을 불러일으키는 데 중요한 역할을 했다.[53]

1910년 경남일보는 '고유림신사제공(告儒林紳士諸公)'이라는 제목의 사설을 3회에 걸쳐 연재하여 보수 유림의 각성을 촉구했다. 즉 지금은 만국이 교통하여 전 세계에 일대 혁신의 풍조가 만연하고 있어 바로 군자가 시세에 따라 변화할 시대라고 하면서 경남지역의 대표적인 유림이라 일컬어지는 면우 곽종석, 애산 정재규(艾山 鄭載圭), 구호 안효제(龜湖 安孝濟) 등이 앞장서서 유림들을 잘 인도해야 한다고 주장했다.[54] 또 지도적 위치에 있는 선비들이 진부한 학파를 고수하여 신학문을 배척하며 신제도를 거절하는 등의 잘못된 집착 때문에 하층사회 사람들도 영향을 입어 어두운 골짜기에 갇혀 있게 된다고 비판하고 있다.[55] 이어서 지육(智育) · 체육 등 과학제도와 관련하여 신학술을 채용하여 신사상과 신지식을 북돋우며 장려하고, 실업을 주창하여 일반 국민의 나태심을 진발하며 산업력을 증식하여 경제상 곤란을 스스로 풀게 해야 생존경쟁의 패배를 구해낼 수 있다고 주장했다.[56]

이 문제와 관련하여 경남일보는 신식교육의 도입 문제도 열정적으로

53) 崔起榮, 「舊韓末 『慶南日報』에 관한 一考察」, 『言論文化研究』 6, 西江大 言論文化研究所, 1985.
54) 『慶南日報』, 1910년 2월 22일 社說.
55) 『慶南日報』, 1910년 2월 24일 社說.
56) 『慶南日報』, 1910년 2월 26일 社說.

강조했다. 1910년 낙육재(樂育齋)에 실업학교를 창설한 것은 교육계에 일대서광을 현출하여 일반 신사의 혼몽을 깨우칠 것이라고 강조한[57] 것이나, 5월 14일 이후 5회에 걸쳐 '학교흥기의 상황'이라는 제목으로 연재한 사설에서 진주를 비롯한 경남 각 지역의 학교 설치 상황을 차례로 소개하고 올바른 학교의 운영을 위한 자세를 대대적으로 환기한[58] 것이다. 그리고 이런 학교 설립 움직임에 반대하는 완고한 자들로 인해 학교 설립이 좌절되는 경우도 있었던 것을 자주 거론하며 비판하고 있었다.

경남일보는 진주를 본거지로 하고 있어서 경남일보사 운영에 진주 출신들이 많이 참여하고 있었다.[59] 이를 구독하는 자나 광고를 싣는 자 중에도 진주인이 많았다.[60] 1912년 1월 1일 '근하신년'이라는 항목에도 진주지역의 중요한 많은 인물이 글을 기고하고 있었고,[61] 본보 제100호 기념 축하식에서 찬조금을 기부한 사람 중에도 진주 인사들이 많았다. 그만큼 경남일보가 진주인에게 많은 영향을 끼치고 있었음을 보여주는 징표일 것이다.

이외에도 중앙신문의 지국장이나 통신원 등의 직임을 맡아 진주 부근의 지방 소식을 중앙에 전하고 중앙의 소식을 지방에 전하는 것을 통해 진주지역 주민이 세계정세나 사회 변화에 대해 좀 더 새로운 정보를 접할 기회를 가지도록 노력하는 인사들도 있었다.[62] 이런 현상은 이후 1920년대에 가면 동아일보나 조선일보 등이 발간되면서 더욱더 활발해진다.

---

57) 『慶南日報』, 1910년 3월 31일 社說.

58) 『慶南日報』, 1910년 5월 14일, 16일, 18일, 20일, 22일 사설 참조.

59) 社長 鄭鴻錫, 총무 鄭禧協, 會計 金炳台, 부사장 金琪部, 姜渭秀 등이다.

60) 각 시기 慶南日報의 구독료를 낸 인사들의 명단인 '文明錄'이나 광고를 보면 알 수 있다.

61) 姜渭秀 · 徐珍旭 · 金炳台 · 金琪部 · 李完鍾 · 張志淵 · 鄭禧協 · 鄭鴻錫 · 姜善昊 · 鄭憙煥 · 金正浩 등이다.

62) 박재표와 이규범은 1913년 매일신보 지국장과 통신원을 지냈다.

(2) 신식교육운동

계몽운동에서 역점이 두어진 것 중의 하나가 신식교육운동이다. 민족적 역량을 키우는 데 가장 중요한 것이 교육 문제였기 때문이다. 진주는 경남지역의 관찰부 소재지였으므로 이미 1896년부터 공립소학교(1906년 공립보통학교로 변경)가 설립되었다.[63] 이외에 1906년에는 이시철(李是哲)·안택중(安宅重) 등이 낙육재에 진주사범학교를 창설할 것을 학부(學部)에 청원했고,[64] 1909년에도 사범학교를 설립하려는 움직임이 있었지만 무산된 것으로 보인다.[65] 1910년에는 상급학교인 실업학교가 창설된다. 1910년 3월 말 관찰사 황철(黃鐵)은 진주 유지들과 협의하여 낙육재에 실업학교를 설립하기로 하고, 창명(昌明)학교·낙육재 소유재산과 지방비 및 학부 보조금을 기금으로 6월에 개교했다.[66]

이와 함께 사립학교 설립 운동도 전개된다. 앞에서도 언급되었듯이 1905년 개명 유림에 의해 진명학교 설립 운동이 전개되었고, 일진회 진주지회에서도 학교를 설립·운영했다. 뒤에 언급하듯이 1906년에는 예수교에 의해 안동학교 및 정숙여학교가 설립·운영되었지만, 사립학교의 설립 운동이 본격화되는 것은 1909년 말에 들어선 이후다.

1909년 11월 초에 대안면 1동에 사립 양원(養元)야학교를 설립하고 교장 강재순(姜在淳), 교감 김원로(金元魯)가 열심히 권면했고, 이에 드는 경비는

---

63) 勝田伊助, 『晉州大觀』, 晉州大觀社, 1940, 180쪽.

64) 『皇城新聞』, 1906년 5월 7일.

65) 『慶南日報』, 1910년 3월 31일 社說 참조. 진주에 사범학교가 설립된 것은 이후 1923년에 가서야 이루어졌다(『東亞日報』, 1923년 3월 22일, 『每日申報』 1923년 4월 30일 참조).

66) 勝田伊助, 『晉州大觀』, 晉州大觀社, 1940, 183-184쪽; 『慶南日報』, 1910년 3월 29일, 4월 10일, 5월 12일, 5월 18일, 5월 20일, 5월 22일, 6월 7일, 6월 13일.

해당 마을 공유재산으로 충당했다. 1910년 3월 초에는 마을 회원들의 결의로 마을 재산 2천여 원을 학교에 기부하여 사립학교령에 의해 청원서를 제출했다. 이런 과정에서 학교의 명칭도 '봉양(鳳陽)학교'로 고쳤다. 봉양학교의 낙성식과 개교식 때는 교장 강재순이 개교 취지를 설명하고 학감 강주식(姜周湜)이 내빈 축사를 했으며, 공립보통학교 교장 · 교감, 도주사 이장희(李章喜), 대한협회 대표 김갑순(金甲淳), 경남일보 주필 장지연(張志淵)이 축하 연설을 했다. 경남일보 사장 강위수(姜渭秀), 부사장 김기태(金琪部)와 다른 유지들도 보조금을 기부했다고 한다.[67] 양원야학교가 세워질 무렵 성내 2동에도 전철준(全喆準) · 김동황(金東湟) · 박태곤(朴台坤) 등에 의해 야학교가 설립되어 재판소 번역관보 정규용(鄭圭鎔)을 초빙하여 일어 · 산술 등을 가르치게 했다고 한다.[68]

1910년으로 넘어가면 학교 설립이 더욱 활발해진다. 나동면 독산동에서는 박재화(朴在華) · 강재백(姜在伯) 등이 여러 준비과정을 거쳐 5월 독명(篤明)학교를 창설하고 개교식을 거행했다.[69] 이후에는 같은 면에 사는 진주의 부호 김기태도 이 학교 운영에 참여한다.[70] 같은 달에 마동면에도 하전(荷田)학교가 세워져 운영되고 있었고,[71] 일반성면에도 진명(進明)학교가 세워졌다.[72] 부화곡면에서도 면민들이 마을 공동재산과 개인 의연금을 모아 일신(日新)학교를 설립하려고 준비하고 있었다.[73] 6월에는 이반성면에서 정홍

67) 『慶南日報』, 1909년 11월 7일, 1910년 1월 17일, 2월 24일, 3월 2일, 3월 8일, 5월 2일, 5월 26일, 5월 30일.

68) 『慶南日報』, 1909년 11월 7일.

69) 『慶南日報』, 1910년 5월 6일, 5월 10일.

70) 『慶南日報』, 1910년 11월 13일.

71) 『慶南日報』, 1910년 5월 10일, 6월 9일.

72) 『慶南日報』, 1910년 5월 22일.

73) 『慶南日報』, 1910년 5월 28일.

석(鄭鴻錫)·한대원(韓大源) 등이 진동(晉東)학교를 설립하는 계획을 세우기 시작하여 이듬해 2월 개학을 한다.[74] 『경남일보』 9월 16일 광고란에 가수개면의 용강(龍岡)학교 의연금 광고가 실려 있는 것을 보면,[75] 용강학교도 이미 9월 이전부터 설립이 추진되고 있던 것으로 추측된다. 섭천면 천전동에서도 9월 말 심경철(沈敬哲)·김영호(金永浩)·한성범(韓聖範) 등이 동민과 협의하여 각기 자금을 출연하고 민유전 3두락까지 기부하여 학교 설립을 추진했으며, 10월 개교식을 거행했다.[76] 옥봉면 내동에서도 9월 말 양명(養明)야학교를 설립하여 운영하고 있었다.[77] 천주교에서도 문산면에 배명학교를 세웠다.[78]

여성교육에 대한 관심도 높아진다. 진주에는 이미 1906년 호주 선교사에 의해 정숙여학교가 세워진 바 있지만, 일반 주민에 의해 세워진 사례는 없었다. 그런데 『경남일보』에 의하면, 1909년 11월경에 기생들이 앞장서서 학교를 세우고 교육에 참여하고 있었다.[79] 이처럼 관기 등이 중심이 된 야학교에 이후 점차 일반 양가의 여자들까지 참여하는 현상까지 나타났다.[80] 여성교육에 대한 관심이 높아지는 가운데 공립보통학교에서도 여학교 설립을 추진하게 된다. 우선은 보통학교 내에서 임시로 여학생을 모집하여 교육하다가 1910년 2월 여자학급 인허를 학부에 청원하여 당국으로부터 교사 1명과 여러 경비를 지원받게 된다. 그러나 교사 건물이 좁아 새로

74) 『慶南日報』, 1910년 6월 9일, 1911년 2월 23일.

75) 『慶南日報』, 1910년 9월 16일.

76) 『慶南日報』, 1910년 9월 29일, 10월 3일.

77) 『慶南日報』, 1910년 9월 27일.

78) 천주교 마산교구 문산성당, 『문산성당 100년사(1905~2005)』, 2006, 105-106쪽.

79) 『慶南日報』, 1909년 11월 18일.

80) 『慶南日報』, 1909년 11월 19일.

운 건물을 짓는 것을 추진하여 그해 10월 29일 낙성식과 이를 축하하는 추계운동회를 개최했다.[81] 1913년에는 이준호(李濬鎬) · 정홍석(鄭鴻錫) · 박재표(朴在杓) 등에 의해 부인회가 결성되고 산하에 부인들이 중심이 되는 야학회(후의 부인강습소)가 세워져 부인에 대한 교육이 이루어지고 이듬해 졸업식이 거행되기도 했다.[82]

그런데 경남일보에 의하면, 1910년 9월 말까지 조사된 경남 각 군 조선인의 공 · 사립학교의 수는 동래 18, 창원 11, 김해 10, 밀양 14, 창녕 2, 하동 4, 합천 3, 거창 2, 함안 2, 고성 1개교이고, 진주는 3개교로 나타난다. 이 숫자는 당국에서 인정한 학교 수일 것이다. 진주의 3개교로는 진주실업학교 · 보통학교 · 광림(光林)학교가 거론되고 있다. 즉, 사립학교는 예수교에서 세운 광림학교만 소개되고 있다.[83] 경남지역 전체로 보면, 동래 · 창원 · 김해 · 밀양 등 동부지역에는 학교 수가 많고, 서부지역으로 오면 그 수가 현저히 줄어든다. 여기에는 몇 가지 이유가 있다.

당시의 신식교육운동은 새로운 문물을 받아들이는 것이지만, 그 활동의 결과는 정치적인 면에서 구국운동이거나 친일 활동으로 귀결될 수밖에 없었다. 실제 신식교육의 활동에는 구국운동과 친일 활동이라는 서로 충돌하는 두 가지 경향이 혼재하고 있었다. 이처럼 친일적 성격이 혼재됨으로써 보수 유림의 기반이 강한 경남 서부지역이 경남 동부지역에 비해 신식교육과 학교에 대한 거부 현상이 더욱 심했던 것 같다. 이런 거부 현상은 일제가 중심이 되어 운영하는 공립학교와 조선인이 중심이 되어 운영되었던 사립학교에 대해 동시에 나타난다.[84] 이는 신식학교 설립 · 운영의 부진으로 이

81) 『慶南日報』, 1909년 11월 27일, 1910년 1월 13일, 2월 24일, 3월 14일, 10월 15일, 10월 31일.

82) 『每日申報』, 1913년 5월 20일, 5월 22일, 1914년 1월 5일.

83) 『慶南日報』, 1910년 11월 2일, 11월 5일, 11월 7일의 '敎育' 항목 참조.

84) 沈仁暻, 「1905～1912년 경남 서부지역 사립학교 설립과 운영」, 경상대학교 사학과 석사학위논

어진다.

진주도 마찬가지였다. 『경남일보』에는 다음과 같은 기사가 보인다.

> 진주는 관찰부 소재지인데 부산 · 마산은 물론하고 밀양 · 울산 · 동래 등지에 비하여도 부형의 향학심이 진보치 아니한지라. 지금 그 1, 2 예를 들건데, 이상의 지역에 설치한 보통학교는 매년 3월 말에 모집하는데 단지 광고만 하여도 예정인원의 약 2배의 응모자가 있다. 그런데 진주는 당사자의 비상한 감독을 경주한 결과로 겨우 예정인원을 채우고 또한 도중에 퇴학한 자가 파다한지라. 이상의 각 학교에서는 결석한 학도가 거의 없으나 진주학교에서는 항상 수십 명의 결석자가 있는 고로, 동교 직원 및 학무위원은 독촉에 고심이 끊이지 않으니 가히 개탄할 만하도다.[85]

사립학교 건립과 운영에 대해서도 이를 방해하는 현상들이 적지 않게 있었다고 한다. 양원야학교 설립 및 봉양학교로의 발전과정과 나동면 독명학교의 운영과정에서 일부 동네 주민의 반대가 있었던 것이 그 예다.[86] 또 원래 진주지역이었던 하동군 정수면 청수동의 일부 유지들이 노동야학교를 세우고 교육하는데, 같은 마을의 정한용(鄭漢鎔)이 평민의 자제를 교육하면 도리어 재앙을 입는다 하며 이 학교에 입학한 자기 집 고용 7, 8명에게 퇴학하라고 강요한 사건도 있었다.[87] 정한용은 앞에서도 언급했듯이 진주의 을미의병을 이끌었던 인물이다. 그는 1916년에도 같은 가문의 정기영(鄭

문, 2008, 20-23쪽.

85) 『慶南日報』, 1909년 11월 7일.

86) 『慶南日報』, 1910년 2월 24일, 3월 8일, 5월 12일.

87) 『慶南日報』, 1910년 11월 9일.

祈永)이 선조 정몽주(鄭夢周)를 모시는 영당에 옥진(玉振)학교를 세워 자제를 교육하려 하자, 조상의 영당을 학교로 이용하는 것은 조상의 신령을 오손케 한다는 문제를 제기하며 방해했다고 한다.[88] 같은 가문 내에서 신학과 구학을 둘러싼 갈등도 적지 않았던 것을 의미한다.

당시 경남일보에서는 열성의 문제 이외에 학교 재정 문제도 제기했다. 한 마을의 공유재산과 개인 재산을 가지고 학교를 운영하기는 어려우므로 시골의 경우 여러 면의 연합설립과 운영을 통해 학교 재정이 충분히 확보되어야 한다는 의견을 제시하기도 했다.[89] 실제 대안면 동유재산으로 토지를 매입해 그 수확으로 운영하던 봉양학교는 1915년 곡가가 예전에 비해 반액 이상으로 폭락하여 교비를 제대로 충당할 수 없는 위기에 직면하기도 했다.[90]

게다가 1908년 8월 26일 친일 정권에 의해 공포된 '사립학교령'은 학교 설립에 학부대신의 인가를 요구했다. 당시 대부분의 사립학교는 재정이 취약하여 사립학교령의 요건을 구비하기 어려웠다.[91] 이런 여러 가지 조건으로 인해 위에 거론된 학교들이 제대로 운영된 예가 어느 정도 되었는지 알 수 없다. 그러나 당시 진주에서의 신식교육 열기는 상당했던 것으로 보인다.

88) 『每日申報』, 1916년 8월 3일.

89) 『慶南日報』, 1910년 5월 18일 社說.

90) 『每日申報』, 1915년 2월 2일.

91) 윤선자, 『일제의 종교정책과 천주교회』, 경인문화사, 2001, 41쪽.

2) 계몽운동의 주도 세력

(1) 개명 유림과 상인

이처럼 1905년 이후 진주에서는 다양한 계몽운동이 전개되고 있었는데, 이를 주도한 자들은 대부분 개명 유림들이었다.[92] 이들 중에는 사족층 또는 지주로서 상당한 경제적 기반을 가지고 있던 자들이 다수를 차지하고 있었을 것이다. 그런데 이외에 특별히 주목되는 부류가 보부상을 비롯한 상인층과 관련된 인물들이다.

원래 구한말 이래로 보부상들은 정부의 비호를 받는 어용조직인 상무사(商務社)의 통할 하에 있었다. 상무사가 일제의 압력에 의해 1904년 3월 해체된 이후 상민회(商民會)가 재조직되고 이어 진명회(進明會) · 공진회(共進會)로 개칭되고 조직이 정비되면서 이 단체는 정치사회단체로서의 기능을 강화하고 일진회와 대립관계를 유지한다. 공진회는 보부상을 주 회원층으로 하면서도 독립협회에서 활동했던 인물들을 지도층으로 끌어들였다. 그러나 공진회는 일진회 세력의 확장과 일본의 강제적 탄압으로 소멸된다.[93]

공진회가 해체된 이후에도 보부상을 규합하려는 움직임이 다시 이어지는데, 이 중 하나가 동아개진교육회다. 상무사 간부였던 이규항(李圭恒) 등이 1905년 10월 동아개진교육회 명의로 전국의 보부상을 통할하고자 전 참정 조병식(趙秉式)을 회장으로 추대하고 산하에 상업과를 두어 '상업과 규

---

92) 〈표 1〉 참조. 특히 가장 조직적으로 활동한 대한협회 진주지회의 중심 역할을 했던 구성원들은 다음과 같은 인물들이 다수였다. 전 · 현직 관료 鄭圭錫 · 許萬斗 · 李日重 · 姜周湜 · 黃義浩 · 姜葵馨 · 金弘植 · 李相烈 · 孫振休 · 吳鍾根 · 尹順伯 · 姜尙熙 · 金琪濟 · 金達熙 · 金翔昊 · 李泰重 · 鄭舜敎 · 姜善昊, 장교 출신 李圭範 · 李圭夏 등이다.

93) 조재곤, 「대한제국말기(1904-1910) 褓負商 단체의 동향」, 『北岳史論』 5, 국민대학교 북악사학회, 1998, 118-126쪽.

례'를 공포했다. 그러나 명예감독 · 찬성원으로 일본 대장대신, 한국주차군 사령관 등을 추대한 것에서 보이듯이, 이 조직은 자구책으로 일제에 협조하는 단체의 성격도 일부 띠고 있었다. 그러나 지방지회의 창설과정에서 동아개진교육회는 일진회와 여러 갈등을 초래했다. 일진회의 지속적인 동아개진교육회 지회의 해산 청원으로 1906년 3월 정부가 지회 해체를 지시한 이후 동아개진교육회의 활동은 크게 위축되었지만, 12월에 가서 군부대신 권중현(權重鉉)을 회장으로 추대하고 회규를 개정했다. 1907년 11월 동아개진교육회는 다시 법부대신 조중응(趙重應)을 회장으로 선출하고 임원을 재구성하여 '대경장'을 위한 자구책을 마련했다. 이 시기 동아개진교육회는 보부상을 비롯한 회원 5천여 명을 규합하고 특별기구로 상업과를 개칭한 상무과를 설치하고 '상무세칙'을 만들었다.

재조직된 동아개진교육회는 회칙에서 상무사 시절의 보부상 좌우사(左右社)를 상무좌우단(商務左右團)으로 개칭했다. 보부상뿐만 아니라 유상(油商) · 사상(篩商) · 당상(糖商) · 솔상(乶商) · 유상(鍮商) · 망건상(網巾商) · 석상(錫商) · 우산상(寓散商) 등 소위 '유래팔상(由來八商)'을 상무과 좌우단에 입회시켜 기구를 확대했다. 그런데 을사늑약 이후 통감부가 일진회와 동아개진교육회의 보부상 조직을 의병 진압을 위한 자위단으로 활용하려 하자, 조중응은 보부상들을 조종하여 일진회와 경쟁적으로 통감부 정책에 협조하려 했다. 동아개진교육회는 많은 회원을 가지고 있었지만, '개진과 교육'이라는 목적을 전혀 달성하지 못하고 있었고, 보부상 조직의 주도권 문제로 대동상무국(大同商務局)의 상인단체와 갈등이 빚어지고 있었다. 결국 이 모임은 1908년 8월 해산하고, 제국실업회(帝國實業會)라는 명칭으로 재조직하여 임원은 회장 1명만 바꾸고 나머지 임원은 유임시키기로 했다.[94]

94) 조재곤, 위의 글(1998), 128-137쪽.

이런 가운데 1908년 12월 상무사 출신의 반수(班首)와 두령들은 대동상무국 임원들과 연합해 각처 보부상을 조합원으로 하는 대한상무조합본부(大韓商務組合本部)를 세우고, 1909년 6월 내부에 승인을 청원해 허가를 받았다. 그러나 부장 이학재(李學宰)의 비리 등으로 갈등이 빚어지고 이학재가 임원 10여 명과 공모하여 일진회의 강제병합 청원에 동조하는 공문을 보내는 일이 벌어지면서 12월 이학재는 축출되고 조직이 재구성된다. 결국 이 단체는 '농상협회(農商協會)'로 명칭을 개정하고 12월 농상공부에 인가를 청원했지만, 대한상무조합본부에 반강제적으로 가입했던 상인 중 이 조합을 이탈하는 자도 급증했다.[95)]

이런 추세에 따라 진주에서도 상인단체의 조직이 새로 만들어지고 단체 간에 갈등 관계도 조성되었을 것이다. 구한말 진주에도 보부상 단체 이외에 일부 업종에서 이미 상설화된 상점들이 많이 생겨나면서 여러 상인단체가 만들어진 것으로 보인다. 『어과전천금록(魚果廛千金錄)』(1848~1912), 『면주전청금록(綿紬廛靑衿錄)』(1876~1912), 『사전청금록(四廛靑衿錄)』(1884~1938) 등이 존재하고 있었던 것으로 보아 진주와 인근 지역에도 상업이 활성화되어 있었음을 알 수 있다.[96)]

이런 상인들이 위에 언급된 여러 계몽운동에도 적지 않게 참여하고 있다. 1904년 11월 진주에 천도교에 속한 진보회가 결성되면서 이에 가입한

---

95) 조재곤, 위의 글(1998), 147-151쪽.

96) 이 자료들은 현재 진주국립박물관에 소장되어 있다. 상인층과 관련된 인물 소개는 『사전청금록』에 의한다. 『사전청금록』은 1884년부터 1938년까지 진주지역의 布廛, 魚果廛, 錦廛, 紙廛을 아우르는 四廛 조직의 역대 임원 명단을 기록하고 있다. 序文과 規式節目도 수록되어 있다. 1883년 商理所公局이 세워지고 진주에는 기구 산하의 경상도 商所右都所가 설치되면서 사전 조직이 만들어진 것으로 보인다. 전국적으로 조직된 상무사가 1904년 해체된 이후 단체 명칭과 성격이 시기마다 변하고, 이에 따라 지방조직의 성격이나 명칭도 바뀌기는 하지만, 명칭을 편의상 '상무사'로 칭하고자 한다.

인물을 보면, 관리나 사족 및 농민 출신 이외에 상인도 138명에 이르고 있었다.[97] 1905년 진명학교 설립 운동에도 서윤보(徐允甫) · 강선호(姜善昊) 등이 참여하고 있다. 서윤보의 신분은 유학(幼學, 양반층 지칭)이라 기재되어 있지만, 1909년 진주 상무사 접장(接長), 1911년에는 최고직책인 반수를 맡고 있었다. 1921년에는 평안동에서 포목장사를 했고, 1927년에는 일신여고 이사 · 감사진에 참여하기도 한다.[98] 강선호도 참봉을 지낸 것으로 되어 있지만, 1907년 상무사 공원, 1923년 접장, 1924년, 1925년, 1927년에는 반수를 맡았다. 실제 1910년에는 '보신사(普信社)'라는 상점을 경영하고 있다.[99] 또 그는 1909년 대한협회 회원으로서 진주 읍내의 인사 4명과 함께 기독청년전도회를 발기하여 회원 50명으로 발회식을 거행했고,[100] 1912년 경남일보사 이사로 재직하기도 했으며, 1923년에는 동아일보 진주 지국장을 지내기도 했다.[101]

국채보상운동에도 강선호 이외에 윤순백(尹順伯) · 문장현(文章現) · 하기룡(河琦龍) · 김두호(金斗昊) · 이찬경(李贊敬) · 변집중(邊執中) · 강영언(姜永彦) · 윤경팔(尹敬八) · 윤경칠(尹敬七) · 천응칠(千應七) · 박여순(朴汝純) · 김여옥(金汝玉) 등 상무사 관련 인물들이 다수 참여하고 있다(표 1 참조). 그런데 이들 중 대한협회 진주지회에 가입한 자는 위에서 언급한 강선호 · 윤순백 및 이규하(李圭夏) · 변집중 · 천응칠 등 일부만 파악된다. 아마 '상무사'라는 조직에서 활동하고 있었기에 별도의 조직에 가담할 필요가 없었을 것이라고 추측할 수도 있고, 대한협회 가입 조건이 까다로웠을 가능성도 있다. 대한협회

97) 『駐韓日本公使館記錄』 21권, 七. 陸海軍往復一進會 (34) 一進會現況에 관한 調査報告.

98) 『東亞日報』, 1921년 3월 26일; 『매일신보』, 1927년 11월 10일.

99) 『慶南日報』, 1910년 12월 23일.

100) 『統監府文書』 8권, 八. 基督敎狀況 (52) 耶蘇敎ニ關スル集報(高秘發第404號).

101) 京城出判協會, 『朝鮮紳士寶鑑』(1912); 『東亞日報』, 1923년 11월 6일 社告.

지회가 전개했던 활동 중 실업 부문, 즉 식산흥업 활동이 부각되지 않았던 것[102]도 이 때문인 것 같다. 물론 이들만 그런 것은 아니다. 여러 계몽운동에 참여했던 관료 · 양반 출신의 인물 중에서도 대한협회에 가입하지 않은 자들이 적지 않았던 것도 사실이다.

그런데 상무사 관련 인물들을 자세히 살펴보면, 그들은 순수 상인층과 관료나 양반 출신으로서 상인단체에 관여하는 인물로 구분된다. 1893년, 1899년 상무사 반수였던 하기룡은 1887년 상무사 경상우도소 창설 시 제작된 현판에는 유학으로 나타나고 있고,[103] 1905년 무렵에는 사과를 지냈던 것으로 나타난다. 강선호와 마찬가지로 양반 출신으로 상업에 관여한 것인지, 아니면 상인으로서 부를 축적해 관직을 구한 것인지는 불분명하다. 윤순백은 더 특이하다. 그는 1884년 기찰포교로 활동하다가 공을 세워 변장으로 발탁되었다. 기찰포교는 평민 출신이 맡는 직책이었던 것으로 보아 평민으로서 관직에 진출한 것으로 추측할 수 있다. 그는 이후 영등만호를 지냈고, 1894년에는 상인층을 모집해 동학군을 토벌하기도 했으며, 1902년에는 사천군수를 지내기도 했다.[104] 그런데 그는 1887년 만들어진 「우도소창설초기임원급시주명단(右都所刱設初期任員及施主名單)」이라는 현판에서는 우도소 창설에서 감역을 맡은 것으로 기재되어 있다. 그래서 이미 이 무렵부터 그는 상무사와 관련하고 있었고, 이로 인해 동학군 토벌 때도 보부상들을 동원할 수 있었던 것이 아닌가 추측된다. 이규하도 '정위'라는 장교 출신으로 1908년 동아개진교육회 상무과 소속 진주지회 상무좌우단사무장으로 나타나며, 당시 진주 부화곡면 구해창 지역에서 객주 역할을 하고

102) 김희주, 위의 글(2015), 526-527쪽.

103) 「右都所刱設初期序文」(1887, 현판) 참조.

104) 『慶尙右兵營關牒』 고종 21년 6월 28일; 『統制營啓錄』 고종 23년 12월 1일; 『甲午軍功錄』(晉州前萬戶尹順伯 自募商丁 連壘擒勦); 『承政院日記』 고종 39년 7월 23일.

있었다.[105]

일부 관료 출신이나 양반층이 상업에 바로 뛰어드는 경우도 있었다. 1903년 창설된 광리사(廣理社)의 예가 그것이다. 여기에는 황갑수(黃甲秀) · 정찬교(鄭贊教) · 정홍석(鄭鴻錫) 등이 참여하고 있었는데,[106] 황갑수는 뒤에 언급하듯이 헌납을 지낸 황보연의 아들이었고, 정홍석은 비서감 랑을 지냈으며, 정찬교는 같은 가문의 인물이었다. 계몽운동에 참여한 인물들의 신분을 모두 알기는 어렵지만, 순수한 상인 출신도 많이 있었을 것이다. 예컨대 1909년 상무사 총무를 지낸 변집중이나 1910년 상무사 서기를 지낸 천응칠 등이 그 예다.

진주의 상인층은 일부 일진회에 가입한 경우도 있었지만, 다수는 상무사 또는 기타 조직으로 단결하면서 어느 정도 민족적인 입장을 취하고 있었고, 독자적인 활동을 하고 있었다. 홍순옥(洪淳玉)이 일진회원이라는 사실이 알려져 진주상무조합에서 퇴출당했던 것으로 보아[107] 당시 진주 상인사회에서는 반(反)일진회 정서가 고조되어 있었던 것 같다.

(2) 외지 출신 인물의 활동

또 하나 주목할 세력이 외지 출신 인물들이다. 진주는 1896년 이후 경남 관찰부 소재지로서 기능하고 있었기에 여러 주요 기관과 해당 기관에 속한 관리들이 많이 배치되었다. 이에 따라 외지 출신 인물들이 들어올 가능성이 컸다. 또 도청 소재지라는 이점으로 인해 경남일보 같은 언론기관도

105) 『指明書』(慶南晉州支會商務左右團?舊任及諸商民); 『慶南日報』, 1910년 4월 28일 勝訴蒙損.

106) 『皇城新聞』, 1905년 6월 26일.

107) 『慶南日報』, 1910년 1월 15일.

생겨나면서 이에 필요한 인력이 외지로부터 들어오기도 한다. 이런 인사 중에 진주의 계몽운동에 영향을 미친 경우도 적지 않다. 대표적인 예로 장지연(張志淵)·안헌(安憲)·김용효(金容孝) 등을 들 수 있다.

장지연은 박은식과 함께 독립협회의 만민공동회에 참여하고 황성신문의 주필로 활동하는 등 계몽운동에 적극적으로 참여했다. 그는 『조선유교연원(朝鮮儒敎淵源)』을 저술하여 한국 유교사를 체계화했고, 박은식과 함께 1909년 대동학회를 조직하고 유교개혁운동을 추구하기도 했다. 을사늑약이 체결되자 황성신문에 '시일야방성대곡(是日也放聲大哭)'이라는 사설을 써서 항일정신을 격동시켰고, 1906년 대한자강회 창설에 참여하고 교육을 통한 민족정신 배양에 힘쓰기도 했다.[108] 1909년 진주에 경남일보가 창간되면서 경남일보 주필로 초빙되었고, 이듬해 진주에 본격적으로 거주하게 된다.[109] 그는 언론을 통한 계몽운동 이외에 교육운동 등에도 일정한 역할을 했다. 1910년 5월 봉양학교 개교식에 참여해 축하 연설을 하고, 11월 경남일보 내에 야학과가 설치되자 한문교사를 맡았던 것이 그 예다.[110]

그는 진주에 거주하는 동안 진주 주변의 여러 인사와 교유하면서 영향을 미쳤다. 그 하나가 진양계(晉陽契)다. 이 계는 일찍이 진주 유림들이 진주성 전투에서 장렬하게 전사한 인물들을 모시는 정충단·창렬사·의기사 등을 중수하는 것에 대비해 자금을 모아 만든 것으로, 이 무렵에 이르러 모임의 규모를 키웠다고 한다.[111] 1910년 4월 14일에는 진양계 정기총회를 종료한 후 회원들이 만춘의 풍경을 즐기기 위해 성대한 연회를 개최했

108) 금장태, 「유교」, 『한민족독립운동사』 2, 국권수호운동 Ⅱ, 국사편찬위원회, 1987, 536-537쪽.

109) 張志淵, 『韋庵文稿』 권11, 附錄 年譜 己酉 10월, 辛亥 1월 및 10월조 참조.

110) 『慶南日報』, 1910년 5월 30일; 1910년 11월 7일.

111) 張志淵, 『韋庵文稿』 권4, 序 晉陽契序.

다.[112] 1911년 11월 6일에도 정기총회를 열어 계장 최정덕(崔廷悳), 부계장 김병태(金炳台), 총무 이장희(李章喜), 평의장 서진욱(徐珍旭), 회계감사원 정홍석(鄭鴻錫), 재무원 김동식(金東式) 등의 임원을 선정했다고 한다.[113]

또 하나 들 수 있는 것이 난정계(蘭亭契)다. 난정계는 진(晉)나라 왕희지(王羲之)가 주도했던 난정 모임을 빌려와 조선 시대 여러 고을에서 사족들의 친목모임으로 성행했다. 진주에서도 조선 중기에 사족들이 촉석루를 중심으로 이 모임을 가진 적이 있었지만,[114] 그것이 이후 계승되었는지는 알 수 없다. 어쨌든 1913년 3월 장지연이 정규석(鄭圭錫) · 정규영(鄭奎榮) · 박재구(朴在九) · 정홍석 등과 함께 난정계를 만들어 촉석루에서 모임을 가졌는데, 문사들이 40여 인 모였다고 한다.[115] 여기에 참여한 인사로는 위에 거론된 인물 외에도 도참여관 · 진주군수 · 재판소판사와 매일신보 지국의 박재표(朴在杓) · 유진탁(劉鎭鐸), 한동리(韓東履) · 황의호(黃義皓) · 김정호(金正浩) · 강득수(姜得秀) · 황갑수 · 윤병렬(尹柄烈) · 변화선(卞和善) 등이 있었고, 권도용(權道溶)도 참여했다.[116]

이런 모임에는 보수적이냐 개명적이냐를 불문하고 지역에 영향력이 있는 유지들이 많이 참여했고, 모임의 성격도 어느 정도 민족적인 입장이 유지되고 있었다. 그러나 1910년 진양계 모임이 천장절(天長節) 축하야회에 경남일보사, 상무조합소와 함께 단체의 하나로 참여하는[117] 등 일제의 지배를 현실로 받아들이는 입장을 취할 수밖에 없는 한계도 지니고 있었다. 또

112) 『慶南日報』, 1911년 4월 13일.

113) 『慶南日報』, 1911년 11월 11일.

114) 李陸, 『青坡集』 권2, '續蘭亭會序' 및 金馹孫, 『濯纓集』 권2, '晉陽修禊序' 참조.

115) 張志淵, 『韋庵文稿』 권11, 附錄 年譜 癸丑 3월 3일; 권12, 諸家詩文 續蘭亭稧序(鄭圭錫).

116) 『每日申報』, 1913년 4월 13일; 權道溶, 『秋帆文苑原集』 권14, 慶南日報社視事記.

117) 『慶南日報』, 1910년 10월 31일.

1911년 경북 도장관 이진호(李軫鎬)의 진주 방문에 대한 환영 모임을 장지연 · 정희협(鄭禧協) · 손진휴 · 김병태 · 강선호 등이 발기하여 많은 유지가 남강변에서 그를 영접했는데, 여기에 일본인, 조선인 관리들도 참여했다.[118)]

또 주목되는 인물은 안헌이다. 안헌은 안확(安廓)의 초명으로, 『조선문학사』 · 『조선문명사』 등의 국학 관련 글들을 발표한 인물이다. 1906년 광림학교가 세워진 이후 이곳에서 교사로 근무한 것으로 보아[119)] 이 무렵에 진주에 온 것 같다. 1907년 진주의 국채보상운동을 주도하고, 대한협회 진주지회 회원으로도 활동했다.[120)] 김용효라는 인물도 주목된다. 그는 대구 출신으로 1907년 3월 경남 도주사로 임명되어 진주로 온 직후 국채보상운동을 독려하는 취지서를 발표한다.[121)] 그는 대한자강회 회원이기도 했다.[122)]

경남일보사가 원활한 운영을 위해 서울에서 전문적 인사를 초빙해오기도 했다. 권도용에 의하면, 그가 1913년 장지연의 부탁으로 경남일보사 운영에 참여하게 되는데, 이를 전후해서 일본에 유학한 경험이 있고 글도 많이 쓴 한상우(韓相愚) · 강전(姜荃) 등이 초빙되어 신문사 일을 하는 모습들이 나타난다.[123)] 이외에도 외지에서 진주로 들어온 중요 인물들은 적지 않게 있었을 것이다. 이들은 관료 출신이거나 외국 유학 등의 경험을 살린 개명 지식인으로 진주지역의 계몽운동에 상당한 영향을 끼쳤을 것으로 보인다.

---

118) 『慶南日報』, 1911년 12월 19일.

119) 秋慶和, 위의 글(2008), 449-451쪽.

120) 『大韓每日申報』, 1907년 3월 28일; 『대한협회보』 제7호(1908년 10월 25일), 會員名簿.

121) 『承政院日記』 고종 44년 3월 27일; 『大韓每日申報』, 1907년 3월 14일.

122) 『대한자강회월보』 제13호(1907. 7. 25).

123) 權道溶, 『秋帆文苑原集』 권14, 慶南日報社視事記.

(3) 일부 가문 인물의 활동 사례

나동면에 살던 태안박씨 인물 중 박재화(朴在華)·박재구(朴在九)는 대한협회 회원이었다. 박재화는 1910년 나동면장을 지냈고,[124] 그해 5월 나동면에 독명학교를 설립하고 교장을 맡아 학교를 운영했다. 1913년에는 참사 손진휴, 면장 정규석(鄭圭錫)·강원로(姜元魯)·이규범(李圭範) 등과 함께 지주회 설비위원으로 참여했다.[125] 또 1913년 조선인으로는 처음 목욕장을 개장했다.[126] 1922년에는 진주군 내 지주·소작인, 유지 400여 인이 소작인상조회 경남총지회를 설립했는데, 그도 박재표(朴在杓)와 함께 여기에 참여했다.[127] 박재구는 외부 주사를 지냈고, 1909년에는 대한협회 진주지회장을 맡기도 했다.[128] 장지연과 함께 난정계를 주도하기도 했다.

박재구의 사촌인 박재호(朴在鎬)는 1913년 진주 향교 직원으로 선출된 것[129]으로 보아 보수적인 입장을 취했던 것 같다. 그러나 1921년 중안동의 자기 토지 2천여 평을 진주청년회의 회관과 운동장으로 5년간 무료로 대여했고, 1924년 재단법인 일신여고 발기인과 이사로 활동했던 것[130]으로 보아 점차 개명적 입장으로 변해갔던 것으로 추측된다. 박재호의 동생인 박재표는 1913년 매일신보 진주지국장으로서 진주부인회 산하 야학강습소 운영에 주도적 역할을 한다. 또 1922년에는 소작인상조회 경남총지회를 주도

124) 『慶南日報』, 1910년 3월 14일 文明錄.
125) 『每日申報』, 1913년 7월 16일.
126) 『每日申報』, 1913년 5월 16일.
127) 『每日申報』, 1922년 4월 23일.
128) 『조선신사대동보』; 『慶南日報』, 1909년 11월 6일.
129) 『매일신보』, 1913년 5월 28일.
130) 『동아일보』, 1921년 3월 3일; 『시대일보』, 1924년 10월 22일, 1925년 11월 22일.

〈표 2〉 태안박씨 가문의 관련 인물

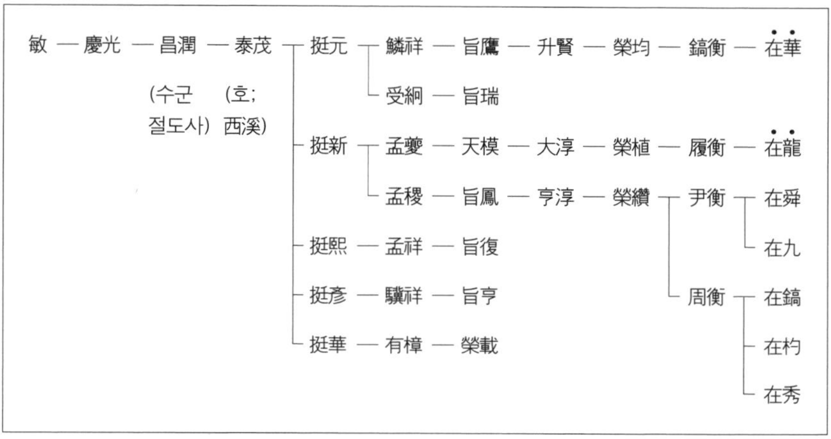

하고, 1927년에는 신간회 진주지회장을 맡았다. 박재호의 또 다른 동생 박재수(朴在秀)는 1919년 4월 박재룡(朴在龍)의 주도로 유생을 규합해 독립만세 운동을 벌이는 계획에 찬동하고 활동하다가 체포되었다.[131)]

창원황씨 가문의 인물도 주목해볼 만하다. 우선 1885년 문과에 급제해 장령 · 헌납 등의 벼슬을 지낸 황보연(黃輔淵)을 들 수 있다. 그는 1894년 의병을 조직해 동학군 토벌에 나섰고,[132)] 1898년 상소를 올려 국모에 대한 복수와 독립협회의 금지 등 다섯 가지 사항을 요구하기도 했으며, 같은 해에 허위(許蔿) 등과 함께 보부상을 결집해 황국협회를 조직하고 독립협회에 대항하는 운동도 전개했다.[133)] 또 을사늑약 직후 이에 반대하는 조병세(趙秉

131) 秋慶和, 위의 글(2008), 201-203쪽.

132) 『東學亂記錄』 下(한국사료총서 제10집), '東學黨征討人錄' 義旅.

133) 『高宗實錄』 권38, 35년(1898) 12月 9日; 『關東倡義錄』(한국사료총서 제30집) 附錄 七, 行狀; 閔龍鎬, 『江北日記』.

世) 주도의 상소문에도 참여했고,[134] 같은 해 진주 동아개진교육회 사건에 주도적으로 참여하기도 했다. 그의 아들 황갑수(黃甲秀)도 1902년 혜민원 주사, 1906년 성균관 박사의 관직을 지냈으나,[135] 아버지와 달리 문명개화에 관심을 보이고 있었다. 상업에 관심을 보여 1903년 광리사 중역으로 참여하기도 했고,[136] 1913년에는 난정계(蘭亭契)에도 참여하여 개명 인사들과 교유했으며, 1915년 12월 말 자기 집에 진주의 조선인 관리 및 신사를 다수 초대하여 제석시회(除夕詩會)를 개최하기도 했다.[137] 황갑수의 아들 황임성(黃壬性, 족보명 道性)은 한발 더 나아가 예수교 장로교 신자가 되었고, 1921년 총독부 폭탄 투척 사건을 주도하기도 했다.[138]

대한협회 진주지회에 가입한 인물도 적지 않았다. 황의호(黃義浩)·황규연(黃圭淵)·황제연(黃齊淵) 등이 그들이다. 황의호는 1899년 충청북도 관찰부 총순, 창원항 경무관 서리 총순, 1903년 경남 관찰부 주사를 지냈는데,[139] 1905년 8월 진명학교 설립 운동이나 1922년 소작인상조회 경남총지회에 참여했다. 진주지회 총무를 맡았던 황제연은 1911년 중안면 윤정(允精)학교 교장을 맡기도 했다.[140] 황규연은 1911년 이현중(李現重) 등과 함께 구래의 봉곡동계를 근대적 형태의 민의소로 고쳐 운영하는 데 참여했다.[141] 또 1913년에는 봉곡동의 인사들과 함께 동유재산으로 기업전습소를 설립하고 동네 여자들을 교육하여 부업을 영위할 수 있게 하는 사업을 주도했

134) 『駐韓日本公使館記錄』 24권, 11. 保護條約 1～3 (128) 時局에 관한 報告의 件(秘第105號).

135) 『承政院日記』 고종 39년 4월 25일; 고종 43년 11월 6일.

136) 『皇城新聞』, 1905년 6월 26일.

137) 『每日申報』, 1915년 2월 24일.

138) 『韓民族獨立運動史資料集』 28권(義烈鬪爭 1), 예심신문조서 黃壬性 신문조서.

139) 『昌原港報牒』 1, 光武 3年 12月 15日, 報告書 第66號; 『승정원일기』 고종 40년 5월 2일.

140) 『慶南日報』, 1911년 5월 21일 광고.

141) 『慶南日報』, 1911년 1월 18일; 1911년 5월 13일.

다.[142] 1914년에는 조선 의생으로서 이범욱(李範彧) 등과 함께 의생 인가를 받고, 1916년 진주의생회를 조직해 부회장을 맡았으며, 이어 의생강습회를 열기도 했다. 또 의약에 관한 법령 및 고금 의가의 좋은 규범 등을 광범하게 수집한 『의가필지(醫家必知)』라는 책자를 발간해서 유지들에게 배포하기도 했다.[143]

19세기 문과와 무과에 급제해 관료를 지낸 인물이 많은 해주정씨 가문[144]에서도 계몽운동에 참여한 인물이 많았다. 1891년 청송부사, 1892년 내금위장을 지낸 정규석(鄭圭錫)은 대한협회 초대 지회장을 지냈고, 1913년 지주회 설비위원으로 참여하기도 했다. 장지연과 난정계를 주도하기도 했다. 사과를 지낸 정순교(鄭舜敎)는 대한협회 진주지회 평의원이었다. 정한교(鄭翰敎)도 대한협회 회원이었다. 정홍석(鄭鴻錫)은 홍문관 시독, 비서감 랑을 지냈고, 을사늑약에 대항해 조병세가 올린 상소에 참여하기도 했다.[145] 대한협회에 참여하지는 않았지만, 교육 부문에 많은 관심을 보여 1910년 6월 이반성면 진동(晉東)학교 창설을 주도했고, 1913년 부인야학회 운영도 주도했다. 1910년에는 경남일보 사장을 맡았고, 진양계와 난정계에도 참여하며 장지연과 깊은 교유를 맺었다. 또 1903년 광리사 창설에 참여하여 중역을 맡기도 했고, 1913년 박재화가 조선인으로 처음 목욕장을 개장하자 지원금을 기부하기도 했다. 시어를 지낸 정천석(鄭天錫)도 진동학교 창설에 참여하여 이 학교의 교장을 맡았고, 이후 이반성면장 겸 가수개면장을 지내

142) 『每日申報』, 1913년 10월 8일; 1914년 4월 7일.

143) 『每日申報』, 1916년 7월 13일; 1916년 1월 25일; 1914년 3월 24일; 『朝鮮總督府官報』 제549호(1914).

144) 문과 급제자로 鄭鴻錫 · 鄭冕錫 등이 있고, 무과 급제자로 鄭大元 · 鄭舜敎 · 鄭圭錫 · 鄭天錫 · 鄭洪錫 등이 있다.

145) 『駐韓日本公使館記錄』 24권, 11. 保護條約 1～3 (128) 時局에 관한 報告의 件(秘第105號).

고 진주군 축산조합장, 진주군 농산물품회장, 마산부 완월(翫月)학교 찬성원도 지냈다.[146] 정준교(鄭準敎, 1880~1946, 족보명 衡敎)는 3 · 1운동과 관련해 징역을 선고받았고, 1922년에는 동아일보 지국장을 맡았다.[147] 1923년에는 진주노동공제회, 1924년에는 신사상연구회(同友社)와 진주청년회에도 참여했고, 같은 해 군자모집 사건으로 경찰에서 취조받기도 했다.[148]

이와는 달리 같은 가문에 속하면서도 보수적 입장을 유지해가려는 인물들도 많았다. 정은교(鄭誾敎)는 최익현(崔益鉉)의 문인으로 당대의 유명 인물인 전우(田愚) · 기우만(奇宇萬) · 정재규(鄭載圭)와 교유하고 있었고, 구한말 급속한 사회 변화와 일제 침략에 대해 적개심을 드러내고 있었다. 1894년 동학농민전쟁이 일어나고 이어 일본의 궁성 점령과 개혁이 이루어지고 더 나아가 국모 시해와 단발령이 일어나자, '존양설(尊攘說)' · '척사문(斥邪文)' · '포고동지문(布告同志文)'을 지어 이를 규탄했다.[149] 1899년에는 경상도 유생들과 연명하여 이단적인 제도를 물리치고 전통문화를 수호할 것을 호소하는 상소를 올리기도 했다.[150] 정준교(鄭準敎, 1864~1942)도 족형인 정은교 및 박태형(朴泰亨)과 교유하며 유교적 문물을 지켜가려는 입장을 보이고 있었다. 그는 당시 사족 집안 연소배들이 신학에 몰입하고 구학을 원수처럼 보는 현상을 개탄하기도 했다.[151] 정재규의 문인인 정규석(鄭珪錫)은 곽종석 · 전우와도 교유하고 있었고, 의병장 정한용을 애도하는 만사를 짓기도 했

146) 『慶南日報』, 1910년 6월 9일; 『朝鮮紳士大同譜』(국편).

147) 『每日申報』, 1919년 4월 20일, 4월 25일; 『東亞日報』, 1922년 1월 16일.

148) 『개벽』 제35호, 六號通信 晉州雜誌; 『時代日報』, 1924년 10월 26일; 『時代日報』, 1924년 10월 9일.

149) 鄭誾敎, 『竹醒集』 권3, 雜著 尊攘說(甲午), 斥邪文, 布告同志文 참조.

150) 鄭誾敎, 『竹醒集』 권2, 請尊聖衛正疏(慶尙道儒生聯名, 己亥).

151) 鄭準敎, 『晩山遺稿』 권2, 書 與趙妹兄泰進(鏞夏).

다.[152] 또 세상이 변해가자 처자를 이끌고 지리산으로 들어가 '자정'하려는 뜻을 펴기도 했다.[153]

이처럼 계몽운동을 주도하는 인물이 많이 배출된 가문은 이외에도 적지 않았을 것이고, 같은 가문 내에서도 수구적 입장과 개화적 입장의 인물들이 다양하게 존재하면서 상호 간의 갈등도 존재했을 것이다. 그러나 입장의 차이에도 불구하고 서로 긴밀하게 교유하는 경우도 있었다. 정은교 · 정준교 · 정규석 등이 같은 가문 내 개명 인사인 정홍석 · 정규석 등과 교유하는 모습이 해당 인물의 문집에 나타나고 있기 때문이다. 이런 과정에서 서로 영향을 주면서 개명적 지식인은 더 늘어났을 것이다.

각 인물의 입장에서도 사회의 변화 속에 보수적인 입장에서 점차 개명적인 입장으로 변화해가는 모습이 보인다. 을미의병에 참여했던[154] 오종근(吳鍾根)은 이후 진주의 동아개진교육회 사건에 연루되기도 했지만, 이후 대한협회에 참여했다. 진주군 참사를 지낸 손진휴(孫振休)도 동아개진교육회 사건에 연루되었지만, 이후 대한협회에도 참여하고 1911년에는 중안동의소 소장으로 민의소를 이끌기도 했고, 진주위생회 역원으로 참여하기도 했다.[155] 1913년에는 군참사로서 지주회 설비위원으로 참여하기도 했고, 시기가 언제인지는 알 수 없지만 진주 낙육고등학교 교장을 맡기도 했다.[156]

전체적으로 볼 때, 진주에서 계몽운동을 전개한 유림 출신 운동가들에는 온건한 개화론자와 급진적 개화론자들이 섞여 있었고, 자신의 신념과 사

---

152) 鄭珪錫, 『誠齋集』 권2, 詩 輓鄭直齋(瀚鎔).

153) 鄭珪錫, 『誠齋集』 권3, 書 答族兄府使(圭錫).

154) 『晉陽續誌』 권4, 叢談(주 35) 참조.

155) 『慶南日報』, 1911년 5월 29일 中安洞議所組織; 1911년 5월 5일 晉州衛生會 役員.

156) 『每日申報』, 1913년 7월 16일 地主會設備委員; 『조선신사대동보』

회경제적 입지에 따라 다양한 주장을 펴고 있었다. 이들은 시국이 변함에 따라 개화에 더욱 적극적인 경향을 보이게 되었을 것이다. 또 상당수의 개명적 인사들은 민족적인 입장을 견지하면서도 일제의 압박이 점점 거세지는 상황 속에서 일제에 어느 정도 협조하는 모습을 보이기도 했다. 강제병합 이후 면장이나 기타 도 및 군의 관리직을 수행한다든지 천장절 행사에 참여하는 것 등이 그 예다. 이런 추세에서 그들은 민족적인 입지를 계속 지켜가려는 자와 친일화되어가는 자로 분화되어가고 있었을 것이다.

5. 각 종교 세력의 추이

1) 보수 유림의 대응

사회 변화의 추세 속에서 문명개화론자들의 세찬 비판이 있는 가운데 '자정'의 입장을 견지해가던 보수 유림의 입지와 영향력은 점차 약화되어 갔다. 그들이 자정의 입장을 견지하면서 할 수 있는 활동은 서당교육을 통해 후진들에게 그들의 입장을 전수하는 것이었다. 서당은 오랜 전통을 지닌 교육기관 중의 하나로, 근대교육이 실시되기 전에는 유일한 서민교육 기관이었다. 서당은 일종의 사숙이며, 자주적으로 운영된 교육기관이다. 서당의 시설은 극히 간단하고 운영이 용이했다. '일훈장일당(一訓長一堂)주의'였으므로 언제 어디서나 필요하면 쉽게 설립할 수 있었다. 사랑방이나 회관 등을 교실로 이용할 수 있고 경비 소요가 얼마되지 않아서 동리마다 서당을 쉽게

설립할 수 있었다.[157)]

그러나 사회가 근대적인 양상으로 급속하게 변화하고 신식교육이 확산되어가면서 서당의 입지도 위축될 수밖에 없었다. "서당은 단지 한문 서적을 송독하는 외에는 어떤 교과도 없고 현금 시세에는 극히 부적당해서 그 운명이 영구키 어렵다"[158)]라는 『경남일보』의 기사 내용도 과장은 아니었을 것이다. 앞에서 언급된 정준교는 매형 조용하(趙鏞夏)에게 보낸 편지에서 사족 가문의 연소배들이 신학에 몰입하고 구학을 원수처럼 본다고 한탄했고, 또 친우 배도홍(裵道泓)에게 보낸 편지에서도 일부 가문 자제들이 옛 성인들의 가르침과 서적을 무용지물로 생각하고 신학을 일등과정이라 하면서 금수의 영역으로 점차 빠져들고 있다고 개탄했다.[159)] 의병을 주도했던 정한용도 어느 가문 할 것 없이 칩거해 독서하던 연소배들이 신문물에 혹해서 옛 성현들의 가르침은 실질이 없다 하여 구학에 점차 염증을 느끼고 있다고 한탄했다.[160)] 함양박씨 가문의 박태형(朴泰亨)이 가문 내 일부 인사가 신학에 참여하고 있음을 비판하고 있는 것[161)]도 같은 예다.

구한말 이래의 이런 현상을 타개하기 위해 일부 유림은 서당에 새로운 것을 접목해보려는 시도를 하기도 했다. 권도용(權道溶)이 자기 고향인 산청 입석리에서 '문산서당 학규(文山書堂學規)'를 만들어 서당의 새로운 면모를 보이려 했던 것이 그 예다. 그는 중국인 하성길(夏成吉)의 선친이 만든 '영봉정

157) 이문원, 「서당의 민족교육」, 『한민족독립운동사』 2, 국권수호운동Ⅱ, 국사편찬위원회, 1987, 313-315쪽.

158) 『慶南日報』, 1910년 12월 11일 '書堂과 學校' 기사 참조.

159) 鄭準敎, 『晩山遺稿』 권2, 書 與趙妹兄泰進(鏞夏); 與裵望汝(道泓).

160) 鄭漢鎔, 『直齋遺稿』 권2, 書 與權應韶(鳳鉉).

161) 『通文』[박수홍(艮嵒 朴泰亨 가문) 소장 고문서], "一二浮薄之流 幸斯文之不幸 門墻之內 擬設其新學 噫噫痛矣 此何學也 彼新學云者 身不着先王之法服 志不受父母之遺體 箕踞露頂 … 且主管于彼學者 亦有舊日衣冠之裔."

사(靈峰精舍) 학규'를 본보기로 하여 학규를 만들었다. 명륜(明倫) · 입지(立志) 등 6대강(大綱)의 규정을 정하고 그 분과를 10과목으로 나누어 매일 순차적으로 교육했으며, 학생을 능력에 따라 고 · 중 · 초 3급으로 나누어 달리 가르치는 방법을 취하고 있다.[162] 물론 이 학규는 실제 실시되지는 못했지만, 안의향교에서도 이런 학규를 적극적으로 시도해보려는 모습이 역력하게 나타난다.[163]

그러나 유교를 고수한다고 하면서 일종의 다른 논리를 만들어 현혹한다는 주위 보수 유림의 비판이 있었을 뿐만 아니라[164] 현실적으로 당국으로부터 학력을 인정받지 못하는 처지에서는 연소배들의 주목을 받을 수 없었다. 1908년 학부의 '서당관리에 관한 건'에서처럼 일제가 사립학교를 규제한 것과는 달리 서당에 대해 비교적 온건했던 것은 일제의 또 다른 의도가 있었다. 서당에서는 사립학교처럼 학회 주도의 조직적인 구국교육운동을 전개하지 못했고, 곧 변화 · 소멸될 수밖에 없는 전근대적인 교육기관이라고 보았기 때문이다.[165]

보수 유림이 무기력화되어가는 중에 1919년 고종이 서거한 것을 계기로 전국적으로 3 · 1만세운동이 전개된다. 그러나 보수 유림은 이 운동을 주도하는 데 참여하지 않았다. 이들은 원래 3.1운동 방식을 반대하고 있었고, 이와는 별도로 파리장서운동을 전개하고 있었기 때문이다. 이 운동에서 주도적 역할을 한 인물이 곽종석이었고, 경남 서부지역의 유림 중 서명에 참여한 자들도 많았다. 조재학(曺在學)을 제외하고는 대부분 곽종석의 문인이었다. 이 중 진주 출신으로는 하겸진(河謙鎭) · 조현규(趙顯珪) · 하봉수(河

162) 權道溶, 『秋帆文苑原集』 권12, 文山書堂學規(並後序).

163) 權道溶, 『秋帆文苑原集』 권12, 安義鄕校學規.

164) 權雲煥, 『明湖集』 권7, 答權浩仲(道容).

165) 이문원, 위의 글(1987), 324쪽.

鳳壽)·이수안(李壽安)·하재화(河載華)·하용제(河龍濟) 등이 있었다.[166] 또 원래 서명의사를 밝혔지만, 137명의 최종 명단에는 포함되지 못한 인물들도 있다. 하영두(河泳斗)는 나이가 어렸고, 이정기(李定基)·이현덕(李鉉德)은 1가 1인의 서명 원칙에 따라 제외되었다. 유원중(柳遠重)은 가정형편으로 자진해서 서명 의사를 철회했다. 이밖에 하영규(河泳奎)·하재국(河載國)·김양모(金瀁模) 등도 서명 의사를 밝혔지만, 최종 명단에 포함되지 못했다.[167] 진주지역에서는 이런 유림의 분위기로 인해 유림 세력이 3.1운동을 주도하는 양상이 나타날 가능성은 별로 없었다.

2) 천도교의 입지

1894년 동학농민운동이 실패하면서 위기를 맞았던 동학 세력은 이후 손병희의 활약으로 재건되는 모습을 보인다. 1904년 러일전쟁이 발발하자 동경에 있던 손병희는 국내 동학교인들에게 문명개화운동으로의 노선 전환을 명했다. 이 운동의 추진을 위해서는 일정한 조직체의 결성이 요구되었다. 이에 따라 '중립회(中立會)'라는 동학단체가 탄생했는데, 손병희는 명칭을 '진보회(進步會)'로 바꾸고 이용구(李容九)에게 권한을 위임하여 운영을 주관하게 했다. 진보회는 1904년 8월 29일 서울과 지방에서 개회를 선포하고 활동에 돌입했다.

이런 흐름 속에서 진주지역에서도 1904년 9월부터 진보회 결성을 위

166) 국사편찬위원회, 『한국독립운동사 자료』 4, 임정편 Ⅳ, 1974, 史料集 第四, 四編 獨立運動의 事件, 第七章 獨立運動에 關한 書類 참조.

167) 徐東一, 「파리장서운동의 전개와 영남지역의 숨은 협력자들」, 『大東文化硏究』 89, 성균관대학교, 2015, 512-513쪽.

한 움직임이 나타나기 시작했다. 1904년 9월 25일 진주 · 하동의 교도들이 향교에 통문을 배부하고 군민을 설득한 후 자진 해산했다. 10월 초 동학 접주를 자처한 이관서(李寬瑞) 역시 평거면 주민에게 통문을 배포하다가 체포되었다. 이 과정을 거치면서 10월 11일 진보회 진주지회의 첫 집회가 이루어지게 된다. 그러나 진주 객사 앞에서의 대회나 이후 재개된 집회는 관헌이나 순검에 의해 해산되고 말았다.[168]

한편 진보회 운동에 즈음하여 진주지역에서 일진회의 움직임도 나타난다. 객사 대회에 앞선 10월 초 일진회원을 자처하는 수백 명이 진주에서 단발시위운동을 전개했다. 10월 22일 양 단체가 통합되자 진주지역 진보회 회원의 상당수가 일진회에 합류했다. 따라서 1905년 초에는 진주와 인근 군에서 일진회원들의 집회와 시위가 두드러지게 나타난다. 그런데 1905년 12월 1일 동학은 '천도교'로 교명을 바꾸었고, 다음 해 2월 72개 대교구를 책정하고 교령을 선정했다. 천도교는 이어 일진회를 축출하고 72개 대교구를 기초로 23개의 지역 대교구를 설립했다. 이때 진주는 영남에서 유일하게 대교구가 설치되어 전희순(全熙淳)이 교구장으로 보임되었다. 따라서 진주지역 천도교단이 공식적으로 성립된 시점도 이때로 보아야 할 것이다.[169]

이런 변화 속에서 진주의 동학 세력에는 커다란 변동과 진통이 있게 된다. 이 지역에서 동학을 주도했던 주요 지도자들이 천도교에서 축출되고 천도교에서 분리해나온 시천교 쪽으로 돌아섰기 때문이다. 1894년 동학농민전쟁 때 동학군을 주도했던 인물로는 진주의 손은석(孫殷錫), 남해의 정용태(鄭龍泰) 등을 들 수 있다. 『천도교창건사』나 『동학사』, 『천도교서』에서는 이외에 여러 인물을 거론하고 있지만, 이후 동학의 변화 과정에서는 별 언

---

168) 金希柱, 「일제하 진주지역 天道敎의 문화운동」, 『東國史學』 55, 동국사학회, 2013, 263-265쪽.
169) 김희주, 위의 글(2013), 266-267쪽.

급이 되지 않고 있다.[170] 『백곡지(柏谷誌)』에 의하면, 백낙도가 덕산에서 은밀히 동학을 퍼뜨렸는데, 그 문도 중 가장 뛰어난 인물이 손웅구(孫雄狗)였고, 손웅구의 밑에는 고만준(高萬俊) · 임정룡(林正龍) · 임말룡(林末龍) 등 여러 고을의 인물이 있었다고 한다. 그리고 백낙도가 처형된 이후에는 손웅구가 경남 서부지역의 동학도들을 이끌었다고 한다.[171] 손웅구의 '웅구'는 손은석의 자(字)일 가능성이 크다.

1900년 4월 8도 대접주(大接主)가 임명되는데, 이 명단에는 손은석 이외에 경남지역의 다른 인물은 거론되지 않는다. 또 1903년 2월 수청대령(水淸大領) · 해명(海明)대령 · 의창(義昌)대령 및 대접주 · 수접주를 임명하는데, 손은석과 함께 정용태가 의창대령으로 나타나지만, 그 이외의 인물은 거론되지 않는다.[172] 그러다가 1904년 경남지역 진보회의 두령으로 전희순 · 김상정(金相鼎) · 손은석 · 박충일(朴忠一) · 강필만(姜泌晩) · 지치연(池致連) · 정용태 · 박동남(朴東男) 등이 거론되기 시작하고, 또 손은석 · 전희순이 교령으로 임명된 것으로 나온다.[173] 1904년 일진회 경남지회장으로 박충일이 거론되는 것으로 보아 박충일도 이때 비로소 중요 지도자로 부각된 것 같다.[174]

---

170) 『天道敎創建史』, 68쪽; 『東學史』(초고본, 동학농민혁명사료총서 1권) 3권, 報恩會集과 京城會集, 10쪽; 『天道敎書』(동학농민혁명사료총서 28권) 第二編, 海月禪師 241쪽. 다른 이본인 『東學史』(동학농민혁명사료총서 1권) 4권, 23-24쪽에서는 全熙淳이 등장하지만, 이는 그가 초대 대교구장으로 임명되면서 잘못 알려진 것으로 보인다.

171) 『柏谷誌』 兵荒三之四 當宁甲午, "晉州之學於樂道者 無慮數千 而孫雄狗最著 雄狗之徒 高萬俊 · 林正龍 · 林末龍最高 其餘不可悉數 … 七月湖南東學金仁培邕方奎等 陷河東 … 於是前之歸化者 竝踊躍復發 推雄狗爲窩主 處處聚首 煽動危言 言欲爲白樂道報讐 朴熙房逃之 時朝廷不得已欲使倭捕東學 … 於是雄狗等亦大懼 欲發兵爲亂 十月會于柏谷坪 凡十八包 衆十餘萬 饕虐生民 無所不至."

172) 『東學道宗繹史』(동학농민혁명사료총서 29권) 第2編 第16章 義菴設法 '大道主及大頭領差定.'

173) 『天道敎創建史』, 49쪽 및 54쪽 참조.

174) 黃玹, 『梅泉野錄』 卷4, 光武八年甲辰 ③.

그런데 1906년 이용구 · 송병준 및 대두령 100여 명이 천도교에서 축출되는데, 여기에는 정용태 · 손은석도 포함되어 있었다.[175] 그들이 일진회에 계속 남아 있었기 때문이다. 김연국(金演局)이 시천교에서 분리해나오려는 1913년 손은석 · 정용태 · 박충일 등이 시천교에 속해 있었다는[176] 기록으로 보아 손은석 등은 천도교에서 시천교로 옮긴 것 같다. 특히 『동학사』에서 "제우(濟愚)교파 본파는 시천교인 손은석 일파가 설립한 것으로서 종국에는 윤경중(尹敬重)이 교주가 되어 대화교(大華教)와 용화교(龍華教)로 고치고 아미타불이라 불렀다"[177]라고 기록하고 있는 것으로 보아 손은석은 시천교 전체 차원에서도 매우 중요한 인물이었던 것 같다.

이처럼 경남 서부지역의 주요 지도자들이 대거 천도교에서 이탈해 시천교를 이끌어가면서 동학의 많은 신도도 시천교로 갈아탔기 때문에 경남에서는 천도교 세력이 크게 위축되고 시천교의 교세가 훨씬 컸던 것 같다. 게다가 일제의 비호와 지원을 받는 일진회와 연결되어 있어 일제의 압박이 강화될수록 시천교의 입지는 더 강화되어갔다. 1910년 강제병합 직후 일진회가 해산되면서 받은 위로금 일부가 시천교에 지급되자 그것을 경남 시천교의 유지비로 사용하기로 했다는 것[178]을 보면, 시천교의 유리한 상황을 짐작할 수 있다.

이런 상황에서 일진회와 첨예하게 대립하고 있던 대한협회의 일부 회원들이 일진회로 옮겨가는 일도 벌어진다. 1910년 1월 대한협회 회원이었던 윤순명(尹舜明)이 일진회에 입참하자 대한협회에서는 그를 출회시켰는데, 이전에 대한협회 회원이었다가 일진회로 옮겨가 대표를 맡고 있던 정용

175) 『東學道宗繹史』(동학농민혁명사료총서 29권) 第二編, 第十九章 一進會創立敎會分立 참조.

176) 『侍天教宗繹史』(동학농민혁명사료총서 29권) 第3編, 第11章 敎堂建築 참조.

177) 吳知泳, 『東學史』(永昌書館, 1940) 附 東學各派一瞥, 239쪽.

178) 『慶南日報』, 1910년 11월 2일.

수(鄭龍秀)가 대한협회 회장 박재윤(朴在允)을 검사국에 고소한 사건[179]이 그 한 예다. 어쨌든 강제병합을 전후하여 진주에서는 시천교 교당이 제1교당에서 제6교당까지 만들어져 각 지교 두령들을 소집하여 교무를 협의하고 각 지교의 임원을 임명하는 모습들이 나타나고 있을 만큼[180] 시천교는 교세가 확장되어 있었다.

이에 반해 일진회와 결별하면서 크게 위축된 경남지역 천도교는 1906년 후반 전희순을 중심으로 교단을 정비했다. 1914년 7월에는 대교구를 35개로 확대하고 관할 교구를 편성함에 따라 진주와 함께 울산 · 함양 · 마산 · 고성 · 사천 · 합천 · 통영의 교구와 전교실이 진주대교구에 소속되었다. 당시 전희순은 대교구장과 진주군 교구장을 겸임하며 경남 천도교의 지도적 인물로 부상했다. 그러나 교단이 정비되고 인적 구성이 이루어졌음에도 이 시기 진주교구에서는 일반강습소는 물론 교리강습소, 전교실 등 포교조직을 이용한 교육전도 사업이 침체를 벗어나지 못했다. 1910년대까지 진주교구에서는 기대했던 만큼의 교세 신장이 이루어지지 않았다.[181] 강제병합 직후 경남 교인의 공동소유로 되어 있는 교구실을 일부 신도가 전당 잡는 등의 비리로 혼잡한 상황을 바로잡기 위해 당시 물러나 있던 전희순이 다시 교구장으로 특선되는 사태도 벌어졌다.[182]

따라서 천도교 신도수는 영세할 수밖에 없었다. 〈표 3〉에 의하면, 1919년경 경남지역의 천도교 신도 수는 교단 자체의 주장으로는 7,714명이지만, 당국에서 파악한 수는 680명밖에 되지 않는다. 13도 중에 가장 신도 수가 적은 것으로 나타난다. 이에 반해 시천교 신도 수는 자칭 3만

179) 『慶南日報』, 1910년 1월 11일 광고; 1910년 1월 13일.

180) 『慶南日報』, 1910년 6월 3일; 1911년 3월 26일.

181) 김희주, 위의 글(2013), 267-270쪽.

182) 『慶南日報』, 1911년 12월 29일 ; 1912년 1월 24일.

〈표 3〉 1919년경 각 종교 신도수표(信徒數表)[183)]

도명	자칭 계수		당국 조사 계수	
	천도교	시천교	천도교	시천교
경기도	47,507	8,895	5,281	1,297
충청북도	12,238	30,202	1,194	☆ 2,753
충청남도	16,219	52,143	1,185	☆ 5,630
전라북도	68,905	58,012	8,431	8,095
전라남도	55,925	50,227	4,213	☆ 4,436
경상북도	3,603	15,236	1,152	☆ 1,755
경상남도	7,714	34,300	680	☆ 4,830
황해도	65,113	87,726	12,203	☆ 18,562
평안남도	219,227	38,779	13,107	8,469
평안북도	358,085	39,885	43,203	9,036
강원도	47,173	35,666	5,128	3,889
함경남도	118,149	15,456	16,414	7,573
함경북도	57,541	4,685	1,758	379
총계	1077,399	472,212	113,949	76,704

4,300명, 당국이 파악한 신도만도 4,800명이어서 천도교에 비해 압도적으로 많다.

3 · 1만세운동 때 진주에서도 3월 18일 최초 시위에 천도교인들이 일부 가담한 것으로 나타나지만, 진주 및 인근 군 단위 만세운동에서 천도교

183) 이 표는 渡邊彰의 『天道教と侍天教』(大阪屋號書店, 1919)의 46쪽에 있는 표를 재정리한 것이다. 1919년 당시 각 종교의 상황을 보여주고 있을 것이다.

의 비중이 크지 않았던 것은 이 때문일 것으로 보인다. 국가보훈처의 『독립운동사자료집』에 의하면, 일제는 경상남도 내에 천도교가 미미하기 때문에 일반 민중은 거의 도내에 천도교가 있다는 것을 알지 못하고 있었고, 경상남도의 소요에서도 어떤 연계를 가진 점을 볼 수 없었으며, 따라서 관내 천도교도로서 소요에 대중의 이목을 끌 만한 행동을 감행한 자는 없었다고 분석하고 있다. 반면에 시천교에 대해서는 "관내의 동교는 김연국파의 교도 약 40명이 참가했으나, 사리를 분별하지 못하고 오로지 뇌동적인 행동을 취했을 따름이다"라고 보고 있다.[184)]

3) 불교 세력의 입지

일본은 문호개방과 더불어 종교 면에서도 일본 불교를 침투시켜 우리 민족을 그들에게 종속시키려고 했다. 일제는 개항장의 일본 거류민에 대한 불교 포교를 명목으로 일본불교 각 종파의 승려를 보내어 일본사찰을 세우고 한국인을 신도로 포섭하는 데 열을 올렸다. 이로 인해 한국 불교계에서는 일본불교의 영향 아래 한국불교의 혁신과 근대화를 기하자는 운동과 일본불교의 침투에 반기를 들고 전통적 한국불교를 수호하려는 운동이 서로 대립하게 된다. 친일 불교종단인 이회광(李晦光) 등의 원종(圓宗)과 이에 대항한 한국불교의 민족적 정통성을 수호하기 위한 불교운동이 그것이다. 후자의 세력은 박한영(朴漢永) · 진진응(陳震應) · 한용운(韓龍雲) · 오성월(吳性月) 등이 중심이 되어 송광사에 임제종(臨濟宗)을 설립하고 구국운동을 전개했지

184) 국가보훈처, 『독립운동사자료집』 6, 삼일운동사자료집, 1973. '조선소요사건 상황' 중 '기독교 · 천도교에 대한 민중의 감상 및 천도교도 · 시천교도 · 각파 외국 선교사의 태도' 중 '경상남도' 부분, 714-715쪽.

만, 임제종은 일제 탄압에 의해 오래지 않아 폐쇄되었다.[185)]

한편 일제는 강제병합 이후인 1911년 6월 사찰령을 공포하고 7월에는 사찰령 시행규칙 8개조를 발표하여 30본산을 정함으로써 한국불교를 선교양종의 단일종으로 통일했다. 그리고 본산 및 본사 주지의 허가권을 관이 가지게 함으로써 오랜 전통을 지니고 전해내려오던 한국불교는 일본 식민지 체제 내에 흡수되기에 이르렀다.[186)] 조선총독부의 이런 불교정책으로 한국불교가 일본불교에 종속화되고 저항 세력에 대한 탄압이 가중되자 한국불교계의 저항도 줄기차게 전개되었지만, 이런 운동이 불교 전체에 대한 영향력은 크지 못했다.

이런 상황은 운동 때도 드러난다. 운동의 준비과정에서 천도교와 기독교 연합이 형성되자, 최린(崔麟)은 1919년 2월 24일 한용운을 찾아가 동의를 받아냈다. 한용운은 동래의 범어사로 내려가서 주지 오성월과 이담해(李淡海)·오리산(吳梨山) 등과 운동에 대해 협의하고 영남·호남의 여러 사찰에 긴급히 연락하여 동지를 모으기 위해 노력했으나, 성과를 거두지 못했다. 결국 불교계에서는 한용운 자신과 백용성(白龍城)만 민족대표로 참여하는데 그쳤다.[187)] 진주에서의 3·1운동에도 이런 상황이 반영되어 불교계에서 이를 주도한 인사들을 찾기는 어렵다.

진주에서도 1911년 11월 18일 임제종이 불교 확장을 위해 진주성 내 호국사를 임제종 진주포교소로 정하고 호국사에서 조선 임제종회를 열었는데, 여기에는 회장 임만성(任晩聖) 이하 각 승려 30여 인과 진주군수, 진주 본원사(本願寺) 주임 구사바 노리타카(草葉則隆)과 도서기 요시와라 겟코(吉原月

185) 김창수, 「불교」, 『한민족독립운동사』 2, 국권수호운동 Ⅱ, 국사편찬위원회, 1987, 544-545쪽.

186) 김창수, 위의 글(1987), 563-564쪽.

187) 이윤상, 『3·1운동의 배경과 독립선언』, 한국독립운동사편찬위원회·독립기념관한국독립운동사연구소, 2009, 139쪽.

香), 손영목(孫永穆), 경남일보 기자 등 다수가 참석했다.[188] 임제종이 민족적 입장을 취하고 있었다고 하지만, 이 행사에 참여한 본원사를 주목할 필요가 있다. 본원사는 일본 정토진종(淨土眞宗)의 본산으로, 1877년 부산에 일본 정토진종의 포교사 오코무라 엔신(奧村圓心)에 의해 진종 본원사의 별원이 설치된 이후 각 개항장 및 서울에 대곡파(大谷派) 본원사의 별원과 포교소가 설치됨으로써 본격적인 일본불교의 침투가 시작되었다.[189]

진주에도 본원사 진주포교소가 설치되어 11월 24일부터 28일까지 보은강을 설행하고, 일요일에는 전사 · 병사자 등의 추도회를 열기도 했다.[190] 임제종이 이런 본원사와 여러 행사를 개최한 것을 보면, 민족적인 입장을 어느 정도 취하고 있었는지 의문이 든다. 어쨌든 불교는 전국적 차원에서나 진주지역에서나 민족운동을 이끌어나갈 세력이 제대로 확보되어 있지 않았다고 볼 수 있다.

4) 기독교 세력의 대응

저항의식이 강한 진주에도 사회 변화에 따라 대중 의식이 변하고 압도적인 서구 문물의 힘이 새롭게 인식되면서 계몽운동의 바람이 불어닥친다. 이런 상황에서 서양 세력 침략과 함께 유입되는 기독교[천주교와 예수교(개신교)의 총칭]의 영향도 커져갔다. 문명개화를 위한 계몽운동에 참여한 신지식인들도 이런 종교의 영향을 받을 수밖에 없었다. 계몽운동에 참여한 자들의

188) 『慶南日報』, 1911년 11월 23일 광고; 1911년 11월 29일.

189) 김창수, 위의 글(1987), 553-554쪽.

190) 『慶南日報』, 1911년 11월 27일.

입장도 일제의 탄압이 거세어지는 상황 속에서 민족적인 입장과 친일적인 입장을 넘나들고 있었다.

그중 민족적인 입장을 취하는 경우 정치적 단체가 모두 파괴되고 집회 · 결사의 자유가 박탈된 상황에서 일제의 탄압을 모면하기 위해 일부 허용된 교육과 종교활동에 눈을 돌리게 된다. 특히 서양 선교사들이 주도하는 기독교에 의존하며 이를 이용하려는 경우도 많이 있었다. 우리나라의 경우 남미나 동남아시아 등의 다른 나라와 달리 식민지 침략의 직접적인 당사자는 일제였고 서양 세력은 아니었으며, 선교활동 등 여러 활동에서 기독교와 일제 간의 미묘한 대립이 있었기 때문이다.

통감부 시기부터 일제는 기독교 세력의 친일화 유도책을 추진했다. 을사늑약 이후 일제는 선교사들의 기득권을 보장해주고 면세특권까지 부여했다. 그러나 통감부의 기독교 대책은 한국인 신자들과 선교사를 분리시켜 한국인 신자들의 친일화를 유도하고, 선교사를 점진적으로 회유 · 소외시키는 것이었다. 일제의 기독교 규제는 교육 분야에서 시작되었다. 1908년 8월 공포된 '사립학교령', 1911년 10월 공포된 '사립학교규칙'은 기독교 학교를 포함한 모든 사립학교에 적용되었는데, 이를 통해 교육과 종교의 분리를 주장하고 기독교 학교에서의 종교교육과 종교의식을 금지함으로써 선교사들로 하여금 스스로 교육 분야에서 물러나게 하려는 것이었다. 1915년 3월에는 다시 '개정사립학교규칙'이 공포되고, 이어 8월에는 '포교규칙'이 공포되어 종교에 대한 통제가 더욱 강화되었다. 교회의 설립과 변경에도 총독의 허가를 필요로 했고, 교회에 대한 기부에도 허가를 요구했다.[191)]

이로 인해 기독교 세력의 반발이 커질 수밖에 없었다. 원래 천주교나 개신교 입장에서는 새로운 사회를 지향해나가며 교리에 충실한 한국인 신

191) 윤선자, 위의 글(2001), 39-41; 57-75쪽.

자를 증가시켜나가는 것이 주요 목표였다. 한국인의 민족적인 문제는 부차적인 문제였다. 그런데 일제의 이런 규제정책이 나오자, 이 문제에 대한 천주교와 개신교의 입장은 갈리고 있었다.

천주교 입장에서는 1785년부터 100여 년간 박해를 받다 보니 정치에 소극적이었다. 천주교회의 지도자들은 일제의 침략 과정에서 정교분리의 선교 정책을 견지했다. 을사늑약을 전후해 한국 천주교회를 통할하던 뮈텔 주교는 방관자적 태도에서 독립운동을 반대하는 입장으로 돌아섰다. 선교사들과 성직자들은 천주교회의 중앙집권적인 교계제도상 그에게 복종해야 했으므로 뮈텔의 의견을 따랐다. 강제병합 이후에도 천주교 선교사들은 일본을 한국의 합법적인 정부로 인정했으며, 신자들에게 일제의 지배에 순종할 것을 권했다.[192)]

3 · 1운동 당시에도 한국 천주교회를 이끌던 뮈텔 주교 및 대구교구의 드망즈 주교와 일선에서 활동하던 선교사들은 천주교 신자들이 독립운동에 참여하는 것을 금했다. 그러나 3 · 1운동이 일어났을 때, 개신교나 천도교에 비교해서는 소수이지만 천주교 신자들도 일부 3 · 1운동에 참여했다. 그들의 참여는 한국 천주교회를 관할하고 있던 선교사들이 적극적으로 만류하는 상황에서 이루어진 것이었기에 더 큰 의미가 있다.[193)]

진주에는 이미 1866년 병인박해 직전에 천주교가 전래되었다. 문산에 살던 구한선이 병인박해 직전에 거제도에 들어가 리델 신부의 전교를 돕다가 진주 포교에게 잡혀 장독으로 7일 만에 순교했고, 사봉면 무촌리에 살던 정찬문은 병인박해 때 진주 포졸에게 체포되어 참수되었다.[194)] 이런 연유로

---

192) 윤선자, 위의 글(2001), 49-57쪽.

193) 윤선자, 위의 글(2001), 95-100쪽.

194) 金淑瓊, 「경남지방의 천주교 전파와 초기 교회 형성과정: 1785년에서 1911년까지」, 경상대학교 교육대학원 석사학위논문, 2002, 22쪽.

두 명의 순교자가 탄생한 문산과 반성 일대가 1880년대 초반부터 진주지역에서 가장 교세가 번성한 지역이 되었다. 대개 이 지역은 공소가 1880년대 초반에 형성되고 있었다.[195] 이를 토대로 진주의 다른 여러 곳에도 천주교가 퍼져 공소가 세워진다.[196] 이처럼 진주에는 일찍부터 천주교가 확산되어 있었지만, 천주교 지도부와 선교사의 3 · 1운동에 대한 부정적 입장 때문에 천주교 신자가 3 · 1운동을 주도하는 사례는 발견되지 않는다. 물론 신자들이 개별적으로 참여하는 경우가 없지는 않았을 것이다.

반면에 예수교는 달랐다. 일제의 통제정책에 대해 예수교 선교사들의 반발이 컸다. 개신교 선교사들은 기독교 교육의 자유, 기독교 학교의 사업을 계속하기 위한 학교 간의 상호 협조, 기독교 학교와 그 학교 졸업생들이 공립학교 같은 인정과 대우를 받게 해줄 것을 요구했다.[197] 특히 개정사립학교규칙으로 타격을 받은 선교사들은 이에 대한 대응을 모색했다. 그러나 그 대응은 교파에 따라 달랐다. 감리교는 종교교육이나 종교의식을 못하더라도 간접 선교를 위해서는 학교를 유지해야 한다는 입장이었다. 장로교 학교는 성경 과목과 기도회를 정규과목에 포함하기 위해 고등보통학교로의 교명 변경을 거부하고 잡종학교 및 각종학교로 전환했다.[198]

이런 여러 가지 규제로 인해 정규수업에서 선교 교육의 길이 막히게 되자, 개신교 교단은 조선총독부와 대립하게 되었고, 이런 상황에서 기독교의 양심과 민족적 양심이 어느 정도 접합을 이루는 분위기가 만들어졌다.[199] 개신교가 한국인의 민족적 입장의 활동을 방임하거나 암암리에 동

195) 김숙경, 위의 글(2002), 43쪽.

196) 김숙경, 위의 글(2002), 69-70쪽의 〈별표 2〉 참조.

197) 윤선자, 위의 글(2001), 41-43쪽.

198) 윤선자, 위의 글(2001), 62-67쪽.

199) 국사편찬위원회, 『한민족독립운동사』 3, 3 · 1운동, 1988, 64쪽.

조하는 방향으로 선회할 가능성도 커졌다. 3 · 1운동 때 독립선언서 참여에 기독교계 출신이 많았던 것도 이런 조건 때문이 아니었나 추측된다.

진주에 처음으로 기독교 복음을 전하기 위해 온 선교사는 휴 커를(Hugh Currell)이라는 의사였다. 호주의 장로교회에서 파견되어 1902년 한국에 온 이후 부산에서 활동하던 그는 1905년 진주를 선교지역으로 정하고 진주로 들어왔다. 그는 의사로서 환자들을 치료하는 의료 활동을 통해 주민의 신임을 얻었다. 이어 교회를 세워 선교에 나섰고, 안동학교와 정숙여학교도 세워 교육에도 관심을 쏟으며 지역사회에 많은 변화를 일으켰다.

커를 선교사가 진주에서 지냈던 10년 동안 호주선교회 진주지부 소속으로 함께 활동하기 위해 진주에 파송 받은 선교사와 간호사들이 상당수에 달했다. 그들은 커를 선교사를 도와 복음 전도와 의료, 교육 사역에 팀을 이루어 봉사했다. 이렇게 개신교가 전래된 지 불과 10년 만에 진주교회는 한국인 중심의 교회로 발전했다. 진주지역의 선교활동이 활발해지면서 농촌지역의 교회 설립도 늘어났다. 이런 개신교의 선교 · 교육 · 의료 활동은 교육 기회의 확대, 근대 의료수혜 증대, 평등사상의 전파, 주민의 사회참여 등 여러 측면에서 진주의 새로운 변화에 기여했다.[200)]

이런 조건 속에서 개신교는 진주에서의 3 · 1운동에도 영향을 미치게 된다. 일제 당국이 "본도에 있어서의 소요의 도화선이 호주 장로파 기독교도의 사주에 의했다"라고 단정하면서 서술한 다음의 기사를 보면, 진주교회의 역할이 상당한 영향을 미쳤음을 알 수 있다.

> 관내 외국 선교사로서는 호주장로파 및 천주교 선교사가 있는데, 부산에 거주하는 호주장로파 기독교 선교사 및 진주에 거주하는 동 선교

---

200) 김중섭, 위의 글(2012), 184-206쪽.

사 등은 이번의 소요에 대하여 표면상으로는 가장 냉정하여 전혀 관계하지 않는 듯한 태도를 나타내고 있다. … 또 진주에 거주하는 선교사는 진주에 있어서는 소요 하루 전에 귀국한다고 말하고는 부산에 가서 60여 일 동안 체재했는데, 진주에 소요가 일어난 후 동 교도 중 중요한 자가 동인(同人)이 있는 데를 왕래한 사실이 있다. 이로 미루어보아 그는 그 동안에 진주 방면의 소요를 엿보고 있었던 것 같다. 실제로 3월 18일의 진주 시내에 있어서의 소요에 동교 부속 사립 광림학교의 조선인 직원 남자 · 여자 전부와 동교의 남자 · 여자부 생도는 물론, 동 부속 배돈병원 조선인 간호부 및 동 기독교 신도의 대부분이 중심이 되어 소요를 일으킨 사실이 있다. 설사 선교사들이 선동하지 않았다 하더라도, 적어도 이에 동의를 표한 것만은 숨길 수 없는 사실이라고 생각된다.[201]

이에 반해 천주교에 대해서는 관내에서 선교사 및 교도 중 이번의 소요에 관계한 자가 한 사람도 없다고 하면서 이는 선교사가 소요 발발에 즈음하여 교도에 대해 "종교와 정치와는 구별이 있다. 우리 교도는 이번의 소요와 같은 정사(政事)에 관한 행동에는 일체 관여해서는 안 된다"라고 훈유했기 때문인 것 같다고 분석했다.[202] 따라서 진주지역에서도 천주교가 3 · 1운동에 미친 영향은 미미했다고 볼 수 있다.

---

201) 국가보훈처, 『독립운동사자료집』 6, 삼일운동사자료집, 1973, 712-715쪽.

202) 국가보훈처, 위의 글(1973), 716쪽.

6. 맺음말

통일신라 이후 조선 시대까지 진주는 남부 지역에서 명실상부한 거읍이었다. 1896년 전국이 13도 체제로 개편되고 경상남도가 새로 설치되면서 진주는 그 관찰부 소재지가 되었다. 그러나 조선 초기 이래로 상당히 너른 영역을 차지하고 있던 진주 강역은 구한말 행정구역 개편으로 크게 줄어든다.

진주는 지리산을 끼고 있었다. 골이 깊고 영험한 산으로 여겨지던 지리산은 여러 세력의 저항거점의 역할을 했고, 이것은 진주 주민에게도 영향을 준 것으로 보인다. 또 과격하고 저항적인 기질로 상징되는 남명학파의 본거지였던 진주에서는 임진왜란 때 의병 활동이나 진주성 전투에서 그 기질이 발현되기도 했다. 인조반정 이후 남명학파가 다른 지역으로부터 불온시되면서 이 지역 사림들은 침체해간다. 이것은 진주 사림의 불만을 고조시키고 더욱더 저항적인 성격을 지니게 했다.

이런 상황에서 진주에서는 1862년 농민항쟁이 일어나 항쟁이 다른 지방으로 확산되는 데 중요한 역할을 했고, 1894년 동학농민전쟁 때도 진주는 경상도 지역 동학군 봉기의 중요 거점 역할을 했다. 1896년 일제의 침탈에 저항하는 의병투쟁 때도 진주는 중요한 거점이 되고 있었고, 1907년 군대해산 이후에도 지리산을 거점으로 항거 활동이 있었다.

그러나 시간이 흐르면서 사회 변화에 따라 대중 인식도 변화하고 게다가 일제의 통제가 점차 강화되면서 보수 유림의 입지는 약화되어갔다. 이런 상황 속에서 일부 유림은 개화를 어느 정도 받아들이는 입장으로 변하고 있었다. 이들은 일제의 침략이 노골화되는 가운데 계몽운동을 주도해 우리 사회의 자강력을 키우려 노력하고 있었다.

진주에서도 이런 계몽운동은 진행되고 있었다. 1905년 8월에는 진명학교 설립 운동이 전개되었고, 12월 초에는 동아개진교육회 진주지회가 결성되어 일제에 저항하는 움직임도 있었다. 1907년에는 진주에서도 국채보상운동이 전개되었고, 1908년에는 대한협회 지회가 결성되어 이를 중심으로 한 계몽운동이 전개되었다. 1909년에는 경남일보가 창간되어 실업 장려와 민지 개발에 관심을 두고 국민계몽에 앞장섰다. 진주에서는 신식교육운동에도 역점이 두어진다. 1909년 이후 사립학교의 설립 운동이 본격화되어 많은 학교가 세워지고 여성교육을 위한 시설도 세워진다. 경남 서부지역에서는 신식교육에 대한 보수 유림의 거부 현상이 심해 신식학교 설립 · 운영이 부진하기는 했지만, 이런 운동의 영향은 상당했다.

이처럼 1905년 이후 사회가 급속하게 변화하고 일본의 침략이 노골화되는 과정에서 개명 유림이 계몽운동을 주도해가기 시작하고, 또 이런 운동에 일반 서민, 즉 상인, 예수교도, 기생, 부녀, 아동도 참여하면서 계몽운동의 기반이 넓어져가고 있었다. 이 중 특히 보부상을 비롯한 상인층의 참여가 주목되며, 외지 출신 인사들의 활동도 주목된다.

일부 가문에서는 계몽운동을 주도하는 인물이 많이 나온다. 가문 내에서도 수구적 입장과 문명개화적 입장의 인물이 다양하게 존재하면서 상호 간의 갈등도 존재했다. 그러나 입장의 차이에도 불구하고 서로 긴밀하게 교유하고 서로 영향을 주면서 개명적 지식인은 더 늘어났을 것이다. 각 인물의 입장에서도 사회의 변화 속에 보수적인 입장에서 점차 개명적인 입장으로 변화해가는 모습이 보인다. 또 상당수의 개명적 인사들은 민족적인 입장을 견지하면서도 일제의 압박이 거세지는 상황 속에서 일제에 어느 정도 협조하는 모습을 보이기도 했다. 이런 역사적 배경하에서 진주 3 · 1운동에 참여하는 각 집단의 역할과 입장은 다양하게 나타난다.

보수 유림들이 무기력화되어가는 중에 1919년 고종이 서거한 것을 계기로 전국적으로 3 · 1만세운동이 전개된다. 그러나 경남지역의 보수 유림은 이 운동에 참여하는 대신 파리장서운동을 전개하고 있었다. 진주지역의 일부 유림도 서명에 참여했다.

1894년 동학농민운동이 좌절된 이후 위기를 맞았던 동학 세력은 이후 손병희에 의해 재건되는 모습을 보이지만, 1905년 천도교로 개칭된 이후 일진회와 대립하고 시천교가 분립해나가면서 진통을 겪게 된다. 진주에서도 동학을 주도했던 주요 지도자들이 시천교를 주도하면서 천도교 세력은 크게 위축되고 신도 수는 영세할 수밖에 없었다. 진주 및 인근 군 단위 3 · 1만세운동에서 천도교의 비중이 크지 않았던 것은 이 때문일 것으로 보인다.

한국 불교계에서는 친일 불교종단에 대항해 일부 승려들이 임제종을 설립하고 구국운동을 전개했지만, 임제종은 일제 탄압에 의해 폐쇄되었다. 일제는 강제병합 이후 사찰령과 그 시행규칙을 포고하여 한국불교를 식민지 체제 내에 흡수했다. 이에 대한 한국불교계의 저항도 전개되었지만, 불교 전체에 대한 영향력은 크지 못했다. 이런 상황은 3 · 1운동 때도 드러난다. 진주의 3 · 1운동에서도 불교계에서 이를 주도한 인사들을 찾기는 어렵다.

통감부 시기부터 일제는 기독교 세력의 친일화 유도책을 추진했다. 일제의 기독교 통제는 1908년의 사립학교령, 1911년의 사립학교규칙, 그리고 1915년의 개정사립학교규칙, 포교규칙 공포를 통해 점점 강화되었다. 이로 인해 기독교 세력의 반발이 커질 수밖에 없었다. 그런데 일제의 이런 규제정책이 나오자, 이 문제에 대한 천주교와 개신교의 입장은 갈리고 있었다. 정교분리의 선교정책을 견지하던 천주교의 지도자들은 을사늑약을 전후해서는 아예 독립운동을 반대하는 입장으로 돌아섰고, 강제병합 이후에도 신자들에게 일제의 지배에 순종할 것을 권했다. 3 · 1운동 당시에도 마찬가지로 천주교 신자들이 독립운동에 참여하는 것을 금했다. 이것이 진주에도 영향을 미쳤던 것 같다.

반면에 예수교는 달랐다. 일제의 통제정책에 대해 예수교 선교사들의 반발이 컸다. 이런 여러 가지 규제로 인해 조선총독부와 대립하던 개신교 교단은 한국인의 민족적 입장의 활동을 방임하거나 암암리에 동조할 가능성도 커졌다. 진주에 개신교를 전파한 호주의 장로교회 선교사들은 의료 활동과 선교 · 교육활동에 관심을 쏟았다. 이런 개신교의 활동은 교육 기회의 확대, 평등사상의 전파, 주민의 사회참여 등 여러 측면에서 진주의 새로운 변화에 기여했다. 일제 당국이 "소요의 도화선이 호주 장로파 기독교도의 사주에 의했다"라고 단정할 정도로 개신교는 진주에서의 3 · 1운동에도 영향을 미치게 된다.

이처럼 진주지역에서는 저항적 성격의 전통이 이어져오면서 기존 문화를 지키려는 보수적 입장이든, 새로운 사회를 지향하는 개명적 입장이든 일제의 침략에 저항적인 모습을 보이고 있었다. 게다가 진주는 도청 소재지로서 개명적 인물들이 활동할 수 있는 공간이 확대되어 있었다. 새로운 사회 변화가 진행되는 가운데 진주사회에서 전개되는 여러 저항운동, 계몽운동에 참여하면서 상인 · 농민 · 여성 등 일반 민중이 자신의 민족적 · 계층적 입지를 터득해가고 있었다. 이런 경험은 이후 3 · 1운동이나 1920년대 이후 전개되는 여러 민중운동의 바탕이 되었다.

참고문헌

1. 자료

『慶尙右兵營關牒』. 『統制營啓錄』. 『甲午軍功錄』. 『東學亂記錄』.

『關東倡義錄』(한국사료총서 제30집).

『대한자강회 월보』. 『개벽』.

『東學道宗繹史』.『侍天敎宗繹史』(이상 동학농민혁명사료총서 29권).

『東學史』(초고본). 『東學史』(이상 동학농민혁명사료총서 1권).

『四廛靑衿錄』(진주국립박물관 소장).

『承政院日記』. 『高宗實錄』.

『晉陽續誌』. 『柏谷誌』.

『天道敎創建史』. 『天道敎書』(동학농민혁명사료총서 28권).

『統監府文書』. 『駐韓日本公使館記錄』. 『昌原港報牒』. 『朝鮮總督府官報』.

『皇城新聞』. 『大韓每日申報』. 『慶南日報』. 『每日申報』. 『東亞日報』. 『時代日報』.

국가보훈처, 『독립운동사자료집』 6, 삼일운동사자료집, 1973.

盧應奎, 『愼菴遺稿』. 鄭漢鎔, 『直齋遺稿』. 郭鍾錫, 『俛宇集』.

渡邊彰, 『天道敎と侍天敎』, 大阪屋號書店, 1919.

勝田伊助, 『晉州大觀』, (晉州大觀社, 1940). 京城出判協會, 『朝鮮紳士寶鑑』(1912).

李陸, 『靑坡集』. 金馹孫, 『濯纓集』. 申箕善, 『陽園遺集』.

張志淵, 『韋庵文稿』. 權道溶, 『秋帆文苑原集』. 權雲煥, 『明湖集』.

鄭誾敎, 『竹醒集』. 鄭準敎, 『晩山遺稿』. 鄭珪錫, 『誠齋集』.

趙性家, 『月皐日記』. 田相武, 『赤猿日記』. 黃玹, 『梅泉野錄』.

2. 저서와 일반논문

국사편찬위원회, 『한민족독립운동사』 3, 3 · 1운동, 1988.

금장태, 「유교」, 『한민족독립운동사』 2, 국권수호운동 II, 국사편찬위원회, 1987.

김숙경, 「경남지방의 천주교 전파와 초기 교회 형성과정: 1785년에서 1911년까지」, 경상대학교 교육대학원 석사학위논문, 2002.

김준형, 「진주 주변에서의 왜적방어와 의병 활동: 제1차 진주성 전투 이전」, 『경남문화연구』 17, 경상대학교 경남문화연구소, 1995.

______, 「경상남도의 역사적 배경」, 『慶尙南道의 鄕土文化』 上, 한국정신문화연구원, 1999.

______, 『1862년 진주농민항쟁』, 지식산업사, 2001.

______, 「진주 인근에서의 동학군 봉기」, 『진주농민운동의 역사적 조명』, 역사비평사, 2003.

______, 「조선후기 진주지역 司馬所의 연혁과 성격」, 『南冥學硏究』 22, 경상대학교 남명학연구소, 2006.

______, 「盧應奎의 의병 활동과 사상적 특성」, 『南冥學研究』 24, 경상대학교 남명학연구소, 2007.
______, 「조선시대 지리산에 대한 다양한 인식과 이용」, 『南冥學研究』 29, 경상대학교 남명학연구소, 2010.
______, 「조선시대 지리산을 중심으로 한 저항운동」, 『南冥學研究』 31, 경상대학교 남명학연구소, 2011.
김중섭, 『사회운동의 시대: 일제침략기 지역 공동체의 역사 사회학』, 북코리아, 2012.
김창수, 「불교」, 『한민족독립운동사』 2, 국권수호운동Ⅱ, 국사편찬위원회, 1987.
김희주, 「일제하 진주지역 天道教의 문화운동」, 『東國史學』 55, 동국사학회, 2013.
______, 「대한협회 진주지회의 결성과 활동」, 『역사와 교육』 21, 동국대학교 역사교과서연구소, 2015.
서동일, 「파리長書運動의 기원과 在京儒林」, 『한국독립운동사연구』 30, 독립기념관 한국독립운동사연구소, 2008.
______, 「파리장서운동의 전개와 영남지역의 숨은 협력자들」, 『大東文化研究』 89, 성균관대학교, 2015.
손정목, 『韓國地方制度 · 自治史研究(上): 甲午更張~日帝强占期』, 一志社, 1992.
심인경, 「1905~1912년 경남 서부지역 사립학교 설립과 운영」, 경상대학교 사학과 석사학위논문, 2008.
심혜영 · 김준형, 「진주강역과 하부조직의 시기별 변화」, 『南冥學研究』 39, 경상대학교 남명학연구소, 2013.
윤선자, 『일제의 종교정책과 천주교회』, 경인문화사, 2001.
이문원, 「서당의 민족교육」, 『한민족독립운동사』 2, 국권수호운동Ⅱ, 국사편찬위원회, 1987.
이수건, 「南冥學派 義兵活動의 歷史的 意義」, 『南冥學研究』 2, 경상대학교 남명학연구소, 1992.
______, 『嶺南學派의 形成과 展開』, 一潮閣, 1995.
이윤상, 『3 · 1운동의 배경과 독립선언』, 한국독립운동사편찬위원회 · 독립기념관한국독립운동사연구소, 2009.
조재곤, 「대한제국말기(1904~1910) 褓負商 단체의 동향」, 『北岳史論』 5, 국민대학교 북악사학회, 1998.
지승종, 『진주성전투』, 문화고을, 2011.
천주교 마산교구 문산성당, 『문산성당 100년사(1905~2005)』, 2006.
최기영, 「舊韓末 '慶南日報'에 관한 一考察」, 『言論文化研究』 6, 西江大學校 言論文化研究所, 1985.
추경화, 『晉州抗日運動史』, 晉州文化院, 2008.
홍순권, 「한말 경남 서부지역의 의병활동」, 『지역사회연구』 5, 한국지역사회학회, 1996.

Ⅱ

진주지역 3·1운동의 전개 과정

—

조헌국

1. 들어가는 말

나라를 잃은 지 10년째가 되는 1919년(기미년) 3월 1일 서울 등지에서 시작된 만세 시위는 전국으로 퍼져 그 후 몇 달 동안 계속되었다. 각 지방마다 시작과 주도자들은 달라도 국권 회복의 의지는 강렬했다. 우리 고장 진주는 그 가운데서도 각계각층의 많은 인원이 참여한 시위로서 그 의의를 되새겨볼 필요가 있다.

'3 · 1운동'이라는 용어는 서울에서 시작한 날을 가지고 붙인 이름이다. 지역마다 만세 시위가 일어난 날짜가 다르므로 '기미만세의거'라고 가치를 매겨 부르면 좋겠다고 생각한다. 이 글 본문에서는 '진주만세시위'라는 용어를 사용했다.

진주만세시위 관련 역사 자료들이 차이가 많아 그것을 비교하여 살펴보았다. 과거의 역사적 사실을 후세의 연구자들이 접근할 때 근거로 활용하는 자료는 첫째, 사실과 시간적으로 가장 가까운 시기의 역사 기록, 특히 사건 당사자가 작성한 기록, 당사자의 수기나 회고록 혹은 인터뷰 자료가 있고 다음으로 후세에 펴낸 연구서와 후손들의 증언이라고 볼 수 있다. 그러나 사건 당사자들의 증언도 서로 다른 경우가 있으며 후손들의 증언이나 기록도 신빙성에 문제가 있어 역사 자료에 대한 비교와 검토, 정리가 필요했다.

진주만세시위와 관련하여 필자가 참고한 자료를 연대순으로 보면 다음과 같으며, 그 기록 내용은 이 글의 끝부분에 소개했다.

〈자료 1〉 조선헌병대사령부(1919), 『조선소요사건상황(朝鮮騷擾事件狀況)』(극동연구소출판회) 108쪽, 169-171쪽, 317-318쪽. 경상남도 진주군(본문 日文 번역)

〈자료 2〉 박은식(2008), 『한국독립운동지혈사(韓國獨立運動之血史)』(소명출판) 하편, 206-209쪽. 제8장 의주, 평양, 진주의 운동상황

〈자료 3〉 경상남도경찰부(1936), 『고등경찰관계적록(高等警察關係摘錄)』(천정인쇄소) 10-11쪽(본문 日文 번역)

〈자료 4〉 이기주(1959), 『경상남도지(慶尙南道誌)』 상권(청구출판사), 799-802쪽. 제2편 제5장 민족수난과 항쟁기의 경남 제3절 진주의 기미독립운동

〈자료 5〉 이병헌(1959), 『3 · 1운동비사(三一運動秘史)』(시사시보사), 935-936쪽. 각 지방 의거사건 경상남도 편 진주

〈자료 6〉 김승학(1970), 『한국독립사(韓國獨立史)』(독립문화사), 184쪽. 제1편 국내운동; 제6장 3 · 1운동; 제7절 각 지방 만세 시위 운동 제4항 진주의 운동실황

〈자료 7〉 변지섭(1966), 『경남독립운동소사(慶南獨立運動小史)』 상(삼협인쇄사), 24-28쪽. 제1부 경남 각처의 의거록 진주읍 의거

〈자료 8〉 이용락(1994), 『3 · 1운동실록(三一運動實錄)』(도서출판 금정), 648-652쪽. 제3 13도지방 편, 6 경상남도 편 (17) 진주시의거

〈자료 9〉 이은상(1972), 『독립운동사(獨立運動史)』(독립운동사 번각발행처), 제3권 3 · 1운동사(하), 289-294쪽. 제7편 경상남북도의 운동 제4장 경남서부지방 제1절 진주군(지금의 진양군) 1 진주읍

〈자료 10〉 3 · 1동지회(1979), 『부산경남3 · 1운동사』(태화출판사), 421-427쪽. 진주진양지방 편 제3절 진주시의 의거

〈자료 11〉 한규상(1980), 『나의 조국 나의 교회』[고 근산 한규상 선생 회고록(故槿山 韓圭相 先生 回顧錄)](보이스사), 52-61쪽. 제1부 회고록 3 3 · 1운동 진주3 · 1운동거사

〈자료 12〉 진주시(1994), 『진주시사(晋州市史) 상』(동아인쇄출판사), 901쪽. 제4절 민족운동 1. 3 · 1운동

〈자료 13〉 추경화(2008), 『진주항일운동사(晋州抗日運動史)』(유승인쇄출판), 60-63쪽. 제1편 진주항일운동사 제5절 진주항일투사들 2 본론 2-2 3 · 1운동

이외에도 기록이 있지만 진주만세시위에 대해 다룬 자료 가운데서 기본이 될 수 있는 것을 선별했다. 참고한 자료들에 대해 설명하면 〈자료 1〉 『조선소요사건상황』은 조선헌병대사령부가 작성한 자료로, 진주만세시위에 대한 기록 중 가장 먼저 나온 것으로 1919년 6월 헌병대장 · 경무부장 연석회의에서 보고한 내용이다. 전국 13도의 시위 상황을 시위 날짜와 인원, 수단, 방법 등을 소개하고 각 종교와 관련하여 보고하는 내용도 있으며 각 종교의 동향과 역할을 다루고 있다.

〈자료 2〉 『한국독립운동지혈사』는 1920년과 1946년, 2008년 여러 차례 재발간되었는데, 진주의거는 간략하게 서술되면서 진주 시위 날짜가 3월 25일로 되어 있고 뒤에는 22일과 23일, 24일 시위가 소개되고 있어 실제 진주 시위 날짜인 3월 18일과 다르게 되어 있다. 시위 횟수, 사망자 등이 많이 부풀려 있다.

〈자료 3〉 『고등경찰관계적록』은 일본 경찰이 1919년 사건을 1936년 발행한 것으로 〈자료 1〉과 〈자료 3〉 두 자료는 사건 당국자 일본 측의 기록이며 시기적으로 사건 발생과 가깝다. 그러나 둘 다 전국을 다루어서 진주 내용은 간략하다. 1936년 발간된 『고등경찰관계적록』은 경상남도경찰부에서 15년간의 주요 독립운동 사례를 연도별로 기록한 것인데, 1919년 당대에 쓴 기록도 있을 것이고 이를 바탕으로 1936년 다시 써서 책을 낼 수도 있어 몇 가지 오류가 발견되기는 했지만, 일제 당국의 기록으로 축소했을

가능성이 있으나 신빙성이 높다.

〈자료 4〉『경상남도지』는 광복 후 가장 먼저 경상남도에서 3 · 1운동에 대해 조사한 책이며, 집필자 이기주는 독립운동가로서 집필 시 시위 당사자 인터뷰도 많이 했을 것으로 예상되므로 신빙성이 높다고 하겠다. 국가기관에서 처음으로 정리한 내용으로 방대한 분량이나 진주 부분은 적게 나온다.

〈자료 5〉『3 · 1운동비사』는 함태영, 이갑성, 이규갑의 서문이 있고 33인 공판 때까지의 사실을 33인 취조서와 각 지방 의거사건을 중심으로 정리했다. 진주 시위 시작 날짜가 3월 11일로 나오고, 천도교인과 야소교인의 참여로 시작된 것으로 말하며, 당시 사천행 자동차를 정지시킨 색다른 사건이 소개되고 있다.

〈자료 6〉『한국독립사』는 박정희, 윤보선, 이주일, 이범석, 조경한의 휘호와 애국지사 존영, 각종 귀한 사진 화보를 수록하고 저명인사들의 추천사도 있으며 국내 운동과 임시정부, 해외 운동, 일본의 패망과 한국독립을 주요 내용으로 하고 있다. 이 책은 김승학이 1965년 편저한 것을 1970년 김국보가 증보 편집했는데, 내용에는 적측 발표에 의한 자료라고 하면서 만세운동 진행일람표를 날짜별로 정리해두었다. 진주 시위 날짜는 처음이 3월 10일, 그다음이 3월 18일, 19일, 20일, 21일, 24일로 나오므로 3월 10일을 시작일로 보는 것은 다른 자료와 차이가 있다.

〈자료 7〉『경남독립운동소사』는 창원지역 독립운동가 변상태의 아들인 변지섭의 저술로 집필 당시 3 · 1운동 당사자 가운데 생존하신 분이 많았기에 인터뷰를 했을 것으로 예상하지만, 이 자료 내용 가운데는 이전에 나온 기록과 다르게 기록한 내용이 많아 사실관계 확인을 위해서는 검증이 필요하다고 본다.

〈자료 8〉『3 · 1운동 실록』은 독립운동가 후손인 이용락의 저술로, 진주에 관한 기록은 〈자료 7〉『경남독립운동소사』와 거의 같다. 이용락의 3 · 1운동 실록은 진주의거 기록 말미에 "진주시 범죄인 명부가 동란에 소실되었다. 이상 사실은 3 · 1동지회장 한규상의 구술"이라고 부기해두었다. 그런데도 이 책의 내용은 〈자료 11〉 한규상의 자서전 내용과는 많이 다르다.

〈자료 9〉『독립운동사』 제3권 3 · 1운동사는 독립운동사 편찬위원회에서 발간했는데, 앞서 나온 〈자료 7〉『경남독립운동소사』의 진주의거 기록과 분량과 내용이 거의 대동소이하다.

〈자료 10〉『부산경남3 · 1운동사』는 참고자료도 〈자료 7〉『경남독립운동소사』 기록과 대동소이하며『고등경찰관계적록』을 소개해두었다. 애국지사 이름과 역할이 많이 소개되고 있다. 일본 순사였던 정용길의 참가와 활동을 소개하고 있다.

〈자료 8, 9, 10〉은 〈자료 7〉의 내용을 그대로 옮겨온 듯하다. 1961년 5 · 16 군사정변 이후에 발행한 자료에는 국가에서 애국심 고취를 위해 철저한 검증보다는 기존에 나와 있는 것들을 집대성하여 책을 발행했으므로 한 번 그릇되게 조사되고 서술된 내용이 그대로 반복되고 베껴 쓰는 경우가 많았다.

〈자료 11〉『나의 조국 나의 교회』는 1919년 진주독립만세의거에 직접 참여하여 재판을 통해 수감되기도 했던 한규상의 회고록으로, 그는 진주교회 교인이었고 광복 후에는 진주3 · 1동지회장으로 삼일절 기념식에서 독립선언문을 낭독했다. 진주만세의거로 훈포장을 받은 당사자의 기록으로 사후에 막내딸이 출판하여 남겼는데, 당시 상황을 비교적 소상히 서술하고 있다. 부인 박덕실도 독립운동 유공자로서 대통령 표창을 받았다.

〈자료 12〉『진주시사』는 일본 헌병사령부의 〈자료 1〉『조선소요사건

상황』과 〈자료 3〉『고등경찰관계적록』 등 일본 측 기록을 그대로 번역하여 실었다. 진주시가 발간한 책에서 일본 자료만 번역하여 소개하고 진주에서 일어난 시위 내용을 조사해두지 못한 것이 못내 아쉽다. 지금이라도 진주만세시위에 대해 진주시가 정리해둘 필요가 있다.

〈자료 13〉『진주항일운동사』는 진주의 향토 사학자이며 그동안 독립유공자를 발굴하여 포상을 받도록 한 추경화가 편저하여 진주문화원에서 발간한 책이다. 제1편에서는 종래의 진주지방 항일운동 관계 자료를 정리하고 정부 포상이 추서된 항일투사 56인과 정부 미포상 항일투사 156인의 기록을 정리한 자료로 종래 기록의 신빙성을 검토했다. 제2편에서는 각 인물별 출신지와 생몰 연월일, 공적 요점, 정부 포상, 활동 상황, 참고문헌 등을 수록했는데, 중복된 내용도 많고 앞뒤 차이도 조금 보인다. 제3편에서는 각 인물의 활동상과 참고자료를 소개하고 있다.

2. 본문

1) 진주만세시위의 주동자와 그 역할

먼저 소개된 자료들을 살펴보면 〈자료 1〉에는 사건만 소개하고 진주에 있던 호주선교회 선교사들과 배돈병원 의사, 간호사와 진주교회 교인들의 참여를 밝히고 있다. 〈자료 2〉와 〈자료 4〉에는 이강우가 독립선언서를 낭독했다고 한 것과 진주 만세 주모자 재판일 시위에서 일경의 총탄에 죽은 이육석 등 두 사람만 이름이 나온다. 〈자료 3〉『고등경찰관계적록』의 일본 기록에는 배일사상 소지자 박진환, 이강우, 강대창, 강상호, 박용근 등을 수모자로 적어두고 3월 18일 시위 상황만 간략하게 소개했는데, 〈자료 11〉『진주시사』는 〈자료 1, 3〉의 일본 자료를 번역 수록하고 있다. 〈자료 5〉에서는 3월 11일 오후 2시 처음으로 천도교인과 야소교인이 독립선언서와 태극기를 준비하여 시위를 시작했다고 했고, 〈자료 6〉에서는 3월 22일 예수교 청년단과 농민독립대가 활동했다고 했다. 이 자료에도 이강우가 독립선언서 낭독자로 소개되고 있다.

〈자료 7, 8, 9, 10〉은 내용이 비슷한데, 가장 먼저 발간된 〈자료 7〉에는 이강우, 김재화, 권채근, 강달영, 박진환 등 5인이 김재화 집에서 밀회를 거듭하고 광림학교 악대원 졸업생 천명옥, 박성오, 김영조, 이영규 등 4인을 청하여 거사 행렬 선두에서 주악케 하고, 기독교회는 김영조가 담당하고 각 사회단체는 김재화, 강달영, 박진환이 교섭을 담당키로 했다. 3월 18일 김영조가 교회에 타종하러 갔는데 종이 없음을 알고 이영규에게 알려 비봉산에서 나팔을 불어 시위 시작의 신호로 삼았다고 했다. 이강우가 군중 앞에서 독립선언서를 낭독하고 시위를 주도했고, 3월 21일 진주교회의 광림학교 학생 강민호, 김경택 등이 거사를 계획하다가 발각되어 검거되었다. 3월 25일 일본 헌병의 총격에 이육식이 즉사하고, 강목순이 중상을 입었고, 수형 복역자 명단과 기간 수감감옥이 나열되어 있다.

김재화, 권채근, 강달영, 정준교, 박진환 2년 6개월, 심두섭, 이강우, 홍수원 2년, 장덕익, 정몽석, 최응림, 한규상 1년, 이영규, 김재홍, 정성오, 강상호, 박성오, 천명옥, 김영조, 김인회, 김태동 6개월로 이상은 대구감옥 수감자이고 강민호 1년, 김경택 8개월 진주감옥 수감자이며, 권채근은 복역 중 고문의 여독으로 옥사하고 김재화는 병보석되어 귀가하여 사망했다는 등 전체적인 내용을 상당히 극적으로 기록하고 있다. 이 책이 진주만세

시위를 비교적 상세히 다루었으므로 이후에 나온 책들이 거의 베껴 쓰고 있는 것이 많았다. 그러나 3월 21일 학생 거사 계획은 그해 사건이 아닌 것을 착오로 소개했고, 시위 시작을 나팔을 불어 알렸다고 소개하여 혼란을 일으켰다.

〈자료 8〉에서는 서울로 상경한 사람이 김재화, 심두섭, 조응래, 박대업이고 김재화 집에서 앞의 자료 5인 이외에 심두섭, 조응래, 박대업이 참여했다. 그 외 줄거리는 같은데, 수형자 명단은 8명이 추가되고 형량과 수감 장소도 다른 곳이 있고 2명은 성명이 틀리다. 추가된 8명은 박용근, 정용길, 각 2년, 대구감옥, 구여순 2년, 김길수 1년 6개월, 박재수 1년, 전창근, 강용수, 장지연 6개월로 이상은 진주감옥이다. 이 기록 뒤에 진주 범죄인 명부가 동란 중 소실되었는데, 한규상의 구술에 의한 것이라고 소개했지만 진주 시위자가 아닌 사람도 소개되고 있다.

〈자료 9〉에서는 사전 모의자를 〈자료 7〉에 나오는 5인 외에 박용근, 강상호가 참가했고, 수형자는 김재화, 권채근, 강달영, 정준교, 박진환, 심두섭, 이강우, 박용근 등이 2~3년 형을 받았다고 하고, 경남유림대회를 준비하다가 발각되어 박재룡, 강대익, 김형권, 권도용, 박재수 등이 대구에서 1~2년 형을 받았다고 했다.

〈자료 10〉에서는 1919년 2월 말 김재화, 정용길, 심두섭, 조응래, 박대업 등 고종 인산에 참예키 위해 상경했다가 3월 1일 독립만세를 보고 귀향하여 김재화 집에서 김재화, 이강우, 권채근, 강달영, 박진환, 심두섭, 조응래, 박대업 등이 준비, 3월 10일 독립선언서와 격문을 만들어 각 면에 배부, 3월 18일을 거사일로 결정하고 광림학교 악대원 졸업생 천명옥, 박성오, 김영조, 이영규 등 4인이 시위군중 선두에서 주악을 맡도록 하고, 군중동원 교섭위원 기독교회 측은 김영조, 각 사회단체는 김재화, 강달영, 박진환 등이 담당하여 당일 11시경 교회 종소리를 신호로 제1구 옥봉동, 제2구 재판소, 제3구 장터 3개소에서 봉기하기로 정했다. 3월 16일 밤 정용길(당시 진주경찰서 순사) 집에서 태극기를 만들고 박진환, 정준교, 심두섭 등은 만경대에서 선전문 3천여 장을 등사, 당일 김영조가 진주교회로 가니 종이 이미 철거되고 없어 비봉산정에서 정오에 이영규가 나팔을 불어 신호를 보내고 장터에서 주동자 정용길, 강달영, 정준교 등이 독립선언서를 낭독한 것으로 소개되고 정용길은 당시 진주경찰서 순사부장으로 참여하여 크게 활동했다고 했다.

그리고 31명 수형자의 형량과 주소, 수감 감옥 등이 소개되고 있는데 구여순, 박재수, 강용수, 장두관, 김길수, 장지연, 최학림 등 당시 진주만세시위와 다른 시기와 장소에서 활동한 인사도 섞여 기록된 부분이 있다.

진주만세시위에 참여한 한규상의 회고록인 〈자료 11〉에는 수형자 22명 명단이 나오는데, 〈자료 7〉에는 대구감옥 수감자 가운데 홍수원, 강상호, 김인회가 빠지고 강주한과 전인철이 추가되었는데, 그 가운데 17명은 체포 · 처형된 동지이고 5명 최응림, 정성오, 전인철, 김영조, 김태동은 주모자 22명 가운데 이름만 들어 있다.

진주만세시위에 대한 기록이 자료마다 차이가 커서 정확한 사실을 가려내기 어려운 점이 있다. 고종의 인산에 참배하기 위해 서울에 갔다가 3월 1일 서울의 만세시위를 보고 독립선언서 등을 구해가지고 진주에 온 사람과 진주에서도 만세시위를 하기로 하고 사전에 모의한 사람이 중심인물로서 그들이 맡은 역할 등의 자료들을 살펴볼 때 다음 〈표 4〉와 같이 3월 18일 이후 4일간 계속된 진주만세시위와 관련되어 재판을 받은 24명이고, 그 외 인물들은 다른 지역이거나 시기가 다른 경우다.

당시 『매일신보』와 대구복심법원 재판기록에 의하면 1심 재판에 회부되어 구형을 받은 사람이 20명이고, 1919년 4월 23일 1심 언도를 받은 사람이 24명이며, 1919년 6월 17일 대구 복심재판에서는 16명이 판결을 받았다. 이것은 일부가 항소를 포기했기 때문으로 보인다. 복심재판 결과와 같거나 1심보다 가중한 언도도 있어 불복하여 상고했으나, 1919년 9월 6일 고등법원 형사부에서 모두 기각되어 형량을 보면 평화적인 시위에 대해 가혹한 처벌이 내려졌다.

〈표 4〉 진주지역 3 · 1만세운동 관련 재판회부자(가나다 순)

이름	출생 연도	직업	1심 구형	1심 언도 (1919. 4. 22)	2심 언도 (1919. 6. 17)	출신지와 학력 및 3 · 1운동 이후 참여단체	훈 · 포장
강달영	1886	대서인	3년	2년 6월	3년	조선일보 지국장, 청년회, 조선공산당 책임비서, 노동공제회, 자작회	애족장
강상호	1887	농업	1년	1년		진주농업학교 졸업, 동아일보 지국장, 형평사, 신간회, 노동공제회	대통령 표창
강주한	1887	미곡상	2년	2년	무죄	청년회, 번영회	
권채근	1889	광산업	2년	1년 6월	1년 6월	복역 중 장독으로 옥사	애국장
김영조	1899		6월	6월		고성 출신, 광림학교 출신	건국포장
김재화	1892	농업	3년	2년 6월	3년	출옥 후 장독으로 병사	애국장
김태동	1896	교사	1년	6월		경북 영덕 출신, 대구계성학교 졸업, 광림학교 교사	대통령 표창
김재홍	1886	농업	1년6월	6월	6월	조선일보 지국장, 노동공제회, 조선공산당, 천주교청년회, 동인회	대통령 표창
박성오	1896	잡화상	1년	6월	6월	남해 출신, 광림학교 출신, 조선일보 진주 기자	
박용근	1884	잡화상	3년	2년	2년	봉양학교 출신	애족장

이름	출생 연도	직업	1심 구형	1심 언도 (1919. 4. 22)	2심 언도 (1919. 6. 17)	출신지와 학력 및 3 · 1운동 이후 참여단체	훈 · 포장
박진환	1886	잡화상	3년	2년 6월	3년	봉양학교 출신, 의병장, 청년회, 신간회, 노동공제회, 번영회, 농민연맹	애국장
심두섭	1894	미곡상	3년	2년 6월	3년	부산 출신, 부산상업학교 졸업, 기독청년회,노동공제회, 저축계, 금주단연회	애족장
이강우	1890	잡화상	2년	1년 6월	1년 6월	봉양학교 출신, 일본 대학 유학, 청년회, 제헌국회 의원, 납북	애족장
이영규	1896	농업		6월	6월	광림학교 출신	
장덕익	1891	농업		1년	1년	사천 출신, 광림학교 출신	애족장
전인회	1897			6월		보성학교 졸업, 전 순사	대통령 표창
정몽석	1896	광산업	1년	1년	1년	하동 출신, 봉양학교 출신	애족장
정봉근			2년	3년 집행유예			
정성호	1898		1년 6월	6월		광림학교 출신, 청년회, 보천교소년회	
정용길	1887	농업	2년 6월	1년 6월	1년 6월	현직 순사	애족장
정준교	1878	광산업	3년	2년 6월	3년	동아일보 지국장, 자작회, 노동공제회	애족장
천명옥	1895	농업	6월	6월		광림학교 출신, 유치원 경영	
최웅림	1895		3년	1년		산청 출신, 봉양학교 출신	
한규상	1898	교사	3년	1년	1년	광림학교 출신, 서울보성학교 졸업, 선교사 어학 선생, 기독청년회, 진명학원 운영, 복음병원 원장	애족장

김중섭(2012), 『사회운동의 시대』, 57-58쪽 참고

진주만세시위의 주요 인물은 재판 회부자 가운데 강달영, 김재화, 박진환, 심두섭, 정준교 등 1심에서는 2년 6개월 형을 언도 받았으나 대구 복심재판에서 3년 형으로 형량이 늘어난 5명을 진주만세시위의 지도자로 볼 수 있다. 그 가운데 김재화, 심두섭 등 4~5인이 서울에 갔다와서 경찰의 경계를 피하기 위해 집현면에 있는 김재화의 집 등에서 모여 시위를 계획하고 역할을 나누어 맡았다.

재판에 회부된 사람을 중심으로 보면 연령은 20~30대이고 직업은 상업, 농업, 광산업 등 다양하며 출신 지역도 진주 외에도 부산, 영덕, 고성, 산청, 남해 등 다양하다. 광림학교 출신 등 기독교인이 다수 참여했는데, 당시로서는 외국 선교사들에게 전도를 받아 외국 문물을 접하고 자극을 받았을 것이다.

재판에 회부되어 가장 형을 많이 받은 5명의 활동을 알아본다.

김재화(1892.7.7~1920.4.15)는 고종 인산 때 심두섭과 상경하여 독립선언서 등을 구해와서 집현면 자기 집에서 거사를 모의하고 교유문을 작성하여 시위 때 배포하는 등 진주만세시위를 총지휘했다. 시위 첫날 체포되어 1919년 6월 17일 대구복심법원에서 3년 형이 확정되어 옥고를 치르다가 일제의 고문에 의해 병으로 형집행정지가 되어 1920년 3월 29일 출옥했으나 17일 만인 4월 15일 순국했다.

박진환(1888.3.2~1940.6.12)은 1907년 정미7조약이 맺어져 군대해산이 있고 나서 각지에 의병이 일어났을 때 전북지방 유종환 의병장 휘하에서 참전하기도 하여 투쟁에 앞장섰다. 1919년 서울에서 돌아와 김재화 등과 비밀 회합에 참여하여 진주거사를 의논하고 시위 때 사용할 교유문과 격문을 망경산에서 등사하여 주도적으로 참여했다. 3년 형을 언도 받고 일제의 통치가 문화정치로 범죄인에 대해 사면 감형이 이루어져 2년 만인 1921년 3월 출옥하여 이후 진주에서 노동공제회, 청년회, 형평운동 등 지역사회운동에 앞장서서 활동했다.

정준교(1880.8.13~1849.8.6)는 의암 손병희 선생 문인으로 들어가 가르침을 받기도 했으며, 진주시위 지도자 가운데 가장 연장자로서 진주만세시위를 전개키로 결의하고 거사 전인 3월 16일 박진환, 심두섭과 같이 망경산에서 교유문과 격문을 등사하여 각 지역 책임자에게 비밀리에 전달하고 진주공원에서 시위를 주도했다. 3년 형을 받고 출옥하고 나서는 강상호의 뒤를 이어 동아일보 지국장을 하고 노동공제회와 소작조합, 사상단체인 동우회에서 책임사원으로 활동했다.

심두섭(1894.10.24~1975.5.30)은 부산에서 호주 선교사의 어학선생으로 지내다가 기독교를 믿고 1894년 최초로 세례를 받고 그해에 돌아간 심상현의 유복자로 태어나 1895년 최초로 유아세례를 받았다. 그때 조부모와 숙부, 어머니도 세례를 같이 받았다. 그의 숙부 심취명(심상호에서 개명)은 1903년 장로가 되고 평양신학을 마치고 1909년 목사가 되었다. 이 지방 최초의 장로이자 목사다.

1912년 부산공립상업학교를 졸업(제1회)하고 사업을 위해 진주에 와서 미곡상을 하며 사회운동을 하던 중 1919년 2월 김재화 등과 서울의 고종 장례 참배차 갔다가 3 · 1만세운동을 보고 독립선언서 등을 구해와서 진주의 만세운동을 사전 계획하고 주도하여 3년의 옥고를 치렀다. 출옥 후 진주에서 기독청년회를 창립하여 진주교회에서 음악회를 개최하고 1922년 제

2대 회장을 맡았고 금주단연운동을 전개했으며, 진주소년단을 조직하여 청소년들에게 애국정신을 고취했다. 도청 이전 후 부산으로 가서 부산진교회 장립집사가 되어 기독청년회를 창립하고 신간회 활동을 하며 독립당으로 활동했다. 1932년에는 광주로 이사했고 일본으로 가서 1943년 와세다대학을 졸업했다. 광복 후에는 세계도덕재무장(MRA)운동 대표를 맡기도 했다.

강달영(1888.5.5~1940.6.7)은 소작인 가정에서 태어나 공부하여 대서인을 했으며, 김재화 집에서 진주만세시위를 계획할 때 함께 참여하고 3월 18일 시위를 주도하여 3년 형을 언도 받고 출감 이후에도 전국소작노동자대회를 주최하고 조선노동당 중앙위원회 책임비서를 맡는 등의 활동으로 다시 체포되어 심한 고문을 받고 1928년 경성지법에서 6년 형을 언도 받고 수감되었다. 출옥 후 고문 후유증과 정신병으로 고생하다가 기독교에 귀의하고 52세를 일기로 순국했다.

이 외에도 주요 인사로 강상호, 이강우, 한규상, 김태동, 정용길 등이 있다.

강상호(1887.4.12~1957.12.29)는 진주 정촌면 면장 강재순의 아들로 야학교를 설립하여 운영하다가 재정 문제로 폐교하고 동민들의 기부를 받아 봉양학교를 개교했다. 사회활동으로 1907년 국채보상운동을 위해 국채보상 경남회를 조직하여 활동했다. 진주만세시위에 주도적으로 참여하다가 1년 징역을 언도 받고, 출옥 후에는 동아일보 진주지국장을 했다. 1923년에는 백정의 신분 해방을 위해 진주 사회운동가들과 형평사 발기총회를 하는 등 인권운동가로 더 알려졌다. 그 외에도 진주노동공제회 활동도 하고 경남도청 이전 방지 동맹그룹을 만들어 활동하다가 체포 · 구금되기도 하고 신간회 진주지회를 만들어 애국계몽활동도 했다.

이강우(1890.1.10~미상)는 한성 관립외국어학교를 졸업하고 보성전문을 중퇴한 뒤 니혼대학 법대를 졸업했다. 진주만세시위에 주모자로 참여하여 옥고를 치르고 출감한 다음 고문 후유증으로 자택에서 요양 후 진주고보 설립 기성회에 임원으로 참여하고 경남도청 이전 반대운동을 전개했다. 광복 후에는 사회복지사업을 하다가 진주에서 제헌국회의원에 당선되어 활동했다. 1950년 한국전쟁 중 9월에 납북되었다.

한규상(1898.4.16~1972.9.14)은 광림학교를 졸업하고 서울에 가서 보성학교를 마치고 나서 진주에 와서 선교사의 어학 선생을 하며 진주만세시위에 참여했고, 출옥 후 1920년 시원여학교 교사인 박덕실과 결혼했다. 부인도 혈성단과 애국부인회를 통해 군자금을 모아 보내는 등 활동을 하여 독립유공자로 2018년 8월 대통령 표창을 추서 받았다. 의사가 되어 진주3 · 1동지회 회장을 지냈으며, 병원을 운영하고 부부가 함께 진주교회를 다녔다. 막내딸 한순정 숙명여대 교수가 1980년 부친의 회고록을 출판했다.

김태동(1896.5.1~1982.9.3)은 경북 영덕 출신으로 대구에서 계성중학교(7회)를 졸업하고 진주 광림학교 교사로 와서 근무하다가 진주만세시위에 참여하게 되었다. 이는 교인으로 참여한 심두섭과 한규상과의 친분에서 권유를 받아 학생들을 시위에 참여하기를 권유하고 본인도 참여하게 되었다. 광복 후에는 1965년 대구계성학교 재단이사장을 맡기도 하고, 서울 새문안교회 장로를 역임했다. 부인은 이필주로서 상해임시정부 국무령을 지낸 석주 이상룡 선생의 동생 이상동(1968년 애족장 추서)의 딸로, 처가 집안 역시 독립유공자 집안이었다. 지금까지 광림학교 교사였던 그를 졸업생으로 이름과

생년월일 등이 잘못 알려져 자녀들의 증언과 자료를 통해 바로잡고자 한다.

정용길(1887.2.17~1938.3.17)은 대한제국의 순사를 하다가 경술국치 이후 조선총독부 순사로 근무했으나 일제에 대한 반감과 적개심을 가지고 있다가 진주의 유지 청년들과 교분이 있어 만세 모의에 참여했다. 경찰에 발각되지 않게 정보를 주어 진주만세시위가 발각되지 않고 성공할 수 있었다. 16일 밤 시위 때 사용할 태극기를 자기 집에서 만들었고, 3월 18일에는 사복을 입고 참가했다. 일제는 경찰이 시위를 주도한 것을 수치로 여겨 그의 재판기록에 신분을 경찰이 아닌 농민으로 바꾸어 적었다. 그러나 순사가 시위에 참여했다는 소문이 나서 참가자가 더욱 많이 나오게 되었다. 그는 체포되어 모진 고문으로 뇌신경에 이상이 생겨 출옥 후 치료에 힘썼으나 회복하지 못하고 50세에 병사했다.

진주만세시위 주모자 재판에서 4월 18일 재판을 마치고 호송할 때 군중이 시위하여 일본군의 총에 맞아 사망한 사건이 있었다. 사망한 사람 이름과 날짜가 제각각인데 〈자료 2〉에서는 이육석(李陸錫), 그 외에는 이육식(李陸植), 〈자료 8〉에서는 李六植이다. 순국한 날짜도 〈자료 2, 6〉에서는 3월 24일, 〈자료 7, 8〉에서는 3월 25일, 〈자료 9, 10〉에서는 4월 18일이고, 〈자료 11〉에서는 4월 초다. 다른 자료에서는 대구사람이라고만 했는데, 〈자료 11〉에서는 재봉틀 판매상으로 6발의 총성 뒤에 순국했다고 했다.

예수교 학교 학생의 만세시위 모의가 사전에 발각되어 1919년 3월 21일 잡혀가서 감옥생활을 했다는 두 학생 강민호와 김경택은 1919년 3월 만세시위와 관련된 것이 아니다. 1921년 6월 24일 동아일보와 독립운동사 자료집 제13권 738면을 참고해보면 1921년 3월 '진주소년회'를 조직하여 제2의 3 · 1만세운동 모의를 한 것이다. 강민호의 한자 성명을 〈자료 7, 9〉에서는 姜玟鎬, 〈자료 8〉에서는 姜致鎬, 〈자료 13〉에서는 姜泯鎬로 적고 있다.

2) 진주만세시위 장소와 참가자

〈자료 1〉『조선소요사건상황』의 1919년 6월 헌병대장 · 경무부장 연석회의에서 보고한 것에 의하면 3월 18일 읍내에서 군중 약 4천 명이 시위운동을 개시한 것이 진주에서의 첫 소요이고, 다음날 19일과 20일, 21일에는 진주읍내에서, 22일에는 수곡면 창촌리, 25일과 31일에는 문산면 소문리, 4월 3일에는 반성면 창촌리에서 모두 시위운동이 발생했다. 그중에서 4월 18일 읍내에서의 소요사건은 피고의 공판이 폐정되고 호송해 돌아가는 도중에 피고를 탈환하려고 하자 형세가 급박하여 발포 · 해산시켰다.

진주에서 일어난 소요는 4개 장소에서 총 9회였다.

〈자료 2〉『한국독립운동지혈사』 하편에서는 시위 횟수 17회, 참여 인원 2만 8천 명, 사망 42명, 부상 150명, 투옥 242명이라고 통계표를 작성하여 제시하고 있으나 본문에서는 3월 21일 첫날 시위에서 400여 명이 체포되었고, 22일에는 예수교청년단이 수천 명의 군중을 거느리고 23일 시위, 24일 시위 후에는 30여 명이 투옥되어 징역에 처해졌다고 했는데, 날짜가 정확하지 못하여 신빙성이 낮다.

〈자료 3〉『고등경찰관계적록』에는 3월 18일 약 1만 명의 군중이 군집하여 시위를 벌여 주모자와 관련자 300여 명을 검거 · 진압했다고 했다. 〈자료 1, 3〉은 일본 측 기록으로 축소했을 가능성이 많다.

〈자료 4〉『경상남도지』 상권 본문에서 3월 18일 0시(낮 12시) 교회당 종소리에 회집한 군중이 수천 명에 달했고, 이날 일본 헌병에게 체포된 자가

400여 명이었으며, 그중 학생이 50여 명이나 되었다. 19일 시위에 기생이 참여하여 6명의 희생을 냈고, 20일에는 기독교 청년단이 수천 군중을 영도했으며, 21일에는 소년과 부녀단이 엉키어 전진하여 5, 6명의 희생자를 냈고, 25일에는 종일 수천 명의 독립단이 5, 6대에 분산하여 이육석은 총살되고 30여 명은 체포되어 입옥 · 수형당했다고 한다. 시위 횟수 17회, 참가 인원 2만 8천 명, 사망 42명, 부상 242명, 복역 10여 명이라고 밝히고 있다. 〈자료 2, 4〉는 시위 횟수, 참가 인원, 사망자 수가 같다.

〈자료 5〉 『3 · 1운동비사 I』에서는 3월 11~12일 수천 명의 군중이 모였고, 3월 18일 장날에는 3천 명, 3월 19일 오후에는 1만여 명이 모여 시위하고 18일 86명이 체포되고 19일 학생 50명과 일반인 156명이 검거되었다고 했다.

〈자료 6〉 『한국독립사』에서는 3월 18일 참가 군중 3,500명, 3월 20일 60명, 21일 500명, 체포당한 자는 18일 86명, 19일 기생 6명으로 적측의 발표에 의한 자료라고 도표로 소개하고 있다.

〈자료 7〉 『경남독립운동소사』 상에서는 시위 상황에서 3월 18일에는 숫자가 없고 19일 오후에 1만여 명이 회집하여 기생 주모자 6명이 피체되는 희생이 있었고, 일반시위 군중 300여 명, 그리고 학생 50여 명의 희생을 이루었다고 했는데, 이는 검거된 숫자다. 20일 수천 명, 21일에는 6, 7명의 피체자가 생기고, 25일에는 수천 명의 군중이 집결했다고 했다. 그리고 시위 모의 과정에서 교회의 시위 참가 교섭을 악대부 출신인 김영조가 담당했다고 기록되어 있는데, 당시 만세시위 참여자 가운데는 서울에 다녀온 심두섭, 광림학교 교사인 김태동, 선교사 어학 선생이던 한규상 등이 교회에서의 영향력이 더 있는데 김영조가 교회 교섭을 맡았다는 것은 의문스럽다.

〈자료 8〉 『3 · 1운동실록』은 내용이 〈자료 7〉과 같았다.

〈자료 9〉 『독립운동사』 제3권 '3 · 1운동사(하)'도 〈자료 7〉과 줄거리는 같은데, 3월 18일 재판소 부근에 수천 명의 군중과 학생이 모였다고 하고 오후 4시경에 3만 명으로 늘어나 관련자 약 300명을 검거했고, 3월 19일 오전 11시 읍내에서 약 7천 명(일본군 기록에는 약 5천 명), 오후 3시경에 1만여 명의 군중이 또다시 시위를 전개했으며 기생 6명이 검거되고 이날 약 100명(일본군 기록 64명)의 애국 군중이 검거되었는데 대부분이 학생이었다고 했다. 20일 아침부터 수천 명(일본군 기록에는 약 600명), 21일에는 오후 4시부터 수천 명(일본군 기록에는 약 1천 명)이 참가했고, 4월 18일 오후 5시경 애국인사 압송을 지켜보던 약 3천 명(일본군 기록에는 약 2천 명)이 들고 일어나 애국인사들을 구출하려고 했다고 기록되어 있다. 시간대와 숫자는 일본군 기록까지 적었으나 신빙성이 문제가 된다고 본다.

〈자료 10〉『부산경남3 · 1운동사』에서는 3월 18일 오후 4시경 1만 명이 시위하여 석양에 약 300명 검거되고 7시경 노동독립단, 9시경 걸인독립단이 참가했고, 3월 19일 1만여 명 시위 때 기생독립단이 참가하여 기생 6명과 학생 등 100여 명 체포되었고 20일, 21일에도 계속하고 4월 18일 애국 인사를 나누어 압송하던 중 3천 명 군중이 봉기하여 일본군의 총격에 대구인 이육식이 사망했다. 3월에서 5월까지 크고 작게 20여 회, 3만 명의 참여로 서울 다음으로 대규모 시위운동이 있었다고 했으나 '서울 다음'이라는 말은 과장된 듯하다.

〈자료 11〉『나의 조국 나의 교회』(한규상 선생 회고록)에서는 3월 18일 시위를 소개하고 자신이 수감되어 4월 초순 재판받으러 간 일을 기록하면서 시위 참가 인원은 소개하지 않았다.

〈자료 12〉『진주시사』 상의 내용은 〈자료 1〉『조선소요사건상황보고』와 〈자료 3〉『고등경찰관계적록』을 번역하여 그대로 소개했다.

〈자료 13〉『진주항일운동사』에서는 진주의 3 · 1운동에 대해서와 여성과 청년들의 활동도 소개하고, 지금까지의 자료를 종합하여 개별적으로

도 독립운동가를 소개했다.

진주에서 첫 시위를 시작하는 날 모였던 장소가 〈자료 7, 8, 9, 10〉 4개의 자료는 세 곳으로 옥봉동과 시장통, 봉곡동(〈자료 10〉에서는 이곳 대신 재판소)으로 3구로 나누어 모였다고 했다. 〈자료 11〉에서는 다섯 곳으로 기술하고 있는데, 다섯 곳은 촉석광장과 남문안, 시장, 재판소 앞, 봉곡동이라고 했다. 대구복심법원 기록에도 다섯 곳으로 나오고 있다. 〈자료 6〉에서는 본단을 6대로 한다고 하고 1일 3회씩 시위를 했는데, 장날 세 곳에 잠복해 있었다고 했다.

진주만세의거는 각계각층 사람들이 참여했다. 〈자료 5, 6, 7, 8, 9, 10〉 6개 자료에서 기생독립대는 3월 19일로 일치하고 있다. 노동독립대와 걸인독립대는 〈자료 6〉에서는 3월 21일, 〈자료 8〉에서는 3월 19일이고, 〈자료 10〉에서는 3월 18일 밤이었다. 〈자료 2〉에서는 학생독립단, 교인독립단, 농민독립단, 시민독립단이 소개되어 있다.

악대부가 시위에 참가한 날짜를 〈자료 2〉에서는 3월 22일로 보았는데, 〈자료 4, 7, 8, 9, 10〉 5개 자료에는 악대가 시위 선두에 서서 애국가를 취주한 것은 3월 20일로 보았고, 대구복심법원 판결문에는 진주만세시위를 알리는 신호용 나팔과 큰북, 작은북, 코르넷은 시위 첫날인 18일에는 사용되지 않았고 다음 날인 19일 오전 11시에 사용되었음을 밝히고 있다. 〈자료 6〉에서는 농악대가 3월 22일에 등장하고 있다.

3) 진주만세시위 날짜별 진행 과정

김재화, 심두섭 등이 서울의 고종 인산에 참배차 갔다가 서울3 · 1만세운동을 보고 독립선언서와 격문들을 구해서 3월 11일 진주로 돌아왔다. 진주에서는 3월 10일 서울의 만세 소식이 소문으로 전해지고, 조선 독립의 격문이 나붙자 경찰에서는 진주농업학교에 휴교령을 내리고 경계가 한층 삼엄해졌다. 이런 시국에 김재화와 심두섭 등은 평소 배일사상을 가지고 있던 박진환, 이강우, 강상호, 강달영, 권채화, 박용근 등과 연락하여 당국의 감시를 피하기 위해 집현면 하촌리에 있는 김재화의 집이나 명석면 등 한적한 시골에 모여 진주에서도 만세시위를 하기로 계획을 세웠다. 처음에는 3월 13일 장날을 거사일로 잡았다가 모의에 참여한 순사들로부터 도청 소재지인 진주에 일제 경찰의 감시가 삼엄하다는 정보를 듣고 사전 준비와 당국의 경계를 피하기 위해 3월 18일 장날로 다시 날짜를 정했다.

기독교 청년회는 심두섭이 맡아 한규상, 김태동 등을 참여케 하고 광림학교 악대부 출신들도 동참하기로 했다. 만세시위는 그날이 장날이었으므로 많은 사람이 모일 것을 예상하고 여러 곳에서 분산하여 시작하기로 하고, 그 시작은 12시 교회 종을 타종함으로써 신호를 삼기로 했다. 김재화가 교유문을 작성하여 시위 때 사용할 독립선언서와 교유문 2천여 장, 격문 1천여 장의 등사는 3월 16일 밤에 망경산에서 정준교, 박진환, 심두섭 등이 하고 태극기는 순사인 정용길의 집에서 만들고 광림학교 학생들도 몰래 준비하여 밤에 돌렸다.

3월 18일 첫날 12시에 교회 종을 치는 것을 신호로 시작하여 다섯 군데에서 4천여 명으로 시작되었다. 대구복심법원 판결문에 의하면 법원 앞에서는 이강우, 심두섭이, 매립지에서는 김재화, 강달영, 권채근 등이, 공원에서는 정준교, 강상호 등이, 시장통에서는 박진환, 한규상, 강주한 등이, 대안동에서는 정용길 등이 주도하여 독립선언서를 낭독하고 장꾼들과 학생들이 만세를 부르며 시위를 이끌어 법원 앞에서 남강변으로 진행하여 진주성에 있는 도청으로 행진했다.

오후에는 1만여 명으로 늘어났고 밤 7시경에는 노동자, 농민들이, 9시경에는 걸인들도 참가했다. 많은 인원의 시위에 당황한 일본 헌병과 경찰이 출동하여 시위대를 해산시키려 했다. 소방서에서도 소방차를 이용하여 물감이 든 물을 뿌려 옷에 물감이 든 사람을 잡아갔다. 이날 300여 명이 검거되었다. 소방서원 가운데도 다친 사람이 있었다. 당시 진주읍 인구가 약 2만 명, 진양군이 8만 명, 합해서 10만 명가량이었는데 장날에는 가까운 산청, 사천, 하동, 남해, 합천, 고성 등지에서 장에 오는 사람들이 많아 시위 첫날 약 1만 명가량이 모여 밤늦게까지 시위가 계속되었다.

둘째 날인 3월 19일에는 시장에서도 조선인 상점들은 문을 닫고 시위에 동참하고, 낮 11시경 기독교 학교인 광림학교 학생들이 교사의 권유로 많이 참가하여 수천 명으로 시작하여 낮 3시경이 되자 1만여 명으로 불어났다. 이날 시위에는 광림학교 악대부 출신들이 큰북과 작은북, 코르넷 같은 북과 나팔 등 악기를 연주하며 시위를 이끌었고 기생들도 참가했다. 이날 기생 6명과 학생 50명, 일반인 156명이 체포 · 구금되었다.

3월 20일, 21일에도 농민들이 농악대를 앞세워 농악을 하면서 시위를 도왔다. 기독교 청년들과 부녀자들, 소년들도 계속 참여하여 날마다 1천여 명이 시위를 계속하자 일제는 기마병과 소방대를 동원하여 해산시켰다. 21일에는 시위로 인해 남강 나루터와 진주읍내 사이에 운행하던 우편마차가 운행을 중지했다.

3월 22일에는 수곡면 창촌리, 25일과 31일에는 문산면 소문리, 4월 3일에는 일반성면 창촌리에도 수백 명이 만세시위를 했다. 3월 25일에는 대구에서 일본군이 출동하여 장교 이하 40명이 진주에 파송되어왔다. 4월 18일에는 진주시위에 대한 재판이 있었는데, 마치고 나서 피고들을 호송할 때 애국지사를 탈환하려고 3천 명이 시위를 했다. 형세가 급박해진 일본군이 해산을 위해 발포하여 사망자 1명과 부상자 2명이 발생했으며, 30여 명이 체포되었다.

4) 진주만세시위 시작을 알렸던 신호

진주만세시위의 시작을 알리는 신호가 교회 종소리였는지, 아니면 나팔로 신호를 삼았는지에 대해 기록마다 다르게 되어 있다. 〈자료 1〉『조선소요사건상황』에서는 시위 날짜와 장소만 다루었고 시작에 대해서는 언급이 없으며, 〈자료 2〉『한국독립운동지혈사』에서는 진주시위에서 교회 종을 신호로 삼기로 했다고만 적었다.

〈자료 3〉『고등경찰관계적록』에서는 "주모자들이 3월 18일 진주 장날에 즈음하여 예수교예배당(진주교회)에서 알리는 정오 종소리에 맞추어 일제히 조선독립만세를 외치며 약 1만 군중이 모여"로 기록되어 있고, 〈자료 4〉『경상남도지』에는 "이날은 3월 18일, 진주의 장날이었다. 때아닌 교회 종소리가 영시를 기하여 우렁차게 울리었으니 정의의 종소리며 독립의 우렁찬 소리였다"라고 기록되었고, 당시 참여한 한규상의 회고록인 〈자료 10〉에서도 3월 18일 정오 교회 종을 신호로 시위가 시작되었다고 본문에 기록하고 있다. 〈자료 6〉에서는 3월 21일 평일에 예배당 종소리를 암호로 약속하여 이에 학생단이 선두에 서기로 기록되어 있다. 〈자료 13〉에서는 여러 가지 상황을 자세히 종합하여 근거를 밝히면서 교회 종으로 시위가 시작되었다고 기록했다.

〈자료 7, 8, 9, 10〉 4개의 자료는 모두 종이 철거되고 없어 나팔을 불어 시작 신호로 했다고 했다. 〈자료 7〉『경남독립운동소사』가 1966년 출판된 이후에 나온 책들은 대부분 이 책의 내용을 그대로 받아들인 것으로 보인다. 〈자료 7, 8, 10〉에는 3월 18일 정오에 나팔을 불었다 하고, 〈자료 9〉에는 오후 1시에 불었다고 하는 차이가 있다.

진주시위 시작 신호가 교회 종 대신 나팔이었다고 하는 자료들에는 시위 첫날 3월 18일 11시경 김영조가 교회에 달려가보니 종이 철거되고 없어서 집합 장소에 가서 신호가 바뀐 것을 알리고, 이영규가 비봉산에 올라가 나팔을 불었다고 한다. 3월 18일이 화요일이었으므로 교인들이 예배드리는 일요일이 아닌 월요일에 종을 가져갔다고 볼 수 있다. 교회 종을 떼어가 없어진 것을 알리고 나팔을 불어 신호로 했다는데, 한 사람의 나팔 소리가 시내 여러 군데 시위 장소에까지 다 들렸을지도 의문이다. 일제 당국이 시위계획을 사전에 알았다면 시위를 막기 위해 주모자를 잡아들이지 종만 떼어가지 않았을 것이다. 〈자료 7〉『경남독립운동소사』 저자는 창원 출신 독립운동가의 아들로서 광림학교 악대부 출신들의 활동을 드러내고자 교회의 타종이 없었던 것으로 처음 기록하여 이 책이 나온 1966년 이후에 나온 책들은 그것을 보고 그대로 써서 혼동이 일어난 것이다.

광림학교 악대부 졸업생으로 악기를 가지고 시위에 참여하여 선두에서 연주했다는 김영조, 이영규, 천명옥, 박성오 네 사람의 재판기록에는 그들이 큰북, 작은북, 코르넷 등 악기들을 가지고 3월 19일 시위대 선두에서 연주하며 이끌어 6개월 형을 언도 받은 것으로 나온다. 이들은 광림학교 교장인 알렌 선교사에게 시위에 쓰기 위해서임을 알리고 악기를 빌려와서 사용한 것이다.

한편 『진주교회연혁사』에는 만세시위가 있고 난 후 1922년 10월 새 종을 구입하여 달고 이전에 쓰던 종은 산청 단계교회에 주었다고 기록해 두고 있다. 단계교회는 자기 교회에 보관해오던 종을 천안에 있는 고신대학교 신학대학원 박물관에 기증했다고 한다. 진주교회는 일제강점기 말인

1942년 교회 종을 강제로 헌납당하고 광복 후 1947년 다시 대구에서 제작하여 사용했다. 한국전쟁 때 교회가 폭격으로 소실되어 종탑과 종을 다시 만들었는데, 1997년 교회를 재건축하면서 요즘은 타종하지 않아 없앴다가 2012년 교인들의 헌금으로 역사적 의미를 새겨 종탑과 종을 복원했다.

3. 마무리

이상으로 진주만세시위의 특징을 살펴보면 진주의 유지들이 뜻을 모아 비밀리에 거사하여 기생과 걸인, 노동자와 농민, 상인, 진주교회 교인과 학생 등 많은 인원이 참여했다. 당시 도청 소재지인 진주의 만세시위가 3월 18일 진주 장날부터 연나흘 동안 계속되어 시장에 나온 장꾼들을 통해 인근 지역에 파급되었다. 3월 25일 이후에는 진주 주변의 면 지역에서도 연달아 일어났다. 이는 진주의 사회지도층 인사들이 단합된 모습으로 불의에 대해 저항하는 진주지역 주민의 정신을 결집하여 만세시위에 참여하도록 주도했기 때문이다.

또 진주에는 호주 선교사들이 세운 진주교회와 광림학교, 배돈병원이 있어 목사와 교사, 의사와 간호사들이 배후에서 만세시위를 성원하여 많은 교인과 학생들이 만세시위에 적극적으로 참여하고 광림학교 악대부가 선두에서 시위대를 이끌었다.

주도자로 재판에 회부된 24명의 연령을 보면 대체로 20~35세의 청년들이며 소속도 사회운동단체 넷, 청년단체 셋, 기독교 청년회 여덟, 천도교 청년회 둘, 유림 둘, 기타 유지 다섯으로 각계각층이 망라되었음에도 거사

시까지 기밀이 보안되었다. 이와 같이 만세시위에 각계각층의 많은 인원이 참여하여 여러 날을 계속한 것 등은 다른 곳에서는 유례가 없는 특이한 점이다.

참고자료 내용(연대순 정리)

〈자료 1〉 조선헌병대사령부(1919), 『조선소요사건상황』(극동연구소출판회), 헌병대장 · 경무부장 연석회의 보고서, 108쪽, 169-171쪽, 317-318쪽. 경상남도 편, 인용문은 필자 번역

진주군

3월 18일 읍내에서 군중 약 4천 명이 시위운동을 개시한 것이 진주에서의 첫 소요이고, 다음 날 19일과 20일, 21일에는 진주읍내에서, 22일에는 수곡면 창촌리, 25일과 31일에는 문산면 소문리, 4월 3일에는 반성면 창촌리에서 모두 시위운동이 발생했다. 4월 18일 읍내에서의 소요사건은 피고의 공판이 폐정되고 호송해 돌아가는 도중에 피고를 탈환하려고 하여 형세가 급박하자 일제가 발포하여 해산시켰으며, 소요가 처음 발생한 이후 9회 4개소였다.

종교와의 관계

관내에서 이번 소요와 종교와의 관계는 가장 관련자가 많고 각처 소요의 대부분은 종교가가 가담하지 않은 것이 없다고 감히 말해도 틀리지 않는다. 그중 특히 치열한 것은 외국인 경영 예수교가 첫째이고, 다음은 불교와 천도교다. 세 종교와 소요와의 관계를 구별하면 다음과

같다.

예수교

외국인 경영 예수교가 점차 시설 경영을 강화하여 그중 호주 장로파 같은 것은 그 세력을 가볍게 볼 수 없다. (중략) 독립운동이 일어나자 날로 사회가 불안해져 오로지 종교가의 사찰에 힘썼는데, 종교학교인 각지 호주 장로파 예수학교(미션스쿨)에서는 그 교원의 불온사상이 날로 짙어져 그것으로 학생들에게 미치는 악감정 또한 속도를 가하고 (중략) 더욱이 3월 18일 진주에서의 소요 때도 그곳 예수교 부속 배돈병원 조선인 간호부와 부속 사립 광림학교 학생이 중심이 되어 장날 뇌동자들과 합쳐 2천여 명에 달하는 대시위운동을 감행했다. 다른 곳에서의 소요에 즈음하여 대부분 호주 장로파 신자들이 운동에 가담하지 않은 것이 없다. (중략) 진주의 예수교 부속 배돈병원 같은 곳은 소요 부상자를 즉시 수용하고 게다가 부상자가 발생할 경우 자기 병원에 입원하도록 미리 권유하는 등 음양으로 조선인에 대한 동정심을 보이고 기세를 올리도록 힘을 주었다. 상황이 이러하여 예수교인으로 독립운동에 가담한 인원을 보면 남녀 연인원 3,493명이다. 이에 대해 검거 인원이 남녀 합쳐 99명이고, 검사 송치는 95명이며, 훈계방면은 4명이다.

종교에 대한 민중의 감상

일반 민중의 이번 소요는 주로 종교가의 사주에 의한 것으로 확신하고, 종교가가 정사에 관계하는 것을 바람직하지 못하다 하고, 민중은 기독교와 천도교를 원망하는 경향이 있고, 또 종교가의 태도에 대해 의아스러운 점을 들어 그 상황을 다음과 같이 정리할 수 있다.

본도에서 소요의 도화선은 호주 장로파 예수교인들의 사주에 기인

함은 인정해야 하고, 기독교에 대해 천주교는 호주 장로파와 같이 정치에 관여하는 자로 보여짐을 꺼려 신도들을 잘 주의시키고 신뢰를 얻고자 했다. 또 다른 민족 중에는 장로파가 먼저 운동을 사주하여 많은 희생을 내게 하여 호감을 가진 자가 없다고 볼 수 없지만, 일반 다수는 지방에 소요를 일으켜 특히 선교사는 교인들을 소요 와중에 투입시키고 자기는 하등의 관계가 없는 것처럼 처신하는 것을 비난하는 자도 있다. 또 일부에서는 자기 자제가 정사에 관여한 바 없었는데, 기독교 때문에 지금은 영어의 몸이 되어 고통을 견디고 있는 것은 진정 예수교 때문이라고 몹시 악감을 가진 자가 적지 않다.

또 지식계급에 속한 자들의 기독교에 대한 감상은 평소와 다를 바 없고, 이들은 평소 기독교를 중요시하지 않기 때문에 각별히 악감도 호감도 없으며, 하층민과 청년 학생은 기독교의 교활한 권유 수단으로 지금이야말로 입교할 좋은 시기라 하여 새로 입교하는 자가 증가하는 경향을 보이는 일부 지방도 있다. 또 혹 일부는 예수교가 이번 소요에 관여했기 때문에 앞으로 관헌의 주 표적이 되었으니 크게 세력을 잃을 것으로 추측하고, 만약 앞으로 인심의 일치를 얻으려면 기독교에 의지하면 불리하고 불교에 공동 단결하여 일하는 것이 좋다는 분위기다.

각 파 외국 선교사의 태도

관내 외국 선교사로는 호주 장로파와 천주교 선교사로서 부산에 거주하는 호주 장로파 예수교 선교사와 진주에 거주하는 같은 선교사들이 이번 소요에 대해 표면상으로는 매우 냉철하고 전혀 무관하다는 태도를 보이고 있으나 그 내용에 있어서는 그들 선교사가 몰래 선동한 것이다. 또 진주에서 소요 하루 전 귀국한다며 부산에 가서 60여 일을 체재하고, 진주 소요 후 교회 간부는 이 선교사와 왕래한 사실이 있다.

그동안 진주 방면의 소요를 살피고 있었던 것 같고, 이번 3월 18일 진주 시내에서의 소요에 예수교 부속 사립 광림학교 조선인 직원 남녀 전부와 남녀 학생은 물론 부속 배돈병원 조선인 간호부와 예수교 교인 대부분이 중심이 되어 소요를 일으킨 사실이 있다. 가령 선교사들이 선동하지 않았다 하더라도 적어도 여기에 동의를 표한 것은 숨길 수 없는 사실로 인정된다. 그리고 소요 후 교인 중에는 스스로 후회하여 탈퇴하는 자도 있고, 또 주위 정황은 자기 종교에 불리함이 많기 때문에 선교사를 좋아하지 않고 관헌이 예수교에 가혹하고 천주교에 후하다는 불평을 터뜨리고 있다.

〈자료 2〉 박은식(1920; 2008), 『한국독립운동지혈사』 하편(소명출판), 206-209쪽. 제8장 의주, 평양, 진주의 운동상황 본문

진주: 학생독립단, 교인독립단, 농민독립단, 시민독립단, 노동독립단, 걸인독립단, 기생독립단

진주 인사들은 3월 25일을 독립시위운동의 날로 정했다. 이날 해 뜰 무렵 우리 독립단은 수백 명의 의사를 세 곳에 잠복시키고, 예배당의 종소리를 신호로 삼기로 했다. 이에 학생단이 선봉이 되고 남녀노소가 일제히 뛰어나와 재판소 앞에 모인 사람이 수천 명이었다. (중략) 이때 우리 독립단은 22일에 다시 시위를 계속하기로 했다. 또한 예수교청년단이 수천 명의 군중을 거느리고 악대를 앞세우고 나팔로 애국가를 불렀다. 23일에는 기생들의 독립단도 등장했다. 24일에는 가장 큰 시위운동을 계획했다. 이때 우리 단원 이육석(李陸錫)이 총에 맞아 죽었고, 30여 명이 투옥되어 징역에 처해졌다.

〈자료 3〉 경상남도경찰부(1936), 『고등경찰관계적록』(천정인쇄소), 10-11쪽, 이하 인용문 번역

진주지방

배일사상을 가진 박진환, 이강우, 강대창, 강상호, 박용근 등 주모자들이 3월 18일 진주 장날에 즈음하여 예수교 예배당(진주교회)에서 알리는 정오 종소리에 맞추어 일제히 조선독립만세를 외치며 약 1만 군중이 모여 금정(錦町)재판소 앞에서 남쪽으로 진주교로, 다시 본정(本町)에서 일대 시위운동을 일으켜 소요가 극심하여 진주서원, 경찰부원, 헌병대원과 협력해서 소방조를 지휘하여 모인 군중을 해산하고 주모자로 보이는 300여 명을 검거하여 진압했다.

〈자료 4〉 김규진(1959), 『경상남도지』 상권(청구출판사), 799-802쪽. 제2편 제5장 민족수난과 항쟁기의 경남 제3절 진주의 기미독립운동 800쪽 본문

이날은 3월 18일, 진주의 장날이었다. 때아닌 교회 종소리가 0시를 기하여 우렁차게 울리었으니 정의의 종소리이며 독립의 우렁찬 소리였다. 먼저 학생단이 선봉이 되고 남녀노소가 일제히 용약재판소 앞에 회집한 군중은 삽시(霎時)에 수천 명에 달하니, 학생들은 회중(懷中)에서 국기를 꺼내어 군중에게 분급(分給)할 때, 어느 사이에 이강우가 등단하여 독립선언문을 낭독하고 대한독립만세를 선창하니, 군중은 응화(應和)하여 전 성내가 진동하도록 만세를 절호(絶呼)하며 태극기를 휘날리고 시가로 시위 행진했다.

〈자료 5〉 이병헌(1959), 『3 · 1운동비사』(시사시보사), 935-936쪽. 각 지방 의거사건 경상남도 편 진주 본문

진주의거를 3월 11일 오후 2시 천도교인들과 야소교인들이 독립선언서와 독립신문 인쇄와 태극기를 만들어 12일까지 수천 군중이 비봉동 군청 앞과 재판소 앞 시내를 시위했고, 3월 18일 장날에는 공립학교 교사가 선두에 지휘하며 3천 명이 시위하다가 86명이 체포되었다. 3월 19일 오후 1만여 명이 경찰서와 재판소를 포위하기도 하고 학생은 등교 거부를 하고, 오후 2시 기생과 부인들이 합세하여 학생 50명과 일반인 156명이 검거되었다. 3월 21일에는 진주를 출발한 사천행 자동차를 10리쯤 가다가 정지시켜 일본인 운전수 구와바라(桑原)와 일본인 · 조선인 승객들이 만세를 부르고 통과하고 우편과 통신이 두절되었다.

〈자료 6〉 김승학(1970), 『한국독립사』 상(독립문화사), 184쪽. 제1편 국내운동 제6장 3 · 1운동 제7절 각 지방 만세시위운동 제4항 진주의 운동실황 본문

이 책에서는 적측 발표에 의한 자료라고 하면서 만세운동 진행일람표를 날짜별로 정리해두었는데, 진주시위 날짜는 처음이 3월 10일, 그다음이 3월 18일, 19일, 20일, 21일, 24일로 나오고 3월 18일에는 3,500명이 참가하고 86명이 피체되었다고 정리하고, 다른 도표에는 『한국독립운동지혈사』에 의거하여 각 시 · 군별로 횟수, 인원, 사망자, 실종자, 부상자 수를 밝히고 있다.

184쪽 본문에서는 3월 21일 평명(平明)에 예배당 종소리를 신호로 본단을 6대로 1일 3회씩 하기로 하고, 장날 세 곳에 잠복했다가 시위를 하여 이강우 선생이 독립선언서를 낭독했으며, 밤 7시에 노동독립대, 밤 9시에 걸인독립대가 합세하여 400여 인이 체포되었다. 3월 22일 예수교청년단과 농민독립대가 농악대와 애국가와 나팔을 불며 시위하자 기마병과 소방대를 동원하여 진압했다. 3월 23일에는 기생독립대도 참가했고, 3월 24일에는 이육석이 총살되고 30여 인이 투옥되었다.

〈자료 7〉 변지섭(1966), 『경남독립운동소사』 상(삼협인쇄사), 24-28쪽. 제1부 경남 각처의 의거록 진주읍 의거 본문

이강우, 김재화, 권채근, 강달영, 박진환 5인 김재화 집에서 밀회.

천명옥, 박성오, 김영조, 이영규 등 4인, 광림학교 졸업생 악대원 거사 행렬 선두 주악.

교섭위원 기독교 김영조, 각 사회단체 김재화, 강달영, 박진환 담당 교섭.

진주읍 3구로 나누어 1구 옥봉동 부근, 2구 재판소 부근, 3구 시장통 부근.

3월 18일(음력 2월 17일) 진주 장날 오전 11시경 교회 종소리를 신호로 만세 시위키로 약정했다. 11시경 김영조가 타종차 교회에 가니 뜻하지 않게도 교회 종이 철거되고 없었다. 당황한 김영조는 부득이 이 사실을 삼대에 가서 고하고 나팔을 불어줄 이를 급히 찾아 비봉산으로 달려가도록 했고, 정오에 이영규의 비봉산정 나팔 소리 신호로 거사키로

갱약했다. 정오가 되자 이영규는 비봉산에 올라 힘껏 나팔을 불어 3구에 모인 군중을 일제히 봉기했다.

2구에서 이강우가 등단하여 독립선언서 낭독 및 독립만세 선창. 오후 4시경 잉크 뿌림. 야간 시위 봉화 올림. 19일 상점 철시, 11시경 헌병 폭력 자행 오후 1만여 명, 기생 일대 촉석루행 기생 주모자 6명, 시위군중 300여 명, 학생 50여 명 피체. 20일 악대 애국가 취주 기마병, 소방대 동원. 21일 기독교회 학교 학생 강민호, 김경택 거사 계획 발각 검거, 25일 석양 의거 주모자 진주형무소로 압송 도중 총 발사, 대구인 이육식 현장 즉사, 강목순 중상.

〈자료 8〉 이용락(1994), 『3 · 1운동실록』(도서출판 금정), 648-652쪽. 제3장 13도 지방 편, 6 경상남도 편 (17) 진주시의거 내용이 『경남독립운동소사』 상의 것과 거의 같다. 300부 한정판 인쇄

〈자료 9〉 이은상(1972), 『독립운동사』 제3권 3 · 1운동사(하)[독립운동사 번각발행처], 289-294쪽. 제7편 경상남북도의 운동 제4장 경남서부지방 제1절 진주군(지금의 진양군) 1 진주읍 내용이 『경남독립운동소사』 상의 것과 거의 같다.

〈자료 10〉 3 · 1동지회(1979), 『부산경남3 · 1운동사』(태화출판사), 421-427쪽. 진주진양지방 편 제3절 진주시의 의거 본문

1919년 2월 말 김재화, 정용길, 심두섭, 조응래, 박대업 등 고종 인산에 참예하기 위해 상경, 3월 1일 독립만세를 보고 귀향, 김재화 집에서 김재화, 이강우, 권채근, 강달영, 박진환, 심두섭, 조응래, 박대업 등이

준비, 3월 10일 독립선언서와 격문 만들어 각 면에 배부, 3월 18일을 거사일로 결정, 광림학교 악대원 졸업생 천명규, 박성오, 김영조, 이영규 등 4인 시위군중 선두에서 주악 부탁, 군중 동원 교섭위원 기독교회 측은 김영조, 각 사회단체는 김재화, 강달영, 박진환 등이 담당했다.

당일 11시경 기독교 교회 종소리 신호로 3개소에서 봉기, 제1구 옥봉동, 제2구 재판소, 제3구 장터로 정함. 3월 16일 밤 정용길(당시 진주경찰서 순사부장) 집에서 태극기 만들고 박진환, 정준교, 심두섭 등은 만경대에서 선전문 3천여 장 등사. 당일 김영조가 진주교회로 가니 종이 철거되고 없어 비봉산정에서 나팔로 신호, 정오에 이영규가 나팔을 불었다.

장터에서 주동자 정용길, 강달영, 정준교 등이 독립선언서 낭독, 시가행진. 오후 4시경 1만 명 시위, 석양에 약 300명 검거. 7시경 노동독립단, 9시경 걸인독립단, 3월 19일 1만여 명 시위, 기생독립단 참가 6명 검거. 학생 등 100여 명 체포. 20일, 21일 계속. 4월 18일 애국 인사 분감 압송 중 3천명 군중 봉기 총격에 대구인 이육식 사망. 3월에서 5월 대소 20여 회 3만 명 서울 다음 대규모 시위운동. 31명 형기와 감옥, 주소 기록. 일본 『고등경찰관계적록』 진주 부분도 소개해두었음.

〈자료 11〉 한규상(1980), 『나의 조국 나의 교회』(고 근산 한규상 선생 회고록) [보이스사], 52-61쪽. 제1부 회고록, 3. 3 · 1운동

3월 18일 진주장날 동지 22인 선두로 시내 5개 처 시민총궐기 독립선언식 22명 중 5명 체포되지 않음. 5군데 집합 12시 교회 종으로 시작. 행동 개시의 정오가 되자 봉래동 예수교회 예배당 종소리를 신호

로 시내 5구역 촉석광장, 남문안, 시장, 재판소앞, 봉곡동(군청)에서 대기한 주모 동지가 출현하여 대한독립만세를 외치고 … 4월 초순 재판 후 돌아올 때 군중 향해 6발 총성, 대구인 이육식(재봉틀 판매상) 죽음.

〈자료 12〉 진주시(1994), 『진주시사』 상(동아인쇄출판사), 901쪽. 제4절 민족운동 1. 3 · 1운동의 내용은 『조선소요사건상황』과 『고등경찰관계적록』의 내용을 번역하여 수록하고 있다.

〈자료 13〉 추경화(2008), 『진주항일운동사』(유승인쇄출판), 60-63쪽. 제1편 진주항일운동사 제5절 진주항일투사들 2 본론 2-2 3 · 1운동, 제2편 정부포상이 추서된 항일투사(56인) 제3편 정부 미포상, 항일투사(156인)를 수록하고 있다.

참고문헌

경상남도경찰부, 『고등경찰관계적록』, 천정인쇄소, 1936, 10-11쪽.

김규진, 『경상남도지』 상권, 청구출판사, 1959, 799-802쪽.

김승학, 『한국독립사』 상, 독립문화사, 1970, 184쪽.

김중섭, 『사회운동의 시대』, 북코리아, 2012, 54-61쪽.

박은식, 『한국독립운동지혈사』 하편, 소명출판, 2008, 206-209쪽.

변지섭, 『경남독립운동소사』 상, 삼협인쇄사, 1966, 24-28쪽.

3 · 1동지회, 『부산경남3 · 1운동사』, 태화출판사, 1979, 421-427쪽.

이병헌, 『3 · 1운동비사』, 시사시보사, 1959, 935-936쪽.

이용락, 『3 · 1운동실록』, 도서출판 금정, 1994, 648-652쪽.

이은상, 『독립운동사』, 독립운동사 번각발행처, 1972, 289-294쪽.

조선헌병대사령부, 『조선소요사건상황』, 극동연구소출판회, 1919, 108쪽, 169-171쪽, 317-318쪽.

조헌국, 『진주에 뿌려진 복음』, 디자인모토, 2015, 133-152쪽.

_____, 「『호주 선교사 커를과 그의 동료들』, 한국문화사, 2019, 118-125쪽.

진주시, 『진주시사』 상, 동아인쇄출판사, 1994, 901쪽.

추경화, 『진주항일운동사』, 유승인쇄출판, 2008, 60-63쪽.

한규상, 『나의 조국 나의 교회』, 보이스사, 1980, 52-61쪽.

III

진주 3·1운동과 지역사회운동: 청년, 농민, 노동운동을 중심으로

—

김희주

1. 머리말

3 · 1운동이 지나간 식민지 조선에는 다양한 대중사회운동이 전개되었다. 3 · 1운동은 당장의 독립을 가져오지는 못했지만, 민족의 역량을 확인할 수 있었던 체험의 장이었다. '문화통치'로의 전환도 3 · 1운동이 가져온 성과였다. 대중사회운동은 3 · 1운동을 전후해 수용된 사조와 이념을 기반으로 청년, 농민, 노동, 여성 등 부문운동의 형태로 폭발했다. 사상과 성격에 따라 '문화운동'과 '사회주의운동'으로 구분할 수도 있다. 지역사회운동은 여건과 활동가의 역량에 따라 격차를 보이지만, 기본적인 양상과 흐름은 동일했다. 무엇보다 3 · 1운동이 치열했던 지역에 대중운동이 활발히 추진되는 현상을 볼 수 있는데, 진주의 경우가 이에 해당한다.

진주의 만세운동은 공세적이고 조직적이며 자발적인 투쟁이었다. 개시 다음 날인 3월 19일, 타격 목표는 당시 경남도경의 역할을 했던 진주경찰서였다. 시위군중은 투석으로 대항했고, 참여 인원은 8천여 명으로 기록되어 있다. 당일 주도자 대부분이 검거되었음에도 계층과 직업별로 자발적인 시위대가 조직되어 4월 중순까지 운동을 이어갔다. 이 과정에서 지역민이 체득한 자각과 에너지는 1920년대 진주지역 사회운동의 밑거름이 되었다. 3 · 1운동 이후 지역에는 새로운 이념과 사조가 유입되고 유지, 활동가, 종교인에 의해 각기의 조직체가 결성되었다. 이들은 좁게는 진주 사회의 '개조(改造)'와 '문명화(文明化),' 넓게는 민족의 해방과 계급의 타파를 꿈꾸며 사회운동에 투신했다. 인구 2만 명의 도시에 60여 개의 단체가 활동했던 진주의 1920년대를 '사회운동의 시대'라 일컫기도 한다.[1)]

---

1) 김중섭, 『사회운동의 시대: 일제침략기 지역 공동체의 역사 사회학』, 북코리아, 2012, 42쪽.

이 글에서는 진주의 대중사회운동 중 청년 · 농민 · 노동운동을 기존 연구의 범위에서 검토해보고자 한다. 청년운동은 진주지역 사회운동의 출발점이며 토양이었다. 농민, 노동운동은 구체적인 목표를 가진 대중운동이자 일제와 계급의 억압에 맞선 민족운동이었다. 이들은 중앙의 정세와 지역의 여건에 따라 분기 · 발전하며 진주지역 대중사회운동을 끌어갔다. 양상을 살피기에 앞서 먼저 1920년대 지역사회운동의 사상적 토대에 관한 문제를 간단히 정리했다. 알려진 사실이지만, 진주에서 이를 보급한 주체와 기제가 무엇인지 점검할 필요가 있다. 이어 각 운동의 추세와 성과를 살펴보고, 한계점도 언급해보았다. 이러한 시도가 진주지역 3 · 1운동과 사회운동의 의미를 재조명하는 작업에 도움이 되기를 기대한다.

2. 진주지역 사회운동의 사상적 기반

1) 개조론의 유입과 실력양성론

3 · 1운동 이후 전개된 지역사회운동의 성격은 '신문화 근대사회'를 지향한 문화운동이었다. 부르주아 민족주의자들이 주도했던 이 운동은 인간의 가치인 문화를 바꿈으로써 사회 개혁과 민족의 독립을 추구하자는 노선이다. 따라서 혁명적이기보다 개량적이고 점진적인 성격을 가지고 있었다. '문화의 향상'이라는 목표를 위해 어느 정도 일제와의 타협도 가능하다는

입장이었다.[2] 초기에는 지역에서 청년, 소년, 교육, 여성운동 등 부문운동으로 추진되었다.[3] 문화운동의 이론적 기반은 당시 유행하던 '개조론'과 기존의 '실력양성론'이었다. 상호 보족하는 두 이론은 토호 유지는 물론 3 · 1운동 이후 등장한 신지식층에게도 영향을 끼쳐 지역사회운동을 견인하게 만든 조류였다.

개조론은 제1차 세계대전 종전을 전후해 침략주의와 군국주의에 대한 전면적 비판을 배경으로 등장한 사조다. 즉 전쟁을 계기로 이제 세계는 정의와 인도, 자유와 평등의 원리에 입각한 새로운 세상으로 개조되어가고 있다는 것이다. 개조된 세계는 상하(上下), 귀천(貴賤), 주노(主奴)의 차별이 없는 이상사회로, 그러한 사회를 건설하기 위해 정치, 경제, 사회, 교육, 학술, 종교, 도덕 등 모든 분야에서 철저하고 합리적인 개조가 요구된다는 것이 골자다.[4] 개조론은 버트런드 러셀과 에드워드 카펜터의 저서들이 일본을 통해 소개되어 식민지 지식인의 현실 인식에 영향을 끼쳤다.[5] 3 · 1 독립선언서의 "인류적 양심(人類的 良心)의 발로(發露)에 기인(基因)한 세계개조(世界改造)의 대기운(大機運)에 순응병진(順應竝進)하기 위해 차(次)를 제기(提起)함"이라는 구절에 나타나듯이 개조론은 당시 종교계를 포함한 국내의 지도층에게

2) 조규태, 『천도교의 문화운동과 문화운동론』, 국학자료원, 2006, 11-12쪽.

3) 형평운동을 문화운동의 범주로 파악하는 견해도 있다. 조용만, 「日帝下의 우리 新文化運動」, 『日帝下의 文化運動史』, 현음사, 1982, 139-142쪽. 이는 문화운동을 봉건적 누습(陋習)을 타파하고 서구화를 지향하는 문명개화운동으로 이해하는 시각에 따름이다. 조용만, 위의 글(1982), 5쪽.

4) 박달성, 「改造의 聲과 人乃天」, 『신인간』 4, 신인간사, 1926, 24쪽; 이돈화. 「生活의 條件을 本位로 한 朝鮮의 改造事業」, 『개벽』 15, 천도교청년회, 1921, 3쪽.

5) 류시현, 「식민지 시기 러셀의 「사회개조의 원리」의 번역과 수용」, 『한국사학보』 22, 고려사학회, 2006; 허수, 「제1차 세계대전 종전 후 개조론의 확산과 한국 지식인」, 『한국근현대사연구』 50, 한국근현대사학회, 2009; 최선웅, 「1910~20년대 玄相允의 자본주의 근대문명론과 개조」, 『역사문제연구』 21, 역사문제연구소, 2009.

각인되어 있었다.

개조론자들은 개조의 출발을 '개인개조', 즉 개인의 '수양(修養)'과 인격 확립에서 비롯하는 것으로 보았다. 이어 정신개조, 사회개조, 민족개조의 순으로 발전하며 '신조선, 신문화'의 건설이 이루어질 것으로 믿었다. 그에 따라 지(知)·덕(德)·체(體)의 함양, 신(新)교육의 보급, 구습(舊習) 타파, 식산(殖産) 진흥을 내용으로 하는 광범위한 문화계몽운동이 지역사회에서 추진되었다. 이를 선도한 조직이 각지의 청년단체들이었다. 실행 수단으로 강연회, 토론회, 야학, 강습소, 운동회, 예술공연 등의 사업이 실시되었다.[6]

문화운동의 또 다른 논리는 '실력양성론'이었다. 한말 자강(自强)운동에서 발현된 이 노선은 1910년대에 와서 '선실력양성, 후독립'이라는 신(新)지식층의 현실타개책으로 전이되었다. 이들은 1920년대 초 개조에 대한 낙관적 기대가 일시 후퇴하자 실력양성론의 입장에서 신문화 건설론을 제시했다. 실력양성을 강조하는 문화운동은 사회진화론적 세계관을 근본으로 한다. 정의와 인도의 실현도 실력이 없으면 무망한 것이며 강자만이 개조된 세상에 생존할 수 있다는 철저한 경쟁의 논리였다.[7] 따라서 실력양성론자들이 구상했던 '신문화'는 자본주의 근대 서구문명과 동일한 것이었다. 자본주의 문명에 비판의 성격을 가졌던 개조사상이 식민지 조선에서는 반(反)봉건 근대화의 방향으로 전개되었다는 논지[8]는 그러한 관점에서 나온 것이다.

1920년대 초 지역사회운동의 주류였던 문화운동의 정신적 기반은 개조론과 실력양성론이었다. 양자는 물질문명과 자본주의 질서에 대해 인식의 차이가 있었다. 그러나 교육과 산업을 진흥하며 구습을 타파하고 풍속

6) 박찬승, 「1920년대 국내민족주의 세력의 동향」, 『한국사: 민족운동의 분화와 대중운동』 49, 국사편찬위원회, 2001, 21-23쪽.

7) 『동아일보』, 1920년 9월 16일, '實力補充의 第一義'

8) 박찬승, 『한국근대정치사상사연구: 민족주의 우파의 실력양성운동』, 역사비평사, 1992, 200쪽.

을 개량하여 신문화 근대사회를 건설하자는 이상과 방법론은 일치했다. 3 · 1운동 직후 들불처럼 전개된 지역사회운동도 그러한 방향에서 출발한 것이었다. 그렇다면 이제 진주지역에 이를 주창하고 보급한 주체가 무엇이었는지 살펴볼 필요가 있다.

먼저 주목되는 것은 진주지역 천도교단의 조직과 교구인사들의 활동이다. 천도교는 개조론과 문화주의의 이론을 일찍이 수용하고 체계적으로 확립한 세력이었다.[9] 교단 내에서 전파하고 실천한 기구는 1919년 9월 2일 결성된 천도교청년교리강연부(뒤에 천도교청년회로 개편)였다. 교리강연부는 1919년 12월까지 총 7개의 지부를 설치했는데, 여기에 진주가 포함되었다. 79명의 부원으로 구성된 진주지부는 1920년 진주천도교청년회로 확대 개편되어 지역의 문화운동을 주도했다.[10] 회장 김의진을 비롯해 박태준, 고경인, 강영호 등 참여 지향적인 활동가들이 가담했다.[11] 이들은 개조와 신문화 건설을 통한 사회개혁을 세계적 대세로 확신하고 그 논리를 보급했다. 김의진의 다음 글에서 그들의 시대 인식을 엿볼 수 있다.

> "만천하제군(滿天下靑年諸)이여 안(眼)을 개(開)하야 세계(世界)의 대세(大勢)를 관(觀)하고 이(耳)를 경(傾)하야 우주(宇宙)의 경성(警聲)을 문(聞)하라 오개성상(五個星霜)의 장시일(長時日)에 동서고금(東西古今)의 미증유(未曾有)한 대전란(大戰亂)의 연항(烟巷)에서 천만(千萬)의 생명(生命)과 억조(億兆)의 금전(金錢)은 혈우성풍비극(血雨腥風悲劇)을 수(收)하고 정의

---

9) 조규태,「天道敎의 文化運動論의 定立과 그 패러다임」,『한국민족운동사연구』19, 한국민족운동사연구회, 1998, 274쪽.

10) 김희주,「일제하 진주지역 天道敎의 문화운동」,『동국사학』55, 동국사학회, 2013, 276-278쪽.

11) 강달영도 천도교인이었다. 입회 시기는 알 수 없으나 1915년 진주대교구의 전제원(典制員)에 임명되었다(『天道敎會月報』57, 天道敎中央摠部, 1915, 44쪽). 그러나 3 · 1운동 후 그는 철저한 사회주의자가 되어 진주 천도교와는 거리를 두었다.

(正義)의 광명(光明)과 인도(人道)의 기치(旗幟)는 서창동응(西唱東應)하여 세계의 개조(改造) 인류의 진화(進化) 문화의 신흥(新興)으로 백반제도(百般制度)를 개혁(改革)하여 금일(今日)로 일신기원(一新紀元)을 작(作)하게 되었다."[12]

즉, 세계는 개조되고 인류의 지식과 문화는 발전해가고 있는 신기원의 시대로 당시를 파악하고 있다. 그가 바라보는 '백반제도(百般制度)가 개혁(改革)'된 세상이야말로 정의와 자유, 인도와 평등이 넘치는 이상사회이자 '신문화 사회'다. 박태준도 개조의 당위와 본질을 구체적으로 밝히고 있다.

"우리가 일상이(日常耳)로 문(聞)하며 목(目)으로 도(睹)하며 설(舌)로 언(言)하며 서(書)로 필(筆)하는바 무엇인가 이는 논(論)할바 업시 개조(改造)이며 개벽(開闢)이다 (중략) 우리 인류사회(人類社會)에 여러 가지 신성(神聖)한 사업(事業)이 만치만은 이 개조(改造)의 사업(事業)보다 더 신성(神聖)할자 업나니라 우리의 금일문화(今日文化)도 이 개조(改造)에 기인(基因)치 안이한 자(者) 업스며 우리가 만물의 영장임도 이 개조의 본능(本能)을 구(具)함으로써라 그러면 반드시 우리는 시대((時代)를 종(從)하야 개조하여야 될 것이다."[13]

계속해서 그는 개조의 의미를 과거 모순된 생활의 타파, 즉 불평등에서 평등으로, 부자유에서 자유로, 속박에서 해방으로 나아가는 과정으로 파악했다. 봉건 잔재의 청산과 근대 문명사회로의 이행을 개조의 본질로 규정

12) 金義鎭, 「青年에게 寄흠」, 『天道敎會月報』 116, 天道敎中央摠部, 1920, 106-107쪽.

13) 朴台俊, 「婦人解放과 事人如天主義」, 『天道敎會月報』 116, 天道敎中央摠部, 1920, 53쪽.

하고 시급히 해결해야 할 과제로 여성 문제를 지적했다.

천도교청년회는 강연회를 통해 진주지역에 문화운동의 논리를 선전했다. 중앙의 명망가와 지역의 핵심 교인이 합동 강연하는 형식이었다. 이돈화, 박사직, 정달성 등 천도교단의 대표적인 이론가들이 방문했다.[14] 1920년 4월과 8월의 대강연회, 1921년 6월 동경 순강단 강연회 등은 1천여 명 이상의 청중이 입장하여 성황을 이루었다.[15] 주민의 관심은 신앙과 함께 개조론 같은 문화운동의 이론, 신사조에 집중되었다. 천도교의 출판 선전물이던 잡지 『개벽(開闢)』의 진주분매소도 1920년 말 설치되었다.[16] 이는 지역의 지식인과 유지의 사회개조론 이해에 도움을 주었을 것이다.[17] 천도교가 수용하고 보급한 신문화 건설론은 1920년대 진주지역 대중운동의 방향에 상당한 영향을 끼쳤을 것으로 생각된다. 진주천도교 자체도 야학, 강습소, 소년운동 등을 통해 문화계몽운동을 견인했다.

두 번째는 실력양성론의 토대에서 문화운동을 주도했던 진주지역의 유지층을 들 수 있다. '유지신사(有志紳士)'로 통칭되는 이들은 대한제국기에 실제화된 지방 엘리트 세력이다.[18] 일제강점기에는 '유력자'로 불리기도 했다. 진주의 유지는 대한제국기에 명단화되어 동정이 공개될 정도로 인정된 집단이었다. 유지는 동(洞) 단위로 세분되어 동규(洞規)를 제 · 개정하는가 하

---

14) 李敦化, 「水陸二千里」, 『天道敎會月報』 117, 天道教中央摠部, 1920, 87쪽.

15) 『동아일보』, 1921년 6월 28일, '天道學生巡講一行'

16) 『개벽』 5, 천도교청년회, 1920.

17) 물론 진주천주교청년회 같은 기독교 단체도 개조론에 관심을 가지고 강연회나 토론회를 개최했다. 『동아일보』, 1923년 6월 18일, '晋州天主青年講演'. 그러나 주제 선정이나 실행 시기 모든 면에서 천도교가 선도적이었다.

18) 김희주, 「일제하 진주지역 鄭相珍의 성장기반과 유지활동」, 『동국사학』 64, 동국역사문화연구소, 2018, 335쪽.

면 부인회까지 조직하여 영향력을 행사했다.[19] 지주, 자산가, 관공리 등 다양한 출신으로 구성되었고, 1907년 진주지역 국채보상운동에 참여한 후 결집되는 모습을 보인다. 1908년에는 이 지역 최초의 계몽운동단체인 대한협회 진주지회를 결성했다.[20] 일부는 '경남일보'의 창간과 운영을 주도했다.

실력양성론에 공감한 유지의 문화계몽운동은 근대교육에 집중되었다. 개항지에 비해 저조했지만, 3 · 1운동 이전까지 진주지역도 사립학교 개설이 꾸준히 이루어졌다. 비제도권 기관인 야학과 강습소의 운영도 유지의 관심사였다.[21] 특히 유지는 '대한협회 지회'라는 외피(外皮)를 이용해 계몽운동을 조직적으로 추진했다. 지회는 야학을 운영했고, 법률지식을 보급했으며, 토론이나 강연회를 활발히 개최했다. 실현되지 못했으나 월보 발간도 시도했다.

대한제국기 진주 유지의 활동은 문화계몽운동에만 국한된 것이 아니었다. 대한협회 지회는 경남관찰사의 폐정에 대항하고 재산권 보호를 위한 조세저항운동을 전개하여 성과를 거두었다. 관을 상대로 물리적 충돌 없이 절차를 통해 이룬 결과로 일종의 '주민청원운동'의 면모를 보여주는 것이라 하겠다. 대한협회 구성원과 경남일보 관계자로 양분된 유지들은 상당수가 군내 면장으로 임용되어 1910년대 식민지 지방행정의 일선에 서게 된다.[22] 확대된 영향력을 바탕으로 이들은 3 · 1운동 이후 진주지역의 사회운동을 주도하고 현안에 개입했다. 감조, 대납, 기부, 자선 등의 다양한 선심책으로 신망을 얻기도 했다. 중일전쟁기에는 적극적인 친일행위로 일제에 봉사했다.

---

19) 『경남일보』, 1911년 1월 18일, '鳳谷洞規改良'; 2월 5일, '婦人界幸福'

20) 김희주, 「대한협회 진주지회의 결성과 활동」, 『역사와 교육』 21, 동국대학교 역사교과서연구소, 2015.

21) 김형목, 「3 · 1운동 이전 진주지역의 야학운동」, 『숭실사학』 22, 숭실사학회, 2009, 54-60쪽.

22) 김희주, 위의 글(2015), 530-531쪽.

유지의 사회활동은 인망 획득과 영향력 행사라는 지방 유력자의 속성에서 벗어날 수 없는 것이었다. 그러나 실력양성과 지역발전이라는 명분하에 이들이 교육을 중핵으로 하는 신문화운동을 추진한 것은 사실이다. 민족성향과 관계없이 유지에 대한 주민의 의존과 기대가 컸던 것도 그러한 이유에서였다.

2) 사회주의 이념의 수용과 전파

문화운동은 문명화와 근대화를 추구한 민족주의 우파의 실력양성운동이었다. 언급한 대로 이는 문화 향상이라는 목표를 위해 단기간의 타협도 가능하다는 개량주의적 성격을 가지고 있었다. 실력양성론의 '근대화'는 자본주의 사회건설을 목표로 하기에 이미 서양화한 일본제국주의와 이념적 친화성을 가지고 있다는 비판도 있다.[23] 결국 문화운동의 노선은 일제가 허용한 범위 내의 합법적 운동론이자 준비론으로 저항과 투쟁의 방략은 아니라는 것이다. 식민 체제하에서 실천이 가능할 것인가라는 회의와 비판도 당시에 대두되었다.[24]

개량주의에 대한 실망과 노동자, 농민층이 처한 열악한 현실, 식민 체제하에서의 민족, 계급모순 등이 중첩되면서 사회주의가 민족운동의 대체 이념으로 수용되었다. 사회주의는 3 · 1운동 이후 언론을 통해 파급되어 국내의 민족주의자와 지식청년들에게 지적 세례를 주었다. 사회주의 이념은

23) 서중석, 「韓末 · 日帝侵略下의 資本主義 近代化論의 性格」, 『한국근현대의 민족문제연구』, 지식산업사, 1989, 220쪽.

24) 『獨立新聞』, 1922년 10월 30일, '獨立運動'

문화운동을 넘어서 민족의 독립과 계급 해방에 대한 대안을 제시하며 식민지 조선의 희망으로 떠올랐다.[25] 지역사회운동에도 일대 자극을 주어 '개조'와 '문화주의'에 매몰되었던 청년운동과 노동, 농민, 여성운동에 '혁신(革新)'의 열풍을 불러왔다. 백정의 인권운동에서 출발한 형평운동도 사회주의와 연계되면서 1920년대 중반에는 계급운동의 성격을 띠게 된다.

진주지역에 사회주의자들이 등장하는 시점은 1921년으로 볼 수 있다. 3·1운동을 주도했던 활동가들(강달영, 강상호, 김재홍, 박진환, 정준교)이 출옥 후 귀향하여 진주청년회에 일제히 가입한 것이다. 사회주의 이념을 수용한 이들의 복귀에 따라 심두섭, 박태홍, 남해룡 같은 초기 사회주의자들도 합류하여 결집화가 이루어졌다. 이후 진주노동공제회에서 활동하며 조우제, 강대창, 허경용, 강치열 등과 함께 노동·농민운동을 주도했다. 이들을 진주지역의 1세대 사회주의자 그룹으로 볼 수 있다.[26]

1920년대 진주지역에 사회주의 이념을 전파한 매개는 사상단체였다. 사상단체는 중앙의 각 공산주의 그룹이 비밀결사를 만든 뒤 공개적으로 결성한 표현기관이었다. 1922년부터 지방에서 조직되어 합법적인 공간에서 사회주의 사상을 연구·선전했다.[27]

진주에서 발견되는 최초의 사상단체는 '구이동맹회(九二同盟會)'다. 국제청년데이인 1923년 9월 2일 진주 의곡(義谷)에서 '무산자(無産者)'들에 의해 창립되었다. 구성원으로 5명의 간사진 명단(김영호, 박순명, 이현환, 김환태, 천명

---

25) 한홍구, 「공산주의」, 『한국사시민강좌』 25, 일조각, 1999, 94-97쪽.

26) 김희주, 「진주지역의 사회주의운동과 조선공산당 재건운동」, 『동국사학』 61, 동국역사문화연구소, 2016, 348-350쪽.

27) 박철하, 『1920년대 사회주의 사상단체 연구』, 숭실대학교 대학원 사학과 박사학위논문, 숭실대학교대학원사학과, 2003, 194쪽.

옥)이 전한다.[28] 구이동맹회는 당국의 집중적인 감시를 받다가 강령이 과격하다는 이유로 한 달여 뒤 강제 해산되었다.[29] 진주경찰서는 서장 명의로 명령서를 하달하고 해산 방법과 조건까지 제시하는 이례적인 조치를 취했다.[30] 뒤이어 사상단체의 정체성을 명확히 표방하고 나타난 단체가 '동우사(同友社)'다. 1924년 10월 23일 결성된 동우사는 '무산계급의 지식개발'과 '신사상 연구'를 창립목적으로 공포했다. 조우제, 정준교, 박진환, 강대창, 강상호, 신현수 등이 발기인으로 참여했다. 당시 언론은 이들을 '진주사상계의 거성(巨星)'이라 소개했다.[31] 반면 일제의 정보 보고서에는 대표적인 '좌경분자(左傾分子)'로 적시되어 있다.[32] 동우사는 규칙을 제정하고 잡지(X광선) 간행, 도서부 설치, 강좌, 강연회 개최 등 합법적인 활동 방침을 제시했다.

이러한 과업들은 그다지 효과적으로 실천되지 못했다. '경남도청 이전'이라는 현안이 동시기 진주 사회를 강타했기 때문이다. 하지만 동우사는 1920년대 진주지역 사회주의운동의 실질적인 지도단체였다. 1925년 후반 진주청년연맹, 진주노동청년회, 진주여성청년회 등이 연이어 조직되며 대중운동의 주도권이 사회주의 진영으로 이양되는 과정에 역할을 했다.

1926년 7월 '제2차 조선공산당사건'을 겪은 후 동우사는 일강당(一强黨)으로 재편되었고, 그해 연말 다시 '중성회(衆聲會)'로 개칭했다. 일강당은 박윤석, 강두형, 박학수, 김연호 등 신진 활동가들이 합류하여 간사로 활동

---

28) 『조선일보』, 1923년 9월 6일, '九二同盟會創立總會'

29) 진주경찰서는 강달영, 조우제, 박태준, 강대창 등 지역 활동가들을 구이동맹회의 배후로 지목하고 수사했다. 1923년 10월 관공서 폭파 기도라는 혐의로 이들을 검거하여 구이동맹회와의 관계를 조사했으나 증거를 발견하지 못했다. 『조선일보』, 1923년 10월 25일, '晋州의 大檢擧와 其內容'

30) 『조선일보』, 1923년 10월 26일, '九二同盟會解散命令'

31) 『동아일보』, 1924년 10월 31일, '진주유지의 同友社조직'

32) 『高等警察關係年表』, 朝鮮總督府警務局, 1929, 158쪽.

했다.[33] 중성회는 정우회 선언 직후인 1927년 중반에 해체된 것으로 생각된다. 이후 진주는 '진주사회과학연구회'라는 교양단체가 만들어져 자료를 수집하고 연구 · 조사 활동을 추진했다. 강두석, 김상우, 신태민, 하진 등 진주의 2세대 사회주의자들이 참여했고, 1929년 1월 강제 해산되었다.[34]

구이동맹회에서 진주사회과학연구회로 이어진 사상 · 교양 단체는 1920년대 전 기간 진주지역에 사회주의 이념을 지도하고 선전했다. 3 · 1운동 참여자, 신문 지국 경영자, 기자, 노동 · 농민운동 지도자 등 진주의 대표적인 활동가와 이론가들이 참여했다. 이들에 의해 수용된 사회주의 노선은 청년, 노동, 농민, 여성운동 전반에 파급되어 진주지역 대중운동에 지형을 형성하게 된다.[35]

살펴본 대로 1920년대 식민지 조선의 지역사회운동은 개조론과 실력양성론에 입각한 신문화 건설론, 그리고 사회주의 혁명이념을 사상적 기반으로 한다. 전자는 문명화, 근대화를 지향한 문화운동으로 진행되었다. 후자는 민족과 계급의 해방을 당면으로 하는 변혁운동으로 전개되었다. 3 · 1운동 이후 진주지역의 사회운동도 양자의 영역에서 유지, 신지식인, 종교인, 활동가들에 의해 추진되었다. 그 양상과 추이를 청년, 농민, 노동운동을 중심으로 살펴보기로 한다.

---

33) 『중외일보』, 1926년 12월 6일, '同友社의 革新'; 1926년 12월 19일, '同友社 명칭을 衆聲會'

34) 『동아일보』, 1929년 1월 11일, '晋州社會科學硏究會 해산을 명령'

35) 김희주, 위의 글(2016), 358-366쪽.

3. 청년운동의 발흥과 추이

1920년대 진주지역의 청년운동은 대략 세 단계의 흐름을 거치며 추진되었다.[36] 3 · 1운동 직후 출현한 청년단체들이 진주청년회를 중심으로 문화계몽운동을 전개한 1920~1923년까지를 제1기로 볼 수 있다. 두 번째는 1920년대 중반 청년당 대회와 '혁신총회'를 통해 청년운동의 성격 전환이 이루어지는 시기다. 이 시점에는 사회주의의 영향으로 선도단체인 진주청년회 내에서 구성원이 분화되는 현상이 나타난다. 1924년 조선청년총동맹이 결성되어 조직방침이 제시되자 1925년 진주에도 진주청년연맹, 진주노동청년회, 진주여성청년회 등 계급운동에 기초한 청년단체들이 등장했다. 당시는 지역의 각종 현안(중등학교 설립, 도청 이전 반대, 청수사기사건 규탄)으로 시민대회를 비롯한 주민의 집합행동이 분출하는 상황이었다. 지역사회의 고조된 열기와 사상단체를 동력으로 청년운동에서 사회주의 세력이 표면에 나타난 것이다. 세 번째 단계는 '신운동 방침'에 따라 청년운동 진영이 1928년 진주청년동맹으로 단일화되어 활동한 시점이다. 청년운동의 방향이 본격적인 대중 정치투쟁으로 전환되어 일제의 탄압이 극점에 이른 시기였다. 단계별로 구체적인 흐름을 살펴보면 다음과 같다.

진주지역도 1920년을 전후하여 청년단체들이 본격적으로 등장한다.[37] 일반청년단체는 진주청년회, 진주청년구락부, 진주청년친목회 등이고 연이어 종교청년단체들이 결성되었다. 면 단위에서도 활발히 조직되었는데, 문

---

36) 김희주, 「1920년대 진주지역의 청년운동과 진주청년동맹」, 『한국민족운동사연구』 72, 한국민족운동사학회, 2012, 115쪽.

37) 3 · 1운동 이전에도 진주청년단, 진주청년회 등의 이름을 가진 단체가 있었다. 『釜山日報』, 1917년 9월 23일, '晋州青年團 成立'; 1918년 9월 18일, '晋州青年會の鮎狩'. 이들은 회원 전원이 일본인이었고, 낚시나 야유회 등의 동정이 보도된 것으로 보아 거류 일인의 친목단체였던 것으로 보인다.

산청년회가 최초였다. 난립했던 초기 단체들은 선도단체들이 기성 결사를 흡수하여 조직을 증강시킴으로써 조정되는 모습을 보인다. 이 중 진주청년회는 진주청년구락부와 광진청년회를 병합하여 핵심 단체로 자리 잡았다.[38)]

물론 청년단체의 초기 활동은 전형적인 문화계몽운동이었다. 진주청년회는 '진주사회의 개조'를 제1의 활동목표로 설정했다. 진주청년친목회 역시 지 · 덕 · 체의 연마, 즉 '수양'을 강조하며 문예부, 음악부, 체육부 등의 부서를 편성했다.[39)] 그에 따라 강연회, 토론회, 운동회 그리고 음악회 같은 공연활동이 청년단체의 주도로 활발히 이루어졌다. 진주청년회는 춘 · 추계 운동회 개최가 초기의 주요 사업이었다. 진주청년구락부는 창원에서 매년 개최된 경남축구대회에 정기적으로 출전했다.[40)] 강연회와 토론회도 빈번히 열렸다. 연사는 중앙의 명망가를 초청한 경우도 있지만, 청년회 임원들이 주로 맡았다. 김의진, 남홍, 김찬성, 박진환, 이강우 등이 단골 강연자였다.[41)]

청년단체들은 공연, 예술 활동도 활발히 전개했다. 회관 신축기념으로 임시예술단을 조직했던 진주청년회는 1922년 순회예술단을 창단했다. 황해도 지역 수해 구제를 목적으로 만들어진 이 예술단은 경남 일대를 순회하며 연극을 공연하고 '동정금(同情金)'을 기부받았다.[42)] 같은 시기 진주청년문극단이 결성되어 신파극을 공연하기도 했다. 음악회와 연주회도 정기적으로 개최되어 주민의 호응을 얻었다. 도서관의 설치와 운영도 청년회가 주력

---

38) 『동아일보』, 1920년 7월 27일, '晋州青年團體併合'

39) 『동아일보』, 1920년 7월 27일, '晋州青年親睦會'

40) 『동아일보』, 1920년 5월 31일, '晋州青年會蹴球遠征'

41) 『동아일보』, 1921년 7월 9일, '晋州青年會任員會開催'

42) 『동아일보』, 1922년 10월 25일, '水害救濟巡廻劇'; 1922년 11월 25일, '黃海道水害救濟를 위한 晋州青年會藝術團'

한 사업이었다.[43]

그러나 문화운동의 핵심이라 할 수 있는 교육활동에는 청년단체의 역할이 구체적으로 드러나지 않는다. 당시 진주지역의 교육운동은 일신고보로 대표되는 사립학교 설립운동과 야학, 강습소 같은 비제도권 기관 운영이 큰 흐름이었다. 개인의 참여나 지원은 보이지만, 청년단체가 조직적으로 활동한 흔적은 보이지 않는다. 진주청년회가 진주 유일의 유아교육기관이던 진주유치원을 후원한 정도만 나타난다. 이는 진주지역 초기 청년운동의 역량에 관한 문제로 지적되어야 할 부분이다.

대외적인 활동과 함께 중심단체인 진주청년회에서는 조직재편과 구성원의 보강이 이루어지고 있었다. 1921년 4월 언급한 3 · 1운동 주도자 5인이 가입함과 동시에 진주청년회는 회장제에서 위원제로 조직체계를 변경한다. 위원제로의 전환은 재정구조를 회비 중심으로 형성하여 유지, 장년층의 영향력을 배제하는 효과를 기대할 수 있다. 1921년부터 몇몇 지방단체가 이러한 혁신을 시도했는데, 진주청년회는 그중 가장 빠른 시점에 변경을 이룬 것이다.

변환 후 진주청년회의 조직과 운영은 안정되어가는 모습을 보인다. 이전까지 드러나지 않았던 간부 명단과 업무분장이 구체적으로 나타난다. 위원제 하의 임원은 지주, 자산가(박재표, 정상진, 강주식 강윤영, 이현중, 강주한), 교원(김주석, 강정대), 언론사 지국장(박태준, 김의진, 정준교, 강기석, 조기홍, 윤병은, 박태홍), 관공리(오주환), 직업적 활동가(김찬성, 조우제, 고경인, 강달영, 박진환, 심두섭)로 구성되었다.[44] 그러나 조직 변경 후에도 지주, 자산가들의 영향력은 여전했다. 초대 회장 박재표가 위원장으로 재임되었으며, 회장제 하의 임원들도 집행위원

---

43) 『조선일보』, 1923년 8월 13일, '晋州青年文劇團活動'; 1923년 3월 4일, '晋州青年會總會'

44) 김희주, 위의 글(2012), 86-89쪽.

과 간사로 대부분 참여했다. 숙원사업이었던 회관과 운동장 건립도 박재호, 정재화 등 대지주의 기부가 필요했다.

청년운동을 포함한 진주지역 사회운동 진영은 1923년을 기점으로 인적 교체가 이루어지고 판도가 형성되었다. 노동 · 농민운동이 격화됨에 따라 관공리, 지주들의 대응단체가 만들어져 지향성의 변화도 나타난다.[45)]당해는 '혁신총회'를 통해 지방 청년단체의 개혁 열기가 고조되던 시점이었다. 대략 이 시기에 유지, 자산가들은 탈퇴하고 조우제를 중심으로 하는 활동가들(박진환, 박태홍, 고경인)이 진주청년회를 견인해간 것으로 보인다. 1924년 현안을 둘러싸고 폭발했던 일련의 주민대회에 진주청년회를 비롯한 청년단체들은 적극적으로 참여했다. 진주청년회 간부들은 진주노동공제회와 사상단체에서 중복 활동하며 계급의식을 확산시켰다. 그러한 과정을 거쳐 1925년 연합기관인 진주청년연맹과 진주노동청년회, 진주여자청년회 등 사회주의 청년단체가 출범했다. 진주지역 청년운동에 사회주의 세력이 가시적으로 등장한 것이다.

진주청년회가 발기한 진주청년연맹은 기존 운동조직을 계승하여 구성된 것으로 보인다. 7명의 위원(박태홍, 고경인, 이도영, 정병채, 함환석, 박윤석, 김기호)으로 집행부를 편성하고 통일적 활동을 지향하는 강령을 발표했다. 그러나 구체적인 추진방략을 마련하지 못했고, 세력 결집에도 실패했다. 참가단체도 6개로 타지에 비해 약소했다. 무엇보다 당시 청년운동의 일정 세력이던 진주형평청년회가 가담하지 않았다. 노동청년의 각성, 계급의식 고취 등을 표방하며 진주노총과 진주여청이 꾸준한 움직임을 보인 반면, 연합기관인 진주청련의 활동은 부진을 면치 못했으니 이것이 1925~1926년 기간 동안 지역청년운동을 침체로 몰아간 원인이었다. 결국 1927년 8월 조선청년동맹

45) 『동아일보』, 1923년 7월 10일, '晋州修養團發會式'

의 '신운동 방침'이 발표되자 '단일화'를 모색하는 움직임이 나타났고, 다음 해 진주청년동맹 창립으로 귀결되었다.[46]

1927년 10월 8일 진주청년회는 연합간담회를 개최하여 개별 단체[진주노동청년회, 진주상업청년회, 사이오칠단(四二五七團)]를 '합동'이라는 명목하에 흡수했다. 이날 기존 단체의 해산과 함께 '단일화'에 관한 아래의 결의문이 발표되었다.

> 一. 우리는 진주청년단체의 합동을 기함.
> 二. 사이오칠단, 노동청년단, 상업청년 삼단체를 해단하여 진주청년회에 합동하고 합동총회에서 일체를 의결하기로 함.
> 三. 각 개체단체는 각자 해체하고 합동총회에서 해체를 선언하고 합동하기로 함.
> 四. 합동총회는 10월 16일 오후 2시 진주청년회관에서 개최하기로 함.[47]

단일화 운동은 '신운동 방침'을 진주지역에 실천하는 과정이었다. 단일화 성사 후 진주청년회는 대중 정치투쟁으로의 '전선적 확대'를 시도했다. 공판 중인 '제2차 조선공산당사건'의 변호인에게 격려문을 발송하고, '중국 관헌의 재만동포탄압(在滿同胞彈壓)'에 대한 진주지역 저항운동을 주도했다.[48] 이어 단일한 청년조직, 즉 군 · 부 청년동맹 결성방침에 따라 진주청년동맹의 결성을 추진했다.

---

46) 김희주, 위의 글(2012), 96-102쪽.

47) 『동아일보』, 1927년 10월 12일, '三團體解體後 晋州青會에 合同'

48) 『조선일보』, 1927년 10월 26일, '朝鮮共産黨公判第十八日 晋州青年會도 격려문 발송'; 『중외일보』, 1927년 12월 14일, '在滿同胞擁護 晋州同盟組織'

그리하여 1928년 1월 진주청년회의 해체가 결정되고, 1월 29일 창립 대회를 통해 진주청년동맹(이하 진주청맹)이 성립되기에 이른다.[49] 진주청맹은 임시의장에 김연호를 선출하고 강령과 정책을 발표했다. 1927년 조선청년동맹이 개정한 '신강령'과 '신정책'을 대부분 채택한 것이다. 이어 6개 부서를 편성하고 위원(김호종, 유덕천, 정창세, 빈태문, 최돈, 하동희, 하진, 강두석, 김기태, 곽경문, 김상우)을 배치했다.[50] 소속된 인사들은 1920년대 중반에 등장한 2세대 운동가들이었다. 이후 진주농민조합 등에 가입하여 1930년대 초까지 지역 사회 운동을 주도했다.

진주청맹은 1931년 해소될 때까지 진주에서 통일적 청년운동을 전개했다. 내용은 지부 설치, 타 단체와의 공동전선, 학생운동 지도, 선전 · 교양 활동 등으로 나눌 수 있다. 창립과 함께 진주면에 지부를 설치했고, 8월에는 반성에도 조직했다. 신간회, 노동, 농민회와 연석회의를 빈번히 개최하여 극빈자 구제, 전기료 인하 같은 일상 이익 문제를 토의했다. 사회운동가 생계 대책을 위한 구제회[救濟會] 설립도 시도했으나 경찰의 방해로 무산되었다.[51] 당시 청년운동의 과제였던 학생운동의 지도에도 적극적으로 임했다. 재경(在京) · 재동경(在東京) 진주학우회를 조직하고 간담회와 운동회를 통해 이들과 지역사회를 연계시키고자 했다. 이런 이유로 1930년 1월 17일 진주학생운동이 폭발하자 진주청맹은 배후로 지목되어 간부 3명(하진, 유덕천, 강위경)이 전격 구속되었다. 시위 당일 학생 검거가 없었다는 점을 감안하면 진주청맹에 대한 경찰의 감시와 압력이 어느 정도였는지 짐작할 수 있는 사

49) 『동아일보』, 1928년 2월 1일, '晋州青年同盟創立大會開催'

50) 『조선일보』, 1928년 2월 1일, '晋州青年同盟一月二十九日創立'

51) 『중외일보』, 1928년 3월 13일, '四團體委員聯席重大決議'; 1928년 3월 15일, '社會運動者生活保障機關濟難會를 創設'

실이다.[52)]

진주청맹은 당국의 방해 속에도 선전 · 교양활동을 꾸준히 추진했다. 출범과 함께 기획했던 벽(壁)신문의 간행은 경찰의 불허로 무산되었다.[53)] 교양활동은 야학, 독서회, 강연회보다 감시가 덜한 운동회, 웅변대회, 외국어 강습회를 중심으로 추진되었다.

진주청맹에 대한 탄압은 1929년 중반부터 노골화되었다. 그해 8월 진주경찰서 고등계는 집회계를 제출하지 않고 위원회를 열었다는 이유로 진주청맹에 해산명령을 내렸다. 일상적인 임원 야유회가 금지되는가 하면 아동을 대상으로 한 동화대회마저 불허되기에 이른다. 회관 문제로 성명서를 제출한 간부들이 출판법 위반으로 체포되는 등 1930년 후반에 와서 당국의 탄압은 극점에 이르게 된다. 공개적인 활동이 사실상 불가능한 상황에서 경남도연맹이 조선청총의 해소를 결의하자 진주청총은 이를 즉각 수용했다. 이에 따라 1931년 4월 진주농민조합에 청년부가 신설되고 진주청맹의 조직과 활동은 종료되기에 이른다.[54)] 노농운동을 강화하고 노농청년을 계급적으로 지도하고자 한 공산주의 그룹의 활동 방침에 따른 것이었다.

3 · 1운동 직후 등장한 진주의 청년단체들은 부침을 거듭하며 1920년대 지역청년운동을 이어갔다. 문화운동에서 출발하여 사회주의 수용 후 운동의 질적인 전환이 이루어졌다. 일시적으로 침체의 양상을 보인 적은 있으나, 비교적 세대 · 계층 간의 알력 없이 중앙의 정세와 지역 현안에 따라 조

---

52) 『중외일보』, 1930년 2월 24일, '晋州學生事件首謀六名起訴'

53) 벽신문은 직장, 사무실, 합숙소 등 군중이 잘 보이는 장소의 벽에 정치 시사, 뉴스, 사진, 만화 등을 게재하는 일종의 대자보신문이었다(『社會科學大辭典 48년 판』, 한울림, 1987, 259쪽). 진주청년회가 '뭇소리'라는 이름의 벽신문을 제작한 바 있고, 진주청년동맹은 이를 속간하려 했던 것이다. 『중외일보』, 1928년 2월 5일, '晋州靑年同盟 '뭇소리' 續刊'

54) 김희주, 위의 글(2012), 114쪽.

직을 변천시키며 활동했다. 전기에는 진주청년회, 후기에는 진주청년동맹이 중심이었다. 청년운동은 인물과 방향, 노선 모든 면에서 1920년대 진주지역 사회운동을 선도했다.

4. 농민운동의 양상과 진주농민조합

진주지역의 농민운동도 3 · 1운동을 거치며 성장했다. 1920년대 중반까지는 진주노동공제회(이하 진주노공)가 주도한 대(對)지주투쟁, 즉 소작운동이 주된 흐름이었다. 이후 노동 · 농민운동이 분리되는 전환기를 거쳐 1928년 진주농민조합(이하 진주농조)이 결성되기에 이른다. 진주농조는 일상이익 옹호라는 기존 운동선을 유지하면서 혁명적 농조로의 전환을 시도하는 등 비합법적 투쟁을 병행했다. 진주농조의 농민조합운동은 진주지역에 계급적 대중조직을 건설하고자 한 조선공산당 재건운동의 일환이었다. 소작쟁의와 농민조합운동으로 대별되는 농민운동의 양상을 살펴보면 다음과 같다.

1) 소작운동의 전개

1922년 2월 19일 결성된 진주노공은 일제강점기 진주지역 최초의 농민운동단체다. 이전의 '진주농청(農廳)'이나 '소작인조합'은 공동체적 연대조직일 뿐 운동단체로 보기는 어렵다. 진주노공을 과도단체를 거쳐 등장한 최초의 농민조합으로 보아야 한다는 견해도 있다.[55] 진주청년회에 결집했던 활동가들이 세력을 확장하여 가장 오랜 기간 몸담았던 조직이기도 하다.[56]

진주노공은 노동과 농민운동이 분리되지 않았던 당시 상황에서 초기 진주지역의 양 운동을 주도했다. 형식적으로 조선노동공제회의 지부로 출발했으나 사실상 독자적으로 활동했다.[57] 1922년 9월 4일 개최한 '소작노동자대회'는 이후 전국 농민운동의 기폭제가 되었다는 평가를 받고 있다.[58] 당일 발표된 아래 결의안은 당시 소작운동의 방향과 내용을 결집한 활동 방침이었다.

1. 정조(定租)는 폐지할 것.
2. 소작료는 5할로 정할 것.
3. 지세와 부가세는 지주가 부담할 것.
4. 소작료 운반은 10리 이내로 할 것.
5. 지주에게 물품을 증여하는 관습을 폐지할 것.
6. 지주에게 제공하는 무상노역을 폐지할 것.
7. 세(稅)를 폐지할 것.

---

55) 金森襄作,「朝鮮勞動共濟會について」,『朝鮮史叢』3, 青丘文庫, 1980, 153쪽.

56) 진주노동공제회의 조직과 활동은 그 전모를 처음 소개한 가네모리 조사쿠(金森襄作)의 글과 이어진 후속 연구로 실체가 상당 부분 밝혀졌다. 金森襄作,「朝鮮農民組合運動史: 一九二〇年代の晋州・順天を中心にして」,『朝鮮史叢』5・6, 青丘文庫, 1982; 신용하,「조선노동공제회의 창립과 노동 운동」,『한국사회사연구회논문집』3, 한국사회사연구회, 1986; 정연심,「1920년대 진주노동공제회의 조직과 농민운동의 발전」,『釜大史學』21, 釜史學會, 1997; 오미일,「1920년대 진주지역농민운동」,『진주 농민운동의 역사적 조명』, 역사비평사, 2003; 김중섭,「1920년대 지역사회운동과 농민운동: 진주 지역을 중심으로」,『현상과 인식』32, 한국인문사회과학회, 2008. 이 글에서는 동회가 주도했던 소작운동의 내용을 기존 연구의 범위에서 간단히 언급한다.

57) 金森襄作, 위의 글(1980), 152쪽.

58) 淺田喬二,『日本帝國主義下の民族革命運動』, 未來社, 1973, 177쪽.

8. 소작료 산정 시 두량(斗量)을 사용할 것.[59]

결의안은 계약 관행을 시정하고 소작 조건을 개선하고자 한 소작민의 요구를 반영하고 있다. 진주노공은 결의 사항을 실현하기 위해 다양한 활동을 전개했다. 먼저 결의안을 진주군청에 제출하여 행정지도를 요청했다. 실행위원을 면 단위 추수 현장에 입회시켰는가 하면, 요구에 응하는 '우량지주'와 그렇지 않은 '불량지주'를 선별하기도 했다. 회원 상호 간의 행동강령을 마련하고 강연회를 개최하여 의식함양을 시도했다.[60]

진주노공의 조직적인 행동에 관과 지주들도 즉각 반응했다. 군청의 권유로 지주들은 10월 18일 대책 회의를 가졌다. 여기에서 소작 기간의 장기화, 답(畓)의 정조, 지세 · 공과금 부담, 마름 인선 개선, 소작권 보장, 소작료 운반비 등의 사항이 의결되었다. 외형상 '소작노동자대회'의 요구안이 상당 부분 수용된 것이다. 당시 언론도 이를 진주노공의 승리로 인정했다.[61] 이러한 결과는 투쟁의 파급을 염려한 당국의 선제적 조치에 따른 것으로, 진주 농민운동의 성과로 보아야 한다는 평가가 있다.[62] 반면 소작 요율에 대한 언급이 없고 이행의 구속력이 없는 자율사항이었다는 점에서 지주의 의결은 대외선전용에 지나지 않았다는 시각도 있다.[63] 1923년부터 지역의 소작쟁의가 집중되었다는 사실을 감안하면 후자의 견해가 타당한 듯하다.

1923~1924년 사이에 집중된 소작쟁의 원인은 대부분 소작권 이동과

---

59) 金森襄作, 「朝鮮農民組合運動史: 一九二〇年代の晋州 · 順天を中心にして」, 『朝鮮史叢』 5 · 6, 靑丘文庫, 1982, 293쪽.

60) 『조선일보』, 1923년 1월 12일, '勞動共濟會의 狀態'; 1923년 12월 14일, '晋州勞動共濟會講演隊'

61) 『동아일보』, 1922년 10월 26일, '小作期間을 長期로, 晋州小作運動反響乎'

62) 金森襄作, 위의 글(1982), 296쪽.

63) 오미일, 「1920년대 진주지역 농민운동」, 『진주 농민운동의 역사적 조명』, 역사비평사, 2003, 130쪽.

지세 문제였다.[64] 지세 납부를 거부하자 지주 측은 소작권을 박탈했고, 작인들은 소송으로 대응했다.[65] 신(新)소작인과 구(舊)소작인 사이의 분쟁도 빈발했다.[66] 진주노공은 쟁의 발생부터 개입하고 투쟁 과정을 지도했다. 지세불납운동은 성과를 거두어 세를 자부담하거나 환급하는 지주들이 등장했다.[67] 지주가 과다 징수한 소작료를 소작인조합에서 환수한 경우도 있었다. 지주의 보복성 대응도 이어져 소작인조합에 가입했거나 요구에 불응했다는 이유로 소작권을 박탈한 경우도 발견된다.[68] 한편 초기 5할로 책정했던 소작 요율도 1920년대 중반 진주의 요율이 4할이었다는 관변자료[69]에 근거하면 인하된 것으로 보인다. 이 역시 쟁의운동의 성과일 것이다.

진주의 농민운동은 1925년을 기점으로 분화되는 현상을 보인다. 이 시기는 소작민이 주체였던 농민운동에 중농, 자작농, 자소작농이 가담하여 저변이 확대되는 시점이었다.[70] 따라서 운동내용도 기존의 대(對)지주투쟁에서 수리조합, 삼림조합 반대, 곡물검사제 거부 등 식민지 농정 전반에 대한 저항으로 표출된다.[71] 동시에 농민의 대중성을 강화하여 효과적인 투쟁을 전개하는 기구로 농민조합이 등장했다. 진주지역도 1925년 중반부터 면

---

64) 구체적인 사례는 정연심, 위의 글(1997)의 〈표 6〉 참조.

65) 『동아일보』, 1923년 7월 11일, '晋州小作訴訟'; 『시대일보』, 1924년 5월 31일, '可憎한 地主의 橫惡'

66) 『동아일보』, 1923년 7월 21일, '晋州小作權紛爭訴, 舊作人이 得勝'; 『시대일보』, 1924년 6월 16일, '新舊小作人이 亂鬪'

67) 『조선일보』, 1923년 12월 26일, '地主朴在鎬氏의 覺悟, 收奪한 地稅를 小作人에 반환'; 『시대일보』, 1924년 4월 18일, '頑冥地主의 篤志'

68) 『동아일보』, 1924년 8월 24일, '小作料濫捧額, 小作組合에서 還置'; 『조선일보』, 1925년 1월 23일, '惡德地主 河祐植'; 1925년 11월 26일. '小作權을 削奪, 要求에 不應한다고'

69) 『朝鮮の小作慣習』, 조선총독부, 1929, 74쪽.

70) 淺田喬二, 『日本帝國主義下の民族革命運動』, 未來社, 1973, 186쪽.

71) 김용달, 「일제의 농업정책과 농민운동」, 『東洋學』 41, 단국대학교 동양학연구소, 2007, 8-9쪽.

단위에서 농민조합으로의 개편이 이루어졌다. 진주노공은 산하에 진주노농연맹을 설치하여 단위조합을 지도했다.

1926년 2월 중앙의 조선노동총동맹이 노총(勞總)과 농총(農總)의 분립을 결정하자 진주노공도 이 방침을 실행했다. 진주노농연맹은 2월 19일 대표자회의를 개최하여 '전선의 통일집중'과 '운동능률의 향상민활'을 목적으로 노동, 농민 양 단체의 분화를 결정했다. 이에 따라 즉석에서 진주농민조합연맹의 결성이 가결되고 규칙제정과 임원선출이 이루어졌다. 그러나 노동연맹의 조직은 차기 대의원회로 미루어졌다.[72] 농민조합연맹의 중앙집행위원은 조우제, 강달영, 김재홍, 김종명이었다. 평거, 도동, 일반성, 이반성, 대곡, 금산의 각 면에도 위원을 선정했다.[73] 진주노공의 활동가들로 지도부를 구성하고 면 단위에는 현장의 농민들을 배치한 것으로 보인다.

진주농민조합연맹은 진주농민조합의 효시이자 진주농민운동 최초의 독립조직체로 볼 수 있다. 그러나 총회를 개최한 것 외에 뚜렷한 활동 흔적이 발견되지 않는다. 같은 해 7월 '제2차 조선공산당사건'으로 강달영, 박태홍, 김재홍이 구속되자 이들이 주도했던 농민단체에 대한 탄압이 가중되었다.[74] 1926~1927년에 이르는 동안 진주지역에는 소작쟁의를 비롯한 투쟁사례가 거의 나타나지 않는다. 일부 활동가들은 이 기간에 신간회에 가입하여 민족협동전선을 모색했다.

결국 1927년 2월 진주노농양연맹은 신정강 정책을 수립하고 방향 전환을 모색하게 된다. 여기에서 기성(旣成) 농조를 부흥하고 미성(未成) 농조를 발족한다는 농민조합 구성안이 결정되었다. 그에 따라 1928년 지역 활동가

72) 『조선일보』, 1926년 2월 24일, '晋州勞農聯盟分化組織制實行'

73) 『동아일보』, 1926년 2월 23일, '朝鮮勞總決議대로 勞動, 農民分離'

74) 『중외일보』, 1927년 12월 8일, '趙佑濟氏檢束'; 1927년 12월 9일, '晋州檢擧事件 의외로 擴大'

들은 형식적으로 존재하던 진주노동공제회를 해체하고 농민조합을 재조직하여 역량을 결집하기로 했다.

2) 진주농민조합의 결성과 활동

진주농민조합(이하 진주농조)은 1928년 2월 20일 결성되었다. 전날인 19일, 진주노동공제회는 창립 6주년 기념식을 마치고 노동 · 농민운동의 분리를 위해 해체를 결정했다.[75] 설립 당시의 명칭은 '진주농민연맹'이었는데, 가칭이었고 3월에 '진주농민조합'으로 명명했다. 결성 직후 면 단위 농민조합을 흡수하는 작업에 착수했다.[76] 이를 위해 진주지역을 7권역으로 나누고 책임자를 파견하여 지부를 편성했다. 창립 당시의 조직과 임원은 다음과 같다.

서무부: 박진환

경리부: 한영준

교육부장: 김영식

조직부: 강대창, 김희원

조사부: 하진, 박종도

쟁의부: 김장환, 강두석, 강영수, 김종명

공제부: 송원숙, 정형수, 박기영

---

75) 『조선일보』, 1928년 2월 25일, '晋州農民聯盟 二月二十日에 創立'

76) 『동아일보』, 1928년 3월 6일, '陣營을 整頓'

진주노공에서 활동했던 박진환, 강대창, 김희원이 참여했고, 핵심인 조사부와 쟁의부에 하진, 김장환, 강두석, 김종명 등 신진이 배치되었다.

최고지도기관인 진주농조가 출범함으로 진주지역 농민운동은 전환점을 맞게 되었다.[77] 그러나 운동 내용과 성격이 변한 것은 아니었다. 대(對)지주투쟁과 일상 이익 옹호라는 기존의 활동상은 변함이 없었다. 1928년에는 추수 현장을 조사하여 소작인을 착취하는 '악덕지주'를 발색하고 경고장을 발송했다.[78] 1929년 경남지역의 한해로 작물 수입이 감소하자 소작료 인하운동을 전개했다. 진주농조는 요구안을 관철하기 위해 강두석, 하진을 대표로 지주대책회의에 파견했다. 그 결과 감소량에 따라 소작료를 최하 2할에서 전액까지 감축해주기로 하는 감면책이 결정되었다.[79] 이 같은 합법적인 활동에도 불구하고 진주농조에 대한 감시와 규제는 계속되었다. 1929년 2월 개최 예정이던 창립 기념식은 '시기가 불리하다'는 이유로 금지되었다.[80] 같은 해 3월 1일 집행위원 강두석과 김호종은 주석(酒席)에서 3 · 1운동 기념회합을 가졌다는 혐의로 검거되었다. 죄목은 치안방해였다.[81]

진주농조는 1930년 조우제가 복귀하여 집행위원장을 맡으며 활동 영역이 확장되었다. 그해 6월 임시대회에서 미조직 농민과 지부 · 반조직, 농민교양에 관한 사항을 의결했다. 9월 집행위원회에서는 청년부 특설과 집행위원 증모의 사안을 통과시켰다.[82] 언급한 대로 청년층을 지도하여 농민운동을 강화하고 세대교체를 이룬다는 목적이었다. 1931년 4월 정기대회

---

77) 오미일, 위의 글(2003), 119쪽.

78) 『동아일보』, 1928년 10월 29일, '惡地主에 警告 晋州農民組合'

79) 『조선일보』, 1929년 11월 7일, '晋州農民組合 小作料案決定'; 『중외일보』, 1929년 11월 11일, '旱害對策原案全部可決'

80) 『동아일보』, 1929년 3월 3일, '農組紀念禁止'

81) 『조선일보』, 1929년 3월 4일, '酒席에 모혀잇는 十餘名을 檢束'

82) 『동아일보』, 1930년 9월 8일, '晋州農組委員會'

에서는 조직부서를 개편하고 소작관계 개선, 소비조합 설치, 반동 농민단체 박멸 등의 사안을 검토했다. 소비조합 운동은 진척을 보아 7월에 진주노동연맹과 연대하여 발기대회를 가졌다.[83]

의욕적으로 추진했던 이상의 사업은 이렇다할 결실을 이루지 못했다. 내용에서도 수리조합 반대나 곡물검사제 반대운동 등 식민지 농정에 대한 저항운동으로 발전하지 못했다. 합법적 대회임에도 참여 회원이 100여 명 안팎이었을 만큼 대중적 기반이 취약했고,[84] 명망가 중심으로 활동이 전개되었기 때문이다.

진주농조의 대중성 문제는 당시 농민운동의 필연적 단계였던 혁명적 농조 건설 시도 과정에서도 나타난다. 알려진 대로 1928년 코민테른이 채택한 이른바 '12월 테제'는 국내의 농민운동에 큰 영향을 끼쳤다. 이 지침에 의해 "빈농층이 주도권을 장악하고 빈농적 이해관계(토지혁명)를 중심으로 농민대중의 이해관계를 실현한다"[85]라는 빈농 우위의 투쟁원칙이 파급되었다. 그에 따라 합법단체인 농민조합을 비합법적이고 계급적인 대중조직으로 전환하는 혁명적 농민조합운동이 함경도, 강원도, 경상도 등 한반도 동부지역을 중심으로 전개되었다.[86]

진주지역은 두 차례에 걸쳐 혁명적 농조 건설운동이 시도되었다. 1930년 8월 진주농조의 김호종이 경기도 시흥에서 조선공산당재건준비위

---

83) 『동아일보』, 1931년 7월 7일, '晋州農組發起'

84) 지수걸, 『일제하 농민조합운동 연구』, 역사비평사, 1993, 438쪽.

85) 이준식, 「세계 대공황기 혁명적 농민조합운동의 계급 · 계층적 성격」, 『역사와 현실』 11, 역사비평사, 1994, 155쪽.

86) 혁명적 농조는 전환과정에 토지혁명, 노농소비에트 건설 등 혁명적 슬로건의 표방 여부, 청년부(위원회), 농업노동자 등 계급 · 계층별 독자부서의 설치 여부, 혁명적 반대파의 결성 여부, 전조선농민사 및 조선농민사의 박멸 혹은 비판 여부, 신간회 및 청총의 해소 결여 여부 등이 발견되는지가 판단 기준이 된다. 지수걸, 위의 글(1993), 155-156쪽.

원회(재건준비위원회) 경상도 조직책 오산세를 만났다. 둘은 이 자리에서 노동자, 빈농층에 기반한 진주의 혁명적 대중조직 건설 문제를 토의했다. 김호종은 다음 달 진주농조의 동지였던 빈태문과 신몽실이(申夢實伊)를 포섭하여 재건준비위원회 진주야체이카를 결성했다.[87] 1931년 3월 재건준비위원회는 '조선좌익노동조합전국평의회'로 조직을 전환하고 공장 내 야체이카에 기초하여 혁명적 노 · 농조를 건설한다는 방침을 수립했다.[88] 김호종과 빈태문은 이 시기에 진주에서 혁명적 농민조합으로의 개편을 시도한 것으로 보인다. 1931년 진주는 진주농업학교 비밀결사사건으로 엄중경계령이 내려진 상태였다. 그러한 상황에서도 김호종은 경남지역 총책을 맞아 야체이카를 조직하고 지방평의회 구성을 시도했다.[89] 그러나 4월 말 중앙조직이 노출됨에 따라 이들은 5월에 모두 검거되어 용산 경찰서로 압송되었다.[90]

두 번째 움직임은 '조선공산주의자협의회(조공협의회)' 그룹의 지역단위 재건운동에서 나타난다. 권대형, 강병도 등 진주와 연고가 있는 이 그룹의 간부들이 강두석을 책임자로 하여 박수명, 박원호와 함께 진주에 대중조직 건설을 추진한 것이다. 1931년 7월의 만남에서 강병도는 이들에게 진주지역의 사회운동이 정체되었음을 지적했다. 또 진주농조와 진주노동연맹의 활동에는 농민을 위한 진정성을 발견할 수 없다고 비판했다. 이들은 수차례 회합 끝에 같은 해 12월 준비조직인 건설위원회를 아래와 같이 구성했다.[91]

---

87) 김준엽 · 김창순 공편, 「朝鮮國內工作委員會事件等豫審決定書」, 『韓國共産主義運動史寫』 자료편 Ⅱ, 고대 아세아문제연구소, 1980, 569-570쪽.

88) 김정주 編, 「朝鮮共產黨再建運動等事件判決」, 『朝鮮統治史料』 6, 韓國史料研究所, 1970, 146쪽.

89) 『동아일보』, 1933년 4월 28일, '朝鮮共産黨工作委員會豫審終決'

90) 『조선일보』, 1931년 5월 25일, '晋州農組委員長 金好宗氏 押送'; 『동아일보』, 1931년 6월 1일, '晋州署도 活動 三名을 檢擧'

91) 大邱覆審法院, 「判決文」, 昭和八年刑控第151 · 152號.

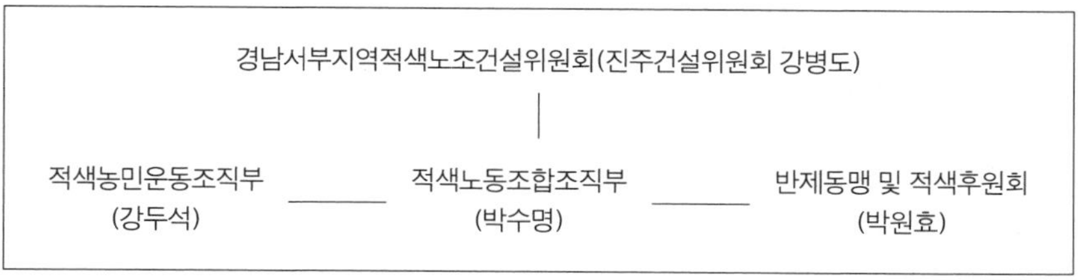

적색노조와 반제동맹, 모플이 모두 편성되어 있으나 핵심과업은 진주농조를 혁명적 농조로 개체하는 것이었다. 하지만 조직이 노출되는 1932년 4월까지 구체적으로 어떤 시도가 있었는지 확인할 수 없다. 책임을 맡은 강두석은 요시찰 인물로 1932년 초까지 지속적으로 검속당하고 있었다.[92] 진주농조에 영향력을 가진 김호종, 빈태문은 구속 상태였다. 박수명, 박원호의 역량으로는 성과를 기대하기 어려웠다. 결국 조공협의회 조직이 발각되자 강두석을 비롯한 진주의 활동가들도 그해 7월 전원 검거되고 말았다.[93]

진주농조는 혁명적 농조로의 개편을 통해 농민운동뿐 아니라 지역사회운동의 일대 전환을 기했으나 실패했다. 중앙의 지도하에 조직체를 구성하고 선명성을 갖춘 진주농조의 핵심 활동가들(강두석, 김호종, 빈태문, 김기태)이 전면에 나섰다. 일제가 파악한 대로 이들은 혁명적 농조운동의 주도 유형, 즉 토착 사회주의자와 기존 합법 농조의 주체에 해당하는 인물이었다. 그러나 이력을 떠나 지역에서 너무나 노출된 인사들이었다. 주도자인 이들이 피체되자 진주농조는 활동 불능상태에 들어갔고, 결국 1933년 2월 경찰에 의해 강제 해산되었다. 명망가 중심의 운영구조와 지도부와 구성원 사이의 이념적 괴리가 진주농조의 대중성을 취약하게 만든 요인이자 초기 농민운동

92) 『동아일보』, 1932년 2월 19일, '兩農組員檢束'

93) 『동아일보』, 1932년 7월 15일, '晋州署活動靑年多數檢擧'

을 선도했던 진주지역에 끝내 혁명적 농민조합이 등장하지 못한 이유다.

이후 1930년대 중 · 후반까지 진주는 소작 문제를 둘러싼 분쟁이 계속 발생했으나,[94] 이를 지도하는 단체는 등장하지 않았다. 조선 농민사나 기독교 농촌운동 같은 개량적 농민운동도 발견되지 않는다. 농민은 진정이나 호소와 같은 집단행동으로 저항했고, 지주는 다양한 선심책으로 이를 무마하며 대응해나갔다.[95]

5. 노동운동의 발전

1) 노동조합의 조직과 파업투쟁

1920년대 진주지역의 노동운동을 살피기 앞서 3 · 1운동 직후 설립된 이 지역의 노동야학을 주목할 필요가 있다. 노동야학은 1907년부터 등장했고, 1920년대 와서 전국 각지에 출현했다.[96] 진주도 1908년 노동자들의 발기로 노동야학강습소가 처음 설치되었다.[97] 이어 1920년 진주면 내 3개 지

94) 『조선중앙일보』, 1935년 7월 26일, '晋州의 小作爭議 昨年보다 七倍增'

95) 『동아일보』, '一家族全部가 郡廳앞에서 痛哭'; 1934년 2월 9일, '晋州鄭錬慶富豪의 篤志 小作料引下'; 『조선중앙일보』, 1933년 11월 20일, '水害진 畓에 小作料를 全減'; 1934년 2월 20일, '四百石 秋收에 二割을 永久 減稅'

96) 강동진, 「日帝支配下의 勞動夜學」, 『歷史學報』 46, 歷史學會, 1970; 이훈상, 「舊韓末 勞動夜學의 성행과 兪吉濬의 '勞動夜學讀本'」, 『李丙燾博士九旬紀念韓國史學論叢』, 지식산업사, 1987.

97) 『황성신문』, 1908년 11월 1일, '勞動夜學講習'

역(평안동, 내성동, 비봉동)에 유지들의 발기로 노동야학교가 건립되었다. 이들은 제1 · 2 · 3야학, 혹은 소재지에 따라 평안동 · 내성동야학으로 불리기도 했지만 '노동'이라는 명칭은 유지하고 있었다.[98] 지수, 금산, 이반성 등 인근 면에서도 운영되었으나 이들은 농민층이 대상이었을 것이다. 근로 청소년들은 진주 중심지의 3개 야학에서 교육받았을 것으로 생각된다. 내성동 제2야학은 단명했지만 제1 · 3노동야학교는 정규 학교와 나란히 신입생을 모집하며 1930년대 중반까지 존속했다.[99]

야학은 유지, 재력가들이 설립했고 교과도 기초과목(조선어, 일어, 한문, 산술) 위주였다. 따라서 특별히 민족적 색채를 띠거나 노동 문제에 관한 교육이 이루어진 것은 아니었다. 그러나 "무산대중(無產大衆)의 아동(兒童)을 장차 유망한 조선청년(朝鮮靑年)으로 양성(養成)코자 주(晝)이면 신성한 노동(勞動)을 단련(鍛鍊)하고 야(夜)이면 문명(文明)의 지식(智識)을 교수(敎授)했다"[100]라는 회고와 같이 정규 교육이 불가능한 사회적 약자에게 학습 기회를 제공한 것은 사실이다.

진주지역의 근대 노동운동도 3 · 1운동의 영향 아래 시작되었다. 3 · 1운동은 노동자를 민족적 · 계급적으로 각성시킨 역사적 계기였다. 여기에 노동운동의 역할을 인식한 지식층이 가담하여 계몽운동 또는 항일민족운동의 일환으로 근대노동운동이 출범하게 되었다.[101] 3 · 1운동 직후 이들 지식인, 활동가들은 대도시와 지방에 조합을 건설하여 노동운동을 촉진했다. 초기 등장한 노동조합은 각각의 직업이 망라된 지역합동노

98) 『동아일보』, 1921년 4월 21일, '晋州平安洞第一夜學校卒業式'; 9월 22일, '晋州第二勞動夜學校落成'

99) 『中央公衆報』, 1936년 2월 1일, '入學案內 生徒募集'

100) 『中央公衆報』, 1935년 1월 1일, '第三夜學會에 對하야'

101) 김윤환, 『韓國勞動運動史 I』, 靑史, 1981.

조였다. 이후 동일 직업을 가진 노동자들이 증가하면서 1923년부터 직업별 노동조합이 결성되어 활동했다. 직종은 운수, 부두, 인쇄, 고무, 정미, 양화, 양말 등 경공업과 운수, 일용직이었다. 직업별 노조가 각지에 등장하는 1923~1925년을 국내 노동운동이 전기를 이룬 시점으로 보고 있다.[102)]

이러한 관점에 따른다면 1922년 결성된 진주노동공제회를 진주지역 최초의 합동노조로 볼 수 있을 것이다. 소작인을 농업 노동자로 파악하는 인식과 같이 육체노동자는 업종에 관계 없이 회원으로 인정되었다. 이어 1923년 3월 11일 진주양화직공조합이 창립대회를 가짐으로써 진주에 최초의 직업별 노동조합이 탄생했다.[103)] 참석회원 30명은 조합원의 경제적 독립을 결성 목적으로 채택하고 아래와 같이 임원회를 구성했다.[104)]

조합장: 김하진

부조합장: 서용균

총무: 김도윤

서기: 황점득

간사: 윤병섭

평의원: 강덕문, 우기태, 김병욱, 안현식, 김복원

진주양화조합은 이후 200여 명의 회원을 확보하여 운영경비를 마련하고 임원진을 확대했다.[105)] 양화노조의 조직은 물론 진주노공의 영향 아래 이루어진 것이다. 진주노공은 1922년 12월 단행된 서울양화노동자의 동맹

---

102) 김인걸, 「1920년대 전반기 노동운동의 성장」, 『일제하 조선 노동운동사』, 일송정, 1989, 47쪽.

103) 『조선일보』, 1923년 3월 23일, '晋州洋靴職工組合을 새로 組織'

104) 『동아일보』, 1923년 4월 3일, '晋州洋靴職工組合'

105) 『동아일보』, 1923년 4월 6일, '晋州洋靴職工組合總會'

파업을 성원하고 있었다. 1923년 1월에는 조사위원 박봉의를 통해 '동정금' 48원을 전달하기도 했다.[106] 창립대회가 열린 노동공제회관은 이후에도 양화공조합의 사무소로 활용되었다.

같은 해 7월 진주노공은 산하의 자유노동부를 노동조합으로 개편했다. 조합장은 장영정이었으나 조사위원 조우제가 기획과 운영을 전담한 것으로 보인다. 노동자 487명이 참석한 발회식에서 1일 1원 20전의 최저임금과 하루 9시간의 노동제가 결의안으로 채택되었다.[107] 따라서 직업별 노조가 창립되고 상급 단체인 자유노동조합이 조직되어 노동조건과 교섭권이 설정되는 1923년을 진주지역 근대노동운동의 기점으로 보아야 할 것이다. 이후 진주노공과 이에 분리된 진주노동연맹의 지도하에 파업투쟁이 전개되었다. 내용을 표로 제시하면 〈표 5〉와 같다.

(1)은 진주운수노조 소속의 하역 노동자들이 일으킨 진주지역 최초의 노동자 파업이다. 이들은 현미 1가마니당 18전이던 진주-중선포 간의 운임을 25전으로 인상할 것을 요구하며 1924년 11월 21일 남강 배다리가에서 농성에 돌입했다. 정미업자인 하주(荷主)들이 요구를 수용하여 11월 23일 파업은 종결되었다.[108] (2)는 진주의 기와 공장주들이 불공정한 경영행위를 시도하자 와공(瓦工)들이 대항하여 발생한 쟁의다. 공장주들은 조합을 결성하여 기와 가격은 올리고 임금은 삭감하는 횡포를 자행했다. 이를 위반하는 회원은 벌금을 부과한다는 자체 규약까지 만들었다. 와공들은 1926년 3월 16일 파업에 돌입했으나 규약을 의식한 고주(雇主)들이 불응함으로 해결점을 찾지 못했다. 일주일 파업 후 이들은 작업장을 만들어 자체 제작하는 방

---

106) 『조선일보』, 1923년 1월 17일, '洋靴職工을 同情'

107) 『동아일보』, 1923년 8월 3일, '自由勞動組合發會'

108) 『조선일보』, 1924년 11월 26일, '晋州罷業은 해결'

〈표 5〉 1920~1930년대 초 진주지역 파업일지

번호	소속 직업	기간	요구 조건	결과
1	진주운수노조 인력거부(人力車夫)	1924. 11. 21~23	임금 인상	관철
2	진주 와공(瓦工)	1926. 3. 16~23	임금 인하 반대	미해결
3	정미운수노동자 우거부(牛車夫) 70명	1929. 1. 25~29	임금 인하 반대	일부 관철
4	진주권번 예기(藝妓) 60명	1929. 7. 4~5	처우개선	관철
5	원전(原田)자동차부 운전수	1929. 11. 2~3	처우개선, 임금 인상	관철
6	진주정미소 외근직공 50명	1930. 12. 3~5	임금 인하 반대	관철
7	진주정미소 직공 30명	1931. 12. 11	임금 인하 반대	

식으로 대응책을 정했다.[109] (3)은 우거(牛車) 운수노동자 70여 명이 진주역까지의 운송 노임을 1포당 5리씩 삭감하겠다는 정미업체를 상대로 단행한 동맹파업이다. 도로 정비로 운반거리가 단축되었다는 것이 감축 이유였다. 감액한 임금으로 미곡을 사서 진주로 집하하면 우거부들에게 이익이 된다는 어이없는 주장도 펼쳤다. 이 쟁의는 진주노동연맹이 개입하여 교섭을 진행했다. 그 결과 일본인이 경영하는 장미(長梶)정미소는 철회했으나, 진주정미소는 거부함으로써 부분 해결로 끝났다.[110] (4)는 진주권번 소속 예기(藝妓) 60여 명이 근무조건과 처우개선을 요구하며 돌입한 파업이다. 요구안은 다섯 가지인데, 권번이 조건부로 수용하여 이틀 만에 해결되었다.[111] (5)는 일본인 하라다 다키노쿠라(原田瀧藏)가 경영하는 버스회사 운전수들이 급여

109) 『조선일보』, 1926년 3월 24일, '雇主無理에 憤慨한 晋州瓦工도 罷業'
110) 『조선일보』, 1929년 1월 30일, '晋州勞聯活動하야 盟罷一部는 解決'
111) 『중외일보』, 1929년 7월 8일, '晋州妓生 盟罷問題解決'

인상과 대우 개선을 조건으로 단행한 파업이다. 이로 인해 진주와 산청 · 합천 간의 교통이 두절되는 사태가 발생했다. 공안 문제로 파악한 진주경찰서 고등계가 관여하여 절충안을 만들어냄으로써 해결되었다.[112] (6)은 진주정미소 외근직공들이 임금 삭감에 저항하여 강행한 파업이다. 기존임금 80전을 고수하고, 파업 기간의 급여와 비용까지 보전받는 성과를 거두고 종료되었다.[113] 마지막으로 (7) 역시 진주정미소 직공들이 임금 인하에 반대하여 일으킨 파업인데, 결과는 전하지 않는다.[114]

진주지역의 파업은 임금과 처우 문제에 집중된 경제적 투쟁이자 자발적인 운동이었다. 공장 노동자층이 형성되지 않은 지역 환경에서 운수 · 정미노동자들이 선두에 섰다. 파업은 대부분 단기간에 끝났다. 임금 인하 반대보다는 증액과 처우개선 요구가 관철된 경우가 더 많았다. 이는 공격적인 파업일수록 성공률이 높았던 당시의 쟁의 결과와 일치한다.[115]

지역연맹체인 진주노동연맹도 역할을 수행했다. 창립 직후 인쇄직공대회를 소집하고 운수조합을 재정비했다. 토공조합과 목공조합 결성도 지도하는 등 진주지역 직업별 노조의 조직과 정비에 역량을 경주했다.[116] 연맹이 등장한 1928년 이후 파업이 빈번해지는 현상도 이와 관련이 있다. 그러나 쟁의 과정을 직접 지도하기보다는 조정이나 중재하는 단계로 개입했다.

---

112) 『중외일보』, 1929년 11월 5일, '原田自動車部 運轉手盟罷'; 1929년 11월 6일, '運轉手盟罷 圓滿이 解決'

113) 『동아일보』, 1930년 12월 9일, '要求條件貫徹 織工側이 勝利'

114) 『중앙일보』, 1931년 12월 17일, '晋州精米工賃 三十餘名罷業 賃金引下에 反對하야'

115) 김인걸, 위의 글(1989), 59쪽.

116) 김경일, 『일제하 노동운동사』, 창작과 비평사, 1992, 218쪽.

2) 1920년대 후반의 동향과 진주지방협의회

1920년대 후반 노동운동의 주요한 흐름은 직업별 노조에서 산업별 노조로의 이행이었다. 산업별 조합을 토대로 프롤레타리아 대중조직을 건설한다는 운동방침에 따름이었다. 1928년 6월 서울의 인쇄공조합이 출판노조로 개편된 것을 시작으로 조직 변경이 확산되었다.

진주도 진주인쇄공조합이 진주출판노조로 재조직되어 최초의 산업별 노조가 탄생했다. 진주인쇄공조합은 1927년 6월 5일 창립되었다.[117] 인쇄업은 노동자의 조직 비율이 높아 종사자의 의식과 활동이 다른 분야에 비해 선진적이었다. 따라서 직업노조 중에서도 당국의 감시와 견제가 월등했다. 진주는 강대창, 전희원 등 중심 활동가들이 인쇄노조를 발기했는데, 결성과정과 이후 활동까지 난관이 많았다. 따라서 출판노조로 전환하는 단계부터 경찰의 방해에 직면할 수밖에 없었다. 출판노조의 결성 대회는 허가를 받지 못해 수차례 연기된 끝에 1931년 7월 6일 거행되었다. 진주노동회관에서 열린 대회는 임석 경관에 의해 축전이 압수되고 내빈 축사까지 금지되는 등 시종 긴장된 분위기에서 진행되었다.[118] 행동강령이 채택되지 못하고 명칭과 조합원 교양에 관한 일상 사항만 의결된 것도 그러한 이유에서였다. 결국 진주출판노조는 집요한 감시하에 뚜렷한 활동을 전개하지 못하고 이른바 '조선공산주의자 진주지방협의회(진주지방협의회)사건'에 연루되어 1933년 1월 강제 해산되었다.[119]

'진주지방협의회사건'[120]은 1932년 진주의 학생운동 출신들이 지역단

117) 『동아일보』, 1927년 6월 12일, '晋州印工組合 去五日에 創立'

118) 『동아일보』, 1931년 7월 10일, '晋州印工大會 出版勞組로 改稱'

119) 『중앙일보』, 1월 13일, '晋州出版勞組 警察이 解散命令'

120) 사건명인 '조선공산주의자 진주지방협의회(진주지방협의회)'는 경찰이 수사과정에서 만든 자

위 공산주의 그룹을 결성하고 대중조직 건설을 시도하다가 발각된 사건이다. 진주공립농업학교와 진주고등보통학교의 퇴학생들(송기호, 장원관, 박원지)이 재학생과 노동자를 포섭하여 혁명적 노동조합 건설을 시도했다. 이들은 1932년 9월 진주 봉산정(鳳山町)에서 비밀결사 중앙부를 조직하고 아래의 세포단체를 구성했다.[121]

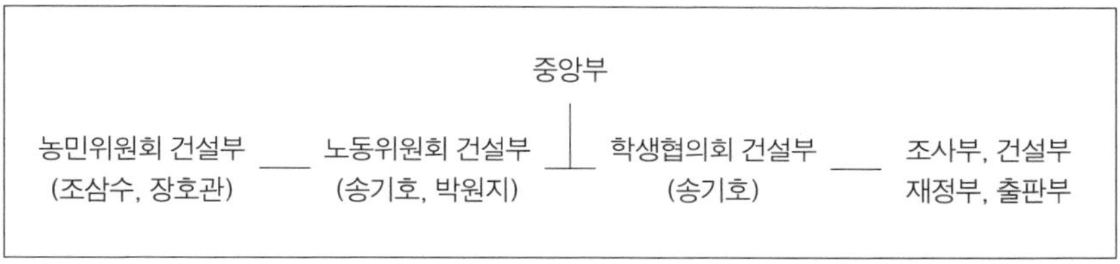

이어 재학생을 규합해 진주고등보통학교 내에 '교내위원회'라는 지하 서클을 만들었다. 이들 그룹은 11월 7일 러시아 혁명 기념일을 기해 대규모 시위와 파업투쟁을 계획했다. 준비단계로 기념일 전까지 진주 읍내에 다량의 격문과 전단을 살포하기로 했다. 11월 3일까지 이들이 제작한 격문의 제목은 〈표 6〉과 같다.[122]

격문은 11월 4일부터 진주 읍내 학교와 옥봉리 고무공장에 살포되었다. 11월 5일은 도로 곳곳에 뿌려졌다. 경찰은 기념일 전날인 11월 6일까지도 전단의 출처를 파악하지 못했다. 11월 7일 진주고등보통학교 재학생 김

의적 명칭이다(「朝鮮重大事件經過月表"」, 『思想月報』 3권 7호, 朝鮮總督府高等法院檢事局思想部, 1934, 9쪽). '진주지방협의회'라는 조직명은 사용된 적이 없고 관련자들의 판결문에도 등장하지 않는다. 당시 언론은 이 사건을 '진주학생사건' 혹은 '진주적색노조사건' 등으로 보도했다(『조선중앙일보』, 1933년 6월 8일, '晋州學生事件'; 『중앙일보』, 1932년 11월 9일, '晋州赤色勞組 四十餘學生檢擧').

121) 大邱覆審法院, 「判決文」, 昭和八年刑控第479號.

122) 大邱覆審法院, 「判決文」, 昭和八年刑控第479號.

〈표 6〉 진주지방협의회 그룹 격문 일람표

작성자	제목	제작일
송기호	'조선문제를 위한 국제공산당 서기국의 결의', '러시아혁명기념일 11월 7일을 준비하자', '혁명적 노동조합의 건설문제'	10월 중순
김환기	'소비에트 동맹을 사수하라', '친구여 일어나 시가를 점령하라'	11월 1일
박원지	'소비에트 러시아를 사수하라', '혁명기념일 11월 7일 총파업으로 싸워라', '광포하고 무자비한 일본제국주의의 자본가', '지주의 충실한 개 스파이를 박멸하라', '11월 7일 데모 스트라이크를 일으켜 싸워라'	11월 2일

호배와 김환기는 조회시간에 기습 연설을 하고 문건을 배포하다가 체포되었다. 타 학교나 생산현장에서의 투쟁은 무산되었다. 관련자들은 당일 대부분 검거되었다. 주범 송기호는 내동면 망경산으로 피신했으나 다음 날 진주경찰서 수사대에 피체되었다.[123] 구속된 인물은 40여 명이었고, 그중 17명이 실형을 받았다. 신상과 형량은 〈표 7〉과 같다.[124]

〈표 7〉에 나타난 대로 진주지역의 단일사건 중 중 가장 많은 인사가 기소되었다. 공장 내 대중 기반이 없던 진주에서 학생운동 출신들이 전위조직을 결성하고 대중 획득과 실천투쟁을 시도했지만 실패했다. 생산현장보다 학교나 가두를 중심으로 의식화와 활동가 획득을 기도했고, 전략적 고려 없이 감행한 기습 연설, 전단 살포 등은 즉시 검거라는 역효과만 불러왔다.[125] 이는 혁명적 노조 결성이 시도 단계에서 좌절될 때 흔히 발견되는 사례다.

진주경찰서는 진주출판노조를 사건의 배후로 주목하고 집중 수사 후

123) 『동아일보』, 1932년 11월 22일, '主犯宋畿鎬暗窟에서逮捕'

124) 「朝鮮共産主義者晋州協議會事件」, 『思想月報』 3권 7호, 朝鮮總督府高等法院檢事局思想部, 1934, 11-13쪽.

125) 김희주, 「진주지역의 사회주의운동과 조선공산당 재건운동」, 『동국사학』 61, 동국역사문화연구소, 2016, 377쪽.

〈표 7〉 진주지방협의회사건 기소자 인물표

성명	연령	직업	거주지	형량
송기호	23	무직	진주읍 신정	징역 3년
장호관	21	대서업	진주읍 금정	징역 2년
박원지	20	무직	진주읍 신정	징역 2년
조삼수	21	무직	진주읍 수정정	징역 2년
김환기	21	진주공립고등보통학교 재학생	사천군 삼천포읍	징역 1년 6월
김호배	19	상동	산청군 생초면	징역 1년 6월
정성수	20	상동	남해군 창선면	징역 1년 집행유예 3년
박용규	19	상동	창원군 진동면	상동
정화균	20	상동	남해군 창선면	상동
윤봉신	20	상동	창녕군 창녕면	상동
박증몽	18	진주공립농업학교 재학생	고성군 상리면	상동
김종환	19	상동	하동군 북천면	상동
박재권	19	상동	진주군 진주읍	상동
中尼勝	19	상동	마산부 통정	상동
이사덕재	22	인부감독	진주군 진주읍	상동
김점봉	23	인쇄공	진주군 진주읍	상동
박호종	29	농업	진주군 금산면	상동

강제 해산시켰다. 사건의 여파는 한 달여 뒤 진주농민조합의 해산으로 이어졌다.[126] 진주청년동맹에 이어 노동 · 농민운동을 주도했던 두 조직이 모두

126) 『동아일보』, 1933년 1월 12일, '檄文關係로? 出版勞組解散'; 『중앙일보』, 1933년 2월 8일, '晋州農民組合에 突然解散命令'

해체당함으로써 3 · 1운동 이후 분출했던 진주지역의 대중사회운동도 일단락된다.

6. 맺음말

1920년대 진주지역의 대중사회운동은 청년단체들이 선도했다. 핵심 단체는 진주청년회였다. 이들은 개인의 '수양'과 지역의 '개조'를 강조하며 문화계몽운동을 추진했다. 진주의 청년운동은 중앙의 정세와 지역 현안에 민감하게 반응하며 진행되었다. 진주청년회가 1921년 4월 단행한 위원제로의 조직 변경은 군 단위에서도 신속한 사례였다. 사회주의 이념도 속도감 있게 수용했다. 1925년 사회주의 청년조직들이 출현했다. 이들을 통합하여 1928년 1월 진주청년동맹이 결성됨으로써 청년운동의 방향 전환이 완결되었다.

진주청년동맹은 통일적 청년운동을 전개하고, 선전 · 교양활동을 추진했으며, 주민의 일상 이익 옹호에도 충실했다. 이 단체의 사상과 성향에 주목한 당국의 압력도 가중되었다. 1929년부터 집중된 경찰의 탄압은 1930년 후반에 오면 일상적 활동이 불가능할 정도로 극점에 이르게 된다. 1931년 진주농민조합 청년부가 진주청년동맹을 흡수함에 따라 대중사회운동으로서의 청년운동은 종료되었다. 진주지역의 청년운동은 선도적이고 모범적이었다는 특징을 보인다. 청년운동이 배출한 인적 자원과 행동노선은 진주지역 사회운동의 기반이었다. 일시적으로 침체된 적은 있었으나 비교적 세대 · 계층 간의 알력 없이 조직을 변천시키며 지역의 사회운동을 견인했다.

이러한 선진성은 진주지역의 농민운동에서도 발견된다. 진주노동공제회가 1922년 9월 개최한 '소작노동자대회'는 소작인의 권익을 공론화한 최초의 집회로 국내 소작투쟁의 기폭제가 되었다. 이후 1924년까지 소작쟁의를 중심으로 한 농민운동이 진주에서 활발히 전개되었다. 대(對)지주투쟁을 통해 빈농 · 소작인은 자신의 권익을 방어하고 소박한 단계지만 계급적 각성을 이루게 된다. 1925년을 기점으로 농민운동의 성격이 전환됨에 따라 진주도 변화를 보인다. 노(勞) · 농(農) 분리의 원칙에 따라 조직분화가 시도되었고, 그 결과 1928년 진주농민조합이 결성되었다.

진주농민조합은 진주청년회와 진주노동공제회 출신의 1, 2세대 활동가들이 결집한 당시 진주 지역사회운동의 신(新)기지였다. 소작투쟁을 넘어서 활동 영역을 확장했으나 경찰의 집요한 감시와 취약한 대중성으로 성과를 거두지 못했다. 진주지역 농민운동의 종결점은 혁명적 농민조합 건설운동이었다. 빈농층에 기반을 둔 비합법적 대중조직을 진주지역에 조직코자 한 것이다. 진주농민조합의 핵심 활동가들이 시도했으나 준비단계에서 좌절되었다.

진주지역의 노동운동도 3 · 1운동의 영향 아래 시작되었다. 1920년 진주면에 설립된 노동야학들은 정규교육이 불가능한 근로 청소년들에게 '문명의 지식을 교수(敎授)'했다. 1923년 자유노동조합이 조직되고 최초의 직업별 노동조합(진주양화직공조합)이 탄생함으로써 근대노동운동이 궤도에 오르게 된다. 이후 1930년대 초반까지 운수노동자, 와공, 정미직공 등 직업별 숙련노동자에 의한 파업투쟁이 연발했다. 기생도 소속 권번을 상대로 처우개선을 요구하며 동참했다. 진주의 쟁의는 대부분 단기간에 끝났으나 공격적인 파업이었고 성공률이 높았다. 1927년 결성된 진주인쇄공조합이 1931년 진주출판노조로 재편되어 지역 최초의 산업별 노조가 출범했다. 대략 이 시점부터 노동운동에 대한 경찰의 탄압이 노골화된다.

1932년의 이른바 '조선공산주의자 진주지방협의회사건'은 노동운동을 포함한 진주지역 사회운동의 대미를 장식한 거사였다. 진주고등보통학교와 공립농업학교 학생운동 출신들이 재학생과 노동자를 획득하여 적색노동조합 건설을 추진한 것이다. 40여 명이 검거된 이 사건의 여파로 노·농운동의 본산이었던 진주출판노조와 진주농민조합이 강제 해산되었다. 이로써 3·1운동 이후 들불처럼 전개되었던 진주지역의 대중사회운동은 일단락되었다.

언급한 대로 진주지역의 초기 사회운동에서 발견되는 특징은 선진성이다. 사조의 유입, 단체의 결성, 운동의 추진과정에서 낙후성은 드러나지 않는다. 다만 1920년대 후반에 오면 확장성과 대중성에 한계를 보인다. 활동가 그룹이 고정되어 이들에 대한 감시와 검속이 반복되는 상황이 제약으로 작용한 것이다. 인근 삼천포와 함안에서 성공했던 혁명적 농민조합운동이 준비단계에 좌절된 것도 그러한 이유 때문이다.

3·1운동 이후 진주지역 주민이 꿈꾸었던 세상은 개조된 사회였다. 실력을 양성하여 정의와 인도, 자유와 평등이 넘치는 근대문명사회를 만들어보자는 열의가 폭발했다. 그 과정에는 이미 서구화된 일제와의 타협이라는 고민스러운 조건이 있었다. 식민지하의 근대화를 허구적 환상이라고 판단한 활동가들은 사회주의 이상향으로 눈을 돌렸다. 제국주의 압제와 착취, 계급과 빈부의 격차가 없는 낙원을 건설하려는 움직임이 1920년대 진주 사회를 풍미했다. 그 핵심이 청년·노동·농민운동이었다. 일제의 탄압은 물론 후자에 집중되었다. 성패 여부를 떠나 그들이 진주 땅에서 추구했던 가치와 열망, 그리고 희생은 100년이 지난 지금도 되새겨볼 의미를 가진다.

참고문헌

『개벽』

『경남일보』

『남선공론』

『대한매일신보』

『대한민보』

『대한협회회보』

『동아일보』

『매일신보』

『시대일보』

『영남춘추』

『조선일보』

『조선중앙일보』

『중앙공중보』

『중외일보』

『천도교회월보』

김경일, 『일제하 노동운동사』, 창작과 비평사, 1992.

김윤환, 『韓國勞動運動史 Ⅰ』, 靑史, 1981.

김준엽 · 김창순 편, 『한국공산주의운동사』 자료편 Ⅱ, 고대아세아문제연구소, 1980.

김준형, 「서부경남지역의 동학군 봉기와 지배층의 대응」, 『경상사학』 7 · 8, 경상대학교사학회, 1992.

김중섭, 『사회운동의 시대: 일제침략기 지역 공동체의 역사 사회학』, 북코리아, 2012.

김중섭 · 유낙근, 「1920년대 초 사회운동의 동향: 진주 지역을 중심으로」, 『현상과 인식』, 한국인문사회과학회, 1986.

김형목, 『교육운동』, 독립기념관 한국독립운동사연구소, 2009.

———, 「3 · 1운동 이전 진주지역의 야학운동」, 『숭실사학』 22, 숭실사학회, 2009.

김희주, 「每日申報에 비친 경남 서부지역의 3 · 1운동과 日帝의 대응」, 『강우문화연구』 1, 진주국제대학교 강우문화연구소, 2005.

———, 「1920년대 진주지역의 청년운동과 진주청년동맹」, 『한국민족운동사연구』 72, 한국민족운동사학회, 2012.

______, 「일제하 진주지역 天道敎의 문화운동」, 『동국사학』 55, 동국사학회, 2013.
______, 「대한협회 진주지회의 결성과 활동」, 『역사와 교육』 21, 동국대학교 역사교과서연구소, 2015.
______, 「진주지역의 사회주의운동과 조선공산당 재건운동,」 『동국사학』 61, 동국역사문화연구소, 2016.
______, 「일제하 진주지역 鄭相珍의 성장기반과 유지활동」, 『동국사학』 64, 동국역사문화연구소, 2018.
______, 「일제하 진주지역의 수해와 남강치수사업」, 『지역과 역사』 47, 부경역사연구소, 2020.
신용하, 「조선노동공제회의 창립과 노동 운동」, 『한국사회사연구회논문집』 3, 한국사회사연구회, 1986.
역사문제연구소, 『한국근현대지역운동사 Ⅰ · 영남편』, 여강, 1993.
이준식, 『농촌사회변동과 농민운동』, 민영사, 1994.
정연심, 「1920년대 진주노동공제회의 조직과 농민운동의 발전」, 『釜大史學』 21, 釜大史學會, 1997.
조동걸, 『日帝下韓國農民運動史』, 한길사, 1979.
조찬석, 「1920年代 慶尙南道地方의 靑年運動」, 『논문집』 19, 인천교육대학, 1985.
지수걸, 『일제하 농민조합운동 연구』, 역사비평사, 1993.
진주농민항쟁기념사업회 · 경상대학교 경남문화연구원, 『진주 농민운동의 역사적 조명』, 역사비평사, 2003.
한국역사연구회 근현대청년운동사 연구반, 『한국 근현대 청년운동사』, 풀빛, 1995.
金森襄作, 「朝鮮勞動共濟會について」, 『朝鮮史叢』 3, 靑丘文庫, 1980.
______, 「朝鮮農民組合運動史: 一九二〇年代の晋州 · 順天を中心にして,」 『朝鮮史叢』 5 · 6, 靑丘文庫, 1982.
勝田伊助, 『晋州大觀』, 1940.
淺田喬二, 『日本帝國主義下の民族革命運動』, 未來社, 1973.
조선총독부, 『朝鮮の小作慣習』, 1929.
______, 『朝鮮ノ小作慣行』, 1932.
조선총독부 경무국, 『朝鮮の治安狀況』, 1922.
______, 『朝鮮の治安狀況』, 1929.
______, 『高等警察關係年表』, 1929.
조선총독부 고등법원검사국사상부, 『思想月報』, 1934.

IV

진주지역 3·1운동과 사회적 약자: 어린이, 여성을 중심으로

—

김형목

1. 머리말

2019년은 3 · 1운동과 대한민국임시정부 수립 100주년을 맞아 국내외에서 다채로운 기념행사와 학술회의가 개최되었다. 새로운 밀레니엄 시대를 맞은 지 20여 년이나 지났으나 아직도 일제 식민지배 잔재는 곳곳에 생채기로 남아 있는 현실이다. 반면 '불꽃 같은 치열한 삶'을 살았던 항일투사들의 삶은 제대로 조명되지 못했다. 이와 같은 현안은 감정으로 결코 치유될 수 있는 '단순한' 사안이 아니다. 성숙한 시민의식과 역사 인식이 동반될 때에야 가능하리라 예견된다.

3 · 1운동은 일제의 혹독한 무단통치에 대항하여 전 민족이 일어선 자주독립운동이었다. 더불어 봉건적인 유제를 없애는 동시에 개인 자유권을 보장하는 민주사회 건설인 민족 · 민주 운동으로서의 성격도 지닌다. 비록 일제의 무자비한 탄압으로 최종 목적인 독립국가 건설에는 실패했다. 한국인은 이를 계기로 개인 · 국가 · 민족 등을 새롭게 인식하는 결정적인 계기를 맞았다. 3 · 1운동은 이후 항일독립운동을 견인하는 정신적 지주로서 자리매김했다. 일제의 폭압적인 탄압에도 전혀 굴절되지 않고 국내외에서 전개된 항일투쟁은 민족해방으로 귀결되었다. 1948년 수립된 대한민국 헌법 전문은 이러한 사실을 잘 보여준다.[1)]

항일독립운동사나 대한민국 건국사 연구에서 일찍부터 주목을 받은 주제 중 하나는 3 · 1운동이었다. 해방 이후 극심한 이데올로기 대립 속에서도 3 · 1절 기념식은 중단되지 않고 거행된 사실이 이를 방증한다. 좌파나 우파도 스스로 '혁명정신'을 계승한 적자임을 내세웠다. 이들은 자파 세

---

1) 김영수, 「대한민국 임시정부헌법의 정통의식에 관한 연구」, 『논문집』 6, 충남대학교 법률행정연구소, 1979, 109-113쪽: 이현희, 『대한민국임시정부사』, 집문당, 1982, 12-19쪽.

력을 확보하는 디딤돌로서 충분한 가치를 인식하고 있었다. "독립운동=3 · 1운동"이라는 인식은 보편적인 가치관으로서 위력을 발휘했다. 이는 지나간 '단순한' 역사적인 사건이 아니라 현실과 공존하는 당당한 삶의 현장으로 복원되었다.[2)]

한편 3월 1일 서울의 독립선언식과 만세시위 이후 2~3개월에 걸쳐 국내는 물론 국외 한인사회에서 목숨을 내걸고 투쟁했다. 3 · 1운동 실체는 민중의 투쟁현장인 지방사회 전개과정에서 확인할 수 있다. 3 · 1운동사에서 차지하는 지방사적 의미는 바로 여기에 있다고 해도 과언이 아니다. 하지만 당시 상황을 객관적 · 동태적으로 조명한 연구는 양적 성과와 달리 매우 부진한 실정이다.[3)] 진주의 경우도 예외는 아니다. 진주 지역사를 서술하는 한 부분으로 언급될 뿐이다. 일제강점기 진주의 3 · 1운동에 관한 학술적인 단행본조차 없다는 사실은 이를 그대로 보여준다.

경상남도 수부로서 운동 양상은 격렬하게 전개되었다. 직접적인 식민지 수탈기관인 경찰서 · 군청 · 재판소 · 면사무소 등에 대한 습격이나 파괴 등도 서슴지 않았다. 이와 같은 차별성은 어디에서 연유하는 것일까. 여러 요인 중 견고한 식민지배체제 구축을 원인으로 언급한 글은 그동안 '객관적인' 사실로서 수용되는 분위기였다. 이는 적절한 평가로서 일정한 의미를 지니지만, 어딘가 미흡한 느낌을 지울 수 없다. 서울에서는 진주보다 빈틈없는 '거미줄' 같은 정보조직망이 가동되고 있었다. 그런데 3 · 1운동 진원지는 바로 서울이었다.

이 글은 기존 연구 성과를 바탕으로 진주지역 3 · 1운동의 역사적 의의

---

2) 지수걸, 「3 · 1운동의 역사적 의의와 오늘의 교훈」, 『3 · 1민족해방운동 연구』, 청년사, 1989, 33-36쪽.

3) 이정은, 「머리말」, 『3 · 1독립운동의 지방시위에 관한 연구』, 국학자료원, 2009, 6-10쪽.

를 살펴보는 데 있다.[4] 특히 사회적 약자인 여성과 공립보통학교 학생 참여는 이후 여성운동과 소년운동 등 부문별 민족해방운동 진전으로 이어졌다. 외부 세계와 소통 확대는 엄혹한 현실에도 투혼을 발휘하는 정신적인 에너지원이었다. 다양한 경험은 식민지 시기 진주인의 자신감을 배가시켰다. 어린이날 제정이나 여성단체 조직은 이러한 역사적인 배경과 밀접한 연관성을 지닌다. 이 글은 진주지역 3 · 1운동 전개 양상을 살펴본 후 소년운동과 여성운동의 진전 파악에 중점을 두었다. 이를 통해 사회적인 약자가 식민지 시대를 어떻게 관통했는지 역사적인 성격을 조망하려는 의도다.

2. 진주지역 3·1운동의 전개 양상

진주는 3 · 1운동 당시 경남 수부로서 다른 인근 지역보다 인구가 많았다. 음력 2일과 7일에 개시된 장날에는 1만여 명에 달하는 인구가 모여들 정도였다.[5] 서울에서 시작된 만세운동 소식은 곧바로 전파되었다. 이강우 · 김재화 · 권채근 · 강달영 · 박진환 · 박용근 · 강상호 · 한규상 등은 비밀회합을 거듭하면서 독립만세운동을 준비했다. 이들은 장날인 3월 18일

---

4) 국사편찬위원회, 『한국독립운동사』 2, 1968, 300-301쪽: 독립운동사편찬위원회, 「경남 서부지방」, 『독립운동사: 3 · 1운동사(하)』 3, 독립유공자운용기금위원회, 1972, 289-296쪽; 박철규, 「진주군」, 『국내 3 · 1운동 Ⅱ: (남부) 한국독립운동의 역사』 20, 한국독립운동사편찬위원회 · 독립기념관 한국독립운동사연구소, 2009; 김상환, 「경남 서부 내륙지역」, 『경상남도의 3 · 1독립만세운동』, 경인문화사, 2012.

5) 『황성신문』 1907년 3월 20일 논설 '慶南愛國'; 『대한매일신보』 1907년 5월 15일 잡보 '晉守勸學'

을 거사일로 결정했다. 3월 10일경 독립선언서와 격문을 비밀리에 배부하는 등 관내 유지와 주민을 규합해나갔다. 각지에서 만세시위가 격렬하게 진행되자 군인과 경찰 등은 삼엄한 경계망을 펼쳤다. 분위기를 감지한 일제 군경은 임시휴교령을 내리는 한편 교사들에게 학생들을 엄중하게 정탐하도록 지시했다. 다른 지역에서 유학 온 학생들은 고향으로 강제 귀향하는 비상조치도 단행했다.[6)]

이강우 등은 광림학교 악대원으로 활동하다가 졸업한 천명옥 · 박성오 · 김영조 · 이영규 등과 교섭하여 시위행렬 선두에서 주악을 부탁했다.[7)] 시위군중에게 두려움을 반감시키는 동시에 분위기를 고조하려는 의도였다. 이들은 교섭위원을 선정하여 기독교 측은 김영조, 사회단체는 김재화와 강달영이 각각 담당하기로 결정했다. 구체적인 시위 집결지도 미리 알렸다. 제1구는 옥봉동 부근, 제2구는 재판소 부근, 제3구는 시장통 부근으로 정했다.

3월 18일에 많은 주민이 장꾼으로 가장하여 읍내 시장통으로 몰려들었다. 타종을 책임진 김영조는 진주교회로 달려갔다. 뜻밖에도 교회의 종은 철거되고 없었다. 당황한 김영조는 비봉산 산정에서 나팔 소리가 나면 거사하라고 약속을 변경했다.[8)] 오후 1시에 이영규는 나팔을 힘차게 불었다. 이를 신호로 세 곳에 모인 군중은 힘차게 독립만세를 불렀다. 학생들은 감추

---

6) 독립운동사편찬위원회, 「경남 서부지방」, 『독립운동사: 3 · 1운동사(하)』 3, 1972, 289쪽.

7) 『매일신보』 1918년 2월 22일 '진주: 광림학교학예회'; 1919년 4월 23일 '진주소요공판, 재판소에 모인 삼천명의 군중'; 4월 25일 '진주소요공판, 이십 삼명에게'; 『경남일보』 2019년 2월 25일 '진주를 사랑한 선교사 거열휴씨를 아십니까?'

8) 조헌국, "진주기미만세의거", 『진주에 뿌려진 복음: 진주지방 장로교회의 설립과 발전』, 디자인모토, 2015. 만세시위 당일 교회 종탑 소리를 신호로 시작되었다는 필자의 주장이다. 이에 대한 부분은 차후 심층적인 분석을 통해 밝혀야 부분 중 하나다. 호주 장로교의 선교사업은 진주지역 근대교육과 더불어 3 · 1운동은 물론 이후 형평운동 등을 견인하는 에너지원이기 때문이다.

어둔 태극기를 모여든 군중에게 나누어주었다. 제2구에는 학생과 군중 수천 명이 모여 이강우가 독립선언서를 낭독한 후 시위에 나섰다. 오후 4시경 시위군중은 2만여 명에 달했다.[9] 일제 군경은 시위군중을 해산시키려 했으나 저들의 뜻대로 되지 않았다. 심지어 소방대까지 동원하여 더러운 물을 퍼붓고 곤봉을 난타하며 해산을 시도했다. 이에 흥분한 시위대의 분노는 폭발하는 상황으로 이어졌다.

저녁 무렵 300여 명을 현장에서 검거했으나 시위는 야간에도 계속되었다. 봉화를 올리는 가운데 '노동독립단'과 '걸인독립단'이 시위대열에 합류하는 등 분위기는 크게 고조되었다.[10] '걸인독립단'은 의분에 넘치는 어조로 "우리들이 유리걸식하게 된 이유는 왜놈들이 우리들 생의 이권을 빼앗았기 때문이다. 우리나라가 독립하지 못하면 우리는 물론 2천만 동포가 모두 구렁텅이에 빠지고 말 것이다"라고 외쳤다. 수많은 시민은 독립을 향한 투쟁 의지를 더욱 다졌다.

다음날 진주읍내 한국인 상점은 모두 철시했다. 오전 11시경 다시 7천여 명 군중이 모여 악대를 선두로 태극기를 앞세우고 독립만세를 고창하면서 시위에 돌입했다. 이들은 경남도청 경무부로 몰려갔다. 일제 헌병은 총검으로 위협하고 난타하여 부상자가 속출하는 상황을 맞았다. 그럼에도 청소년들은 전혀 흔들리지 않고 투석으로 이에 맞서는 등 완강하게 저항했다. 시위대는 일시 후퇴했다가 다시 결집하는 등 시위행진을 계속 이어나갔다. 이때 진주기생조합 소속 '기생독립단' 50여 명이 태극기를 앞세우고 촉석루를 향해 나아갔다. 이들은 악대를 앞세우고 "우리는 자랑스러운 논개의

9) 당시 시위군중에 대한 정확한 통계는 일제 측과는 다르게 나타난다. 지금까지 연구 성과를 종합하면 2만 명 전후로 추정된다. 이는 경기 강화도와 더불어 전국에서 가장 많은 주민의 참여로 평가되고 있다.

10) 박철규, 위의 글(2009), 284쪽; 독립운동사편찬위원회, 위의 글(1972), 291-292쪽.

후예다. 진주 예기의 전통적 긍지를 잃지 말라"라며 태극기를 휘날리고 만세를 불렀다. 일제는 한금화(韓錦花) 등 6명을 붙잡아 구금했는데, 한금화는 손가락을 깨물어 흰 명주 자락에 "기쁘다, 삼천리강산에 다시 무궁화 피누나"라는 혈서를 썼다. 기생이 6명이나 검거되었으나 시위는 저녁 늦게까지 계속되었다.[11]

기생들의 투쟁을 본 '백정의 아낙'들도 칼을 들고 몰려나와 만세를 불렀다. 일본 경찰은 이들을 체포한 후 이마에 칼로 '에다(천민, 백정)'라는 글자를 새기는 차마 인간으로서 할 수 없는 악랄한 짓을 서슴지 않았다. 이리하여 진주에서 만세시위는 남녀노소를 막론하고 혼연일체가 되는 분위기로 반전되는 결정적인 계기가 되었다. 선두에 서서 시위대를 이끈 기생 6명이 체포된 뒤에도 열기는 전혀 식지 않았다.[12] 독립에 대한 열망은 진주시민을 시위 현장으로 견인하는 에너지원이나 마찬가지였다. 이는 자신들의 존재감과 자긍심에서 비롯되었다.

> 진주는 종래로 절대가인(絶大佳人)이 많이 나는 곳으로 지금도 수백 여 명의 기생이 있어 연전부터 건강 진단은 받았으나 예기와 창기의 구분이 확실치 못하고 자연 객에 대하여 불경함이 많이 있더니, 금번 모 유지자가 사교상 적지 않게 유용되는 기생으로 오히려 객에 대하여 불쾌함을 갖게 함이 심히 개석(慨惜)하여 소속 관청과 협의 후 갑종 기생 수명으로 더불어 자치적 조합을 설립 계획 중이라더라.[13]

11) 『매일신보』, 1919년 3월 25일 '기생이 앞서서 형세 자못 불온'; 독립운동사편찬위원회, 위의 글(1972), 291-292쪽.

12) 이동근, 「1910년대 '기생'의 존재양상과 3 · 1운동」, 『한국민족운동사연구』 74, 한국민족운동사학회, 2013, 147-148쪽.

13) 『매일신보』, 1913년 2월 6일 '진주 기생조합 계획'

강제병합 전후로 기생과 창기 등은 일제의 '기생 및 창기 단속령' 시행으로 대립과 갈등이 증폭되고 있었다. 전통적인 기생을 자임하는 예기(藝妓)로서 자긍심은 이와 같은 정책에 대한 반발심을 증폭시켰다. 임진왜란 당시 적장 게야무라 로쿠스케(毛谷村六助)를 유인하여 남강에 몸을 던진 논개(論介)의 후예라는 자존감은 대단했다.[14] 의기사(義妓祠)는 기생의 자긍심을 일깨우는 정신적인 지주나 마찬가지였다. 이날 학생 100여 명도 검거되는 등 분위기는 좀처럼 진정되지 않았다. 심지어 사회적으로 가장 천대받는 백정 부인들도 동참함으로써 세인의 주목을 받았다.[15]

20일에도 시위는 계속되었다. 아침부터 모이기 시작한 군중은 악대를 선두로 애국가를 부르며 진주경찰서로 몰려갔다. 헌병대는 기마병을 동원하여 시위행렬을 저지하기 위해 온갖 야만적인 방법을 동원했다. 시위군중은 일제의 포악하고 야만적인 저지에 일단 해산하고 물러났다. 21일에는 강민호와 김경택 등 학생이 검거되자 학부형 등 가족과 친지들이 만세시위에 나섰다. 금곡면 면서기 김영재와 금산면 가방리 이교륜은 대대적인 군중을 규합한 만세시위를 계획하다가 검거되었다. 이들은 "조선 총대장 박모가 조선 13도를 조직하려고 하니 만민은 여기에 즐겁게 따르고 충절을 다하여 외적에게 모멸당하지 말자"라는 '조선독립 완문서(完文書)' 수십 매를 만들었다. 이를 읍내 법원지청 앞 전신주 등 요지에 붙이는 한편 각 면장과 구장에게 보냈다.[16] 이러한 분위기는 관내는 물론 인근 지역으로 파급되는 효과를 거두었다.

거의 한 달이 지난 4월 18일에는 다시 읍내에서 대대적인 만세시위가

---

14) 『조선신보』, 1920년 6월 4일 '논개비각 수리, 진주기성 의거'

15) 진주에서 신분해방과 계급해방을 위한 형평운동은 이러한 역사적인 배경과 밀접한 연관성을 지닌다. 이에 관한 부분은 김중섭 교수의 연구 참조.

16) 독립운동사편찬위원회, 위의 글(1972), 292-293쪽.

일어났다. 오후 5시경 진주 법원지청에서는 검거된 인사들을 분감(分監)으로 압송하고 있었다. 이러한 소식이 곧바로 알려져 3천여 명 군중은 이들을 구출하려 시도했다. 시위대를 향해 총을 난사하여 대구인 이육식이 현장에서 순국하고 강목순은 중상을 입었다.[17)]

한편 고종의 인산에 참석하고 돌아온 산청군 단성면 배양리에 사는 이병홍은 독립선언서를 가져왔다. 그는 동지인 진양군 정촌면 관봉리에 사는 강재순에게 서울의 의거 소식을 전하며 독립선언서를 전달했다. 서울의 의거 소식을 접하자 강재순은 독립을 위한 만세운동이 필요하다고 절감했다. 그는 판각에 능숙한 이종언에게 독립선언서 인쇄를 부탁했다. 목판으로 독립선언서 수백 매를 판각한 이들은 비밀리에 인근 동지들에게 전달하는 동시에 이반성면 김종락에게 만세운동의 정당성을 알리도록 했다. 강재순과 강한순 · 허현 · 이종락 등은 모의를 거듭하며 진주읍내 동지들과 긴밀한 연락을 주고받았다. 3월 18일 진주읍내 만세운동과 때를 같이하여 5천여 명이나 모인 시위대는 진주읍을 향하여 시위행진에 돌입했다.[18)]

시위대가 칠암리에 도달했을 때 정보를 입수한 일제 군경은 과수원 일대에 매복하고 있었다. 선두에서 활약하던 서기봉과 이준 등은 일제 총검에 복부를 찔렸다. 강한순은 태극기를 단 장대를 흔들며 헌병들의 장검을 빼앗아 남강에 던져버렸다. 진주읍의 군중은 '장엄한' 광경을 바라보며 성원을 아끼지 않았다. 남강을 사이에 두고 양쪽에 모인 군중의 기세는 대단할 만큼 고조되었다. 현장에서 체포된 강한순은 진주경찰서에서 혹독한 고문을 받았다. 재판소로 송치되는 도중에 포승을 절단하고 탈출한 후 비봉산에 올

---

17) 경상남도경찰부, 『고등경찰관계적록』, 1936, 10-11쪽; 변지섭, 『경남독립운동소사』 상, 삼협인쇄, 1965, 24-28쪽; 이용락, 『3 · 1운동 실록』, 금정, 1994, 648-652쪽.

18) 변지섭, 위의 글(1965), 29쪽; 이용락, 위의 글(1994), 654쪽.

라가 독립만세를 부르고 행방을 감추었다. 이들은 각각 피신하다가 체포되어 옥고를 치렀다.[19)]

그 외 3월 22일에는 수곡면 창촌리, 25일과 31일에는 문산면 소문리, 4월 8일에는 일반성면 창촌리에서 만세운동이 있었다. 이에 관한 자료는 현존하는 것이 거의 없어 자세하게 서술할 수 없다.[20)] 3 · 1운동의 거족적인 항쟁과 진주인의 완강한 독립정신은 학생들에게 계승되었다.

진주농업학교 문위동 · 신영안 · 김익조 등은 모임을 통해 '제2의 3 · 1운동'을 계획했다. 모의를 거듭한 후 1920년 8월 30~31일을 거사일로 결정하고 농업학교 학생들을 중심으로 이를 추진했다. 거사 계획은 8월 30일 오후 7시경 농업학교 앞, 진주공원, 재판소 앞 등 세 곳에 모여 대대적인 만세시위를 벌일 예정이었다. 이들은 학교 등사판으로 독립선언서 300매를 인쇄했다. 28~29일 비밀리에 회합하여 광림학교 등 읍내 학생과 기독청년회 · 청년친목회 등과 연합시위를 모색했다.[21)] 동지를 규합하던 중 진주경찰서에서 이를 탐지하여 8월 30일 관련자 72명을 검거했다. 주동자들은 진주형무소에서 미결 2개월과 기결 1년의 옥고를 치렀다.[22)]

진주에서의 독립만세운동은 이듬해까지 이어졌다. 이는 지역적인 특성을 반영하는 동시에 항일의식이 단절되지 않고 계승되었다. 유림의 파리

---

19) 변지섭, 위의 글(1965), 29-30쪽; 이용락, 위의 글(1994), 654-655쪽.

20) 조선헌병대사령부, 『조선소요사건상황』, 극동연구소출판회, 1919, 108쪽.

21) 『동아일보』, 1920년 7월 12일 '晋州農業學校, 光林學校, 第一二公立普通學校 學生聯合으로 德 · 體 · 智 · 育의 鍊磨와 親睦을 目的으로 學生大會創立總會를 開催했으나 警察當局에서 總會當時 治安妨害에 關한 演說과 安寧秩序維持上 解散命令을 行하고 文書全部押收'; 9월 3일 '진주농업학교 생도 전부 拘引, 모두 잡혀간 때문으로 자연히 휴교가 되었다'

22) 『동아일보』, 1920년 9월 11일 '진주농업학교 학생 칠십이명 검거 詳報, 천장절 당일에 독립만세를 고창하고자 계획하다가'; 『매일신보』, 1920년 9월 11일 '진주농업학교 학생 칠십이 명 검거 詳報, 천장절 당일에 독립만세를 고창하고자 계획하다가'; 10월 23일 '州騷擾學生 십명 편결언도, 징역 일년이 많아, 기타는 팔개월임'; 이용락, 위의 글(1994), 653-654쪽.

장서운동 참여도 이와 같은 맥락에서 이해할 부분이다. 특히 걸인동맹단이나 백정 부인들 참여는 신분이나 계급을 불문하고 한민족의 '일체화'라는 측면에서 새롭게 조명해야 할 사실로서 주목되는 사례다.[23] 이는 기억하고 전승해야 할 소중한 역사적 현장임을 잊지 말아야 한다.

3. 유치원교육과 소년운동 확산

1920년대 어린이날 제정과 각종 기념행사는 유치원교육에 대한 관심을 증폭시켰다. 아동에 대한 인식 변화는 이와 맞물려 확산되었다. 문화계몽론자들은 어린이를 미래 주역인 '제2세' 국민으로 규정했다. 제한적인 의미를 지니지만, 이른바 유치원 설립 운동은 일부 지역에 한정되지 않았다. 개신교를 중심으로 조직된 각종 계몽단체나 여성단체 등은 이를 '사회적인 책무'로서 인식할 정도였다.[24] 유치원교육은 1920년대 중반 이후 여성교육을 위한 야학 · 강습소 설립과 더불어 병행되었다. 진주지역은 1910년대부터 일찍이 유아교육이 시행되고 있었다.

현재까지 밝혀진 바에 의하면, 한국인에 의해 설립된 최초의 유치원은 1910년 밀양유치원이다.[25] 설립 주체는 지방자치제를 표방한 밀양시의

---

23) 김형목, 「신택리지, 천년 역사 속에서 피어난 강의 도시 진주」, 『월간 독립기념관』 3월호, 독립기념관, 2012.

24) 김형목, 「조선보육협회의 활동과 유아교육론 심화」, 『동국사학』 49, 동국사학회, 2010, 322쪽.

25) 김형목, 「1910년대 동화정책과 사립경성유치원」, 『한국민족운동사연구』 28, 한국민족운동사학회, 2001, 125-126쪽.

소(일명 밀양민의소-필자 주)였다. 이와 관련된 기사 내용은 다음과 같다.

> 본소에서 사립유치원을 설립하고 제반 경비는 본소 회원이 의출(義出) 자금하여 전적으로 부담 유지하기로 결정하고 이에 다시 광고하오니 생도 수업료는 물론하고 입학지원자는 청원서를 제출하심을 바란다.
>
> 융희 4년 3월 20일 밀양시의소.[26]

밀양시의소는 회원들의 의연금으로 사립인 밀양유치원을 설립하여 원아들을 모집 · 교육한다는 간결한 취지였다. 수업료와 교재 일체도 무료로 제공하고, 운영비는 회원들이 스스로 부담한다는 내용이었다. 이어 유치원 개원 소식도 보도되었다. 회원 중 박장억(朴章億) · 한춘옥(韓春玉)은 교사 월급을 담당하고, 나머지 회원은 유치원 경비 일체를 부담한다고 했다. 열성적인 활동으로 개원 당시 원아는 50여 명에 달했다. 여기에서 생소한 유치원교육에 대한 학부모의 높은 관심도와 분위기를 엿볼 수 있다.[27] 즉, 밀양지역 일부 인사는 이미 유치원교육의 중요성을 인지하고 있었다. 상당수 사립학교 재학생은 30~40명에 불과한 상황이었다.

교과과정이나 보모 등 교육내용 전반에 관한 사실은 현재까지 전혀 알 수 없다. 다만 임원진은 전 · 현직 관료나 실업가로서 1907년 밀양금융조합 설립을 주도한 재산가이자, 일제강점기에도 문화계몽운동을 후원하거나 이끈 인물들이었다. 동아일보사 밀양지국 고문이나 현지에서 조직된 각종

26) 『大韓每日申報』, 1910년 3월 22~23일 광고.

27) 이상금, 『한국 근대 유치원 교육사』, 이화여대출판부, 1987, 295쪽에서 "설립 계획에만 그친 것이 아닌가?"라고 보았다. 만약 이것이 사실이라면 유치원교육사에서 "역사적인 발견이 되는 것이 아닌가 하는 기대감도 있었다"라고 조심스러운 전망을 피력했다(이상금, 『해방전 한국의 유치원』, 1989, 297쪽). 다음 기사는 개원한 사실을 분명하게 보여준다(『大韓每日申報』, 1910년 4월 1일 학계 '幼園進就'; 『대한매일신보』, 1910년 4월 1일 학계보 '유치원진취').

사회단체도 이들에 의해 지도되었다.[28] 이는 경남뿐만 아니라 한국인에 의한 유치원교육 효시라는 중요한 의미를 지닌다.

일제강점기 경남지역 유치원교육은 개신교 · 불교계 등 선교사업의 일환이었다. 다른 지방과 마찬가지로 개신교에 의해 주도되고 있었다.[29] 진주기독유치원(일명 진주복음유치원-필자 주)은 1916년 선교사 마(馬) 부인에 의해 설립되었다. 그녀는 1906년 진주에 설립된 배돈병원(培敦病院, The Paton Memorial Hospital)[30] 의사인 마라연(馬羅連, Charles Inglis McLaren)의 부인이었다. 설립 경위나 당시 호응 등은 다음과 같다.

> 1916년 3월에 마의사 부인(Jessie McLaren, 1883-1968)께서 어린이들을 모아 보육기관을 시작하여 매일 오전에 두어 시간씩 유희하며 재미있게 가르침으로 어린이의 동무가 되어 무쌍한 취미를 주셨도다. 아이들의 어머니는 크게 다행한 일로 알고 감사했도다. (중략) 천진난만한 어린이들 생각에는 여기서 더 좋은 낙원이 없는 줄 여겼다. 화창한 노래와 유쾌한 유희로 정신이 쾌활하게 뛰놀며 아름답고 사랑스러운 어린이들의 꽃동산을 이루었더라. 묻노라. 이렇게 아름다운 동산의 이름이 무엇인가. 진주기독교유치원이라 하더라. 창립된 지 11년 만에 설립자

28) 『동아일보』, 1922년 3월 28일 '사고'; 1923년 3월 19일 '사고'; 『시대일보』, 1925년 5월 25일 '밀양면민대회 來28일에'; 『조선중앙일보』, 1933년 3월 27일 '밀양지방 소개판, 사회중진 片影'; 강만길 편, 『밀양의 독립운동사』, 밀양문화원, 2003, 183-217/373-389쪽. 밀양지역 근대교육과 관련하여 이들의 활동은 중요한 의미를 지닌다. 부산 일본인 거류지에 1897년 설립된 부산유치원은 이곳 유치원 설립에 영향을 미쳤으리라 추측된다.

29) 김양선, "부록 편", 『한국기독교사연구』, 1971; 이상금, 『지역별 유치원의 실태』, 위의 글(1987) 중 표의 설립자 참조.

30) 『동아일보』, 1920년 6월 6일 '이기석씨의 익사'; 1924년 1월 9일 '간호부졸업식'; 진주문화원, 『진주이야기 100선』, 1998; 강인언 · 임성혜 · 손영주, 「진주지역 유치원 변천과정에 대한 연구」, 『논문집』 15, 진주전문대학, 1992.

안란애 목사의 명의로 인가를 받았으니 곧 1926년 5월 22일이었다.[31]

진주기독유치원은 광림학교 여자부(이후 시원여학교로 개칭-필자 주) 교실을 사용했다.[32] 교육체제를 어느 정도 정비한 1923년 현재 규모는 3학급, 보모 4명, 1년간 경비는 1,500여 원이었다. 이는 자명유치원 · 진주유치원과 함께 일제강점기 이곳을 대표하는 유치원으로 발전했다.[33]

고성 신명유치원(일명 고성유치원-필자 주)도 1916년 선교사업으로 시작되었다. 3 · 1운동 이후 교육열 고조는 수용 인원 확대로 이어졌다. 보모 김순남(金順南)은 원족회를 비롯한 각종 행사에 참가한 학부모를 대상으로 유아교육의 중요성을 강조했다. 1922년 당시 원장은 목사 최상림(崔尙林)이고,[34] 보모는 김순남이었다. 원아는 40여 명으로 매년 정기적인 원족회를 실시하는 등 자연환경에 대한 관심을 일깨웠다. 현지 사정에 적합한 환경친화적인 '현장학습'은 교육적인 효과를 극대화하는 요인이었다. 원장은 교세 확장과 아울러 원사를 신축하는 한편 부인야학 등을 설립했다. 교육시설 확충은 자모회나 계몽단체 등의 열성적인 후원에 힘입은 바 크다.[35] 여성단체를 비롯한 주민은 유아교육 확산에 노력했다.

한편 교육열 고조와 더불어 유치원교육에 대한 관심도 점차 확산되었

---

31) 옥봉리야소교장로회, 『진주면 옥봉리 야소교장로회연혁사』, 1930.

32) 『동아일보』, 1921년 5월 10일 '광림학교 창립기념'; 1925년 5월 5일 '진주 광림학교 신축낙성식을 창립기념일에 거행'

33) 편집실, "제2회 전조선보육", 『신가정』 9월호, 신가정사, 1935.

34) 최상림은 주기철(朱基徹) 목사와 더불어 신사참배를 거부하다가 옥사한 5명의 목사 중 한 사람이다(『동아일보』, 1946년 9월 3일 '신사참배 거부한 순교인 추도식' 참조). 이는 유치원교육의 지향점과 관련하여 주목되는 부분이다. '조선인 본위교육'에 기초한 민족교육에 대한 실마리는 여기에서 찾아볼 수 있기 때문이다.

35) 『동아일보』, 1921년 5월 8일 '고성유치원생 원족'; 1922년 6월 9일 '고성유치생 원족회'; 『시대일보』, 1924년 9월 21일 '최장로의 열성'

다. 실력양성론에 입각한 개조론 열풍은 이를 추동시키는 밑거름이었다. 개인 · 가정 · 사회 등의 개조는 근대교육 시행과 맞물려 널리 확산 · 인식되는 분위기였다.[36] 우후죽순처럼 조직된 여성단체나 계몽단체 등은 이를 우선적인 실천사항으로 내걸었다. 민지 계발을 위한 근대교육 시행은 '사회적인 책무'로서 인식되는 분위기였다. 강습소나 야학 등의 설립은 이와 맞물려 진전을 거듭했다. 입학난에 즈음한 교육기관 확충은 '사회적 공공성'을 실현하려는 의도와 무관하지 않았다. "자신 문제는 스스로 해결하려는" 인식 변화는 민족해방운동을 진전시키는 든든한 버팀목이었다.[37]

어린이에 대한 사회적인 관심은 문화계몽운동 확산에 따라 점증되는 분위기였다. 제2세 국민인 아동은 미래 사회를 이끌 주인공으로서 부각되었다.[38] 수직적 · 복종적인 인간관계에 대한 직설적인 비판은 변화되는 가치관을 그대로 보여준다. 이제 어린이도 당당한 사회구성원으로서 존재를 점차 인식하는 단계에 이르렀다. 암울한 식민지 현실을 타개할 주역은 이들에 대한 '국적 있는 교육' 구현에 달려 있다고 보았다. 제2차 「조선교육령」 개정에 즈음한 '조선인 본위 교육' 대두는 가치관 변화와 시대 상황을 반영하는 역사적인 산물이었다.[39] 이는 교육운동 전반에 상당한 변화를 초래했다. 바야흐로 유치원 설립 운동도 주요한 근대교육운동의 한 영역으로서 위치할 수 있었다.

---

36) 김형목, 「일제강점기 경남지방의 유치원설립운동과 '공공성'」, 『숭실사학』 26, 숭실사학회, 2011, 113쪽.

37) 김형목, 「사회교육기관으로 거듭나다」, 『배움의 목마름을 풀어준 야학운동』, 서해문집, 2018, 266-271쪽.

38) 김형목, 「중앙유치원의 근대 유아교육사상 위상」, 『중앙사론』 32, 한국중앙사학회, 2010, 134-135쪽.

39) 김형목, 『교육운동: 한국독립운동의 역사 35』, 한국독립운동사편찬위원회 · 독립기념관 한국독립운동사연구소, 2009, 180-182쪽.

보효(普曉)유치원(일명 진주유치원-필자 주)은 보천교 진종원에서 1922년 10월 2일 개원했다. 목적은 교세 확장을 위한 선교사업 일환이었다. 의도와 달리 경비 부족으로 별다른 교육적인 성과 없이 결국 폐원하고 말았다. 이에 오경표(吳景杓)·천명옥(千命玉) 등은 진주청년회관을 원사로 빌려 다시 개원했다. 비봉동에 거주하는 정명덕(張明德)은 재정적인 지원을 아끼지 않았다. 운영비를 확보하려는 노력은 동아일보사 진주지국 후원으로 추석에 즈음하여 서화전람회, 소인극, 동요·동화·가극대회 개최 등으로 이어졌다. 진주경찰서는 이러한 활동조차 돌연 금지하는 등 방해 책동을 일삼았다. 이에 학부형회는 부족한 운영비 마련을 위해 월사금을 50전에서 1원으로 인상하는 긴급 조치를 단행했다.[40] 유치원 부흥을 위한 다양한 노력은 학부형과 주민의 단합을 유도하는 '가교'였다. 소통에 의한 교류 확대는 부문별 민족해방운동 진전으로 이어졌다.

원아는 초기 50명에서 150여 명으로 급증하는 등 대단한 규모로 확대되었다.[41] 유지 박규석(朴奎錫)은 유치원 운영기본금으로 1926년 12월 1만원에 달하는 거금을 기부했다. 이듬해 개원 5주년에는 2,200원으로 원사를 새로 신축하는 등 교육시설을 크게 확충했다. 매월 운영비 40원도 모두 부담하는 등 충실한 유치원교육 보급에 헌신적이었다. 학부형회는 그를 포함한 공로자 4명에 대한 표창장 수여로 보답했다.[42] 진주유치원은 내

---

40) 『중외일보』, 1926년 12월 13일 '유치원연극회를 경찰이 돌연 금지 이유는 풍기문란이라고 상부의 명령이라고', '결국은 월사금액으로 유지낙착? 학부형회에서'

41) 『동아일보』, 1925년 10월 3일 '폐원의 비경에 잇는 경남 진주유치원 유지비를 어드려 삼일간 가극 최후운명을 사회동정에 일임'; 1927년 2월 21일 '순회탐방(243) 금수강산의 진주, 진주 일기자'

42) 『중외일보』, 1927년 5월 23일 '서광 비친 진주유치원 박씨의 특지로 일만원 적립', '천원으로 유치원 수리 불일간 공사착공', '진주유치원 학부형회 총회'; 5월 28일 '진주유치원 학부형임원회'; 『동아일보』, 1927년 10월 2일 '진주유원서광 박씨의 특지로'; 10월 7일 '신축낙성과 오주년 기념 진주유치원', '축하여흥 성황'

실화를 도모할 수 있는 최소한 재정적인 기반을 구축하기에 이르렀다. 제4회와 제5회 수료식은 각각 1928년 3월 20일과 1929년 3월 16일 거행되었다. 원아는 200여 명에 달했다. 이듬해 개최된 동요 · 동극대회에는 방청객이 700여 명이나 몰려드는 등 대성황이었다.[43] 물론 운영비 부족에 따른 일시적인 분규도 발생하는 등 운영상 곤란을 겪었다. 원주(園主)인 박규석은 100석에 상응하는 토지를 다시 기부함으로써 이러한 갈등을 잠재울 수 있었다. 자극을 받은 일부 학부형은 재단법인을 만들기 위해 기성회까지 조직하는 등 원대한 계획을 세웠다.[44] 이들은 입학난 완화를 위한 공립보통학교 확장이나 강습소 설립 · 운영에 적극적이었다.

자명(慈明)유치원은 1931년 6월 10일 개원했다. 발기인은 박기용(朴起用) · 최돈(崔敦) · 김진선(金振銑) · 양대응(梁大應) 등 실업가와 불교진흥회 간부 등이었다. 설립 주체는 양산 통도사 말사였다. 개원 당시 원아는 70여 명이었다. 개원식 날 발기인은 800원이라는 거금을 모금 · 의연할 정도였다.[45] 유치원 설립 운동 확산에 경상남도 당국은 설립인가를 지연시키는 등 무형의 탄압을 가했다. 이는 청년단체 등을 비롯한 각종 계몽단체와 교육기관 연대를 차단하려는 의도에서 비롯되었다. 방해 책동은 일시적인 휴원으로 이어지는 등 커다란 장애물이었다.[46]

---

43) 『중외일보』, 1928년 2월 17일 '진주유치원 학예회준비'; 1929년 2월 25일 '진주유치원 학예회 거행 금 25일 夜'; 3월 2일 '진주유치원 동요가극 성황'; 3월 23일 '진주유치원 졸업'; 『동아일보』, 1928년 3월 27일 '진주유치원수료'; 1929년 3월 2일 '진주유치원동요동극'

44) 『동아일보』, 1930년 10월 3일 '회관문제로 분규 성명서 발표코 위원 선정 유치원의 학부형회'; 1931년 5월 6일 '박씨의 특지 百石지기 기부 재단법인기성회 조직 진주유치원 서광'; 1934년 3월 24일 '각지 유치원 졸업식, 진주유치원'

45) 『동아일보』, 1931년 6월 16일 '자명유치원 지난 10일 개원'; 1935년 6월 30일 '자명유치원 인가가 지연'; 『중앙일보』, 1932년 1월 13일 '梁布敎師 勞轉'; 『조선중앙일보』, 1934년 10월 29일 '자명유원 휴원 진주경찰 간섭으로'; 『매일신보』, 1935년 11월 3일 '진주기자단총회'

46) 『조선중앙일보』, 1935년 6월 28일 '자명유치원 폐쇄'; 『동아일보』, 1935년 6월 30일 '자명유치

진주지역 유치원 설립 운동은 인근 지역으로 파급되었다. 삼영유치원(三英幼稚園, 일명 삼천포유치원-필자 주)은 삼천포청년회 부속 사업으로 1923년 3월 중순에 설립되었다. 청년회장 박채규(朴彩奎)의 1,500원과 유지 장기상(張基相)의 500원 의연금은 주요한 운영기금이었다. 원아는 60여 명에 달할 정도로 호응이 좋았다. 청년회 활동 부진과 더불어 경비 부족으로 폐원했다가 1931년 4월에야 다시 개원했다. 박채규와 장기상 등은 이에 즈음하여 삼영유치원 부흥총회를 개최했다. 선출된 임원은 원장 장기상, 이사 장지린(張志麟), 서기 이규범(李圭凡), 평의원 고인주(高麟柱) 외 8명이었다. 이들은 우선적인 과업으로 원사 신축공사를 삼천포공립보통학교 소유지 일부를 차입 · 추진했다. 막대한 공사비는 장경상(張熲相)이 혼자 부담하는 등 주요 관심사로 널리 알려졌다. 공사 중 임시 원사는 장응상(張應相)의 건물 일부를 차입 · 이용했다.[47]

신축 낙성식을 전후하여 조직된 유치원부인후원회는 중장기적인 발전 방안 수립으로 이어졌다. 강찬엽(姜讚葉) · 김덕업(金德業)은 4개월 동안 남다른 노력을 아끼지 않았다. 이들의 노력으로 순식간에 회원은 160여 명으로 급증했다. 임원진은 회장 장수(張樹), 부회장 최복음(崔福音), 총무 박경련(朴敬連), 서기 이현숙(李賢淑) · 이경애(李敬愛), 회계 강정수(姜晶秀), 평의원 강찬엽 · 김덕선(金德善) 등 17명이었다. 후원회는 건립비 기금 140원과 의자 120개를 지원했다.[48] 교재나 교육시설 확충은 이러한 가운데 가능할 수 있었다. 부인야학도 회원들과 여성단체의 노력으로 더욱 확장되는 계기를 맞았다.

원 인가가 지연'

47) 김형목, 위의 글(2011), 115-116쪽.

48) 『동아일보』, 1931년 10월 11일 '삼천포유치원 부인후원회 창립 의연금 백사십여원', '삼천포유치원 낙성식을 거행'

산청유치원은 대원사 주지 조영안(趙暎案) 주도로 읍내 포교당에 설립했다. 1924년 4월 28일 거행된 개원식에는 군수 · 경찰서장 · 공립보통학교장 등이 참석하는 성황이었다. 1926년 개최된 가극회는 유치원교육의 중요성을 일깨우는 계기였다. 유치원 운영은 불교 대중화를 위한 일환에서 비롯되었다. 대원사 신자들로 구성된 탑계(塔契)는 석가탄신일을 맞아 이러한 활동을 병행했다.[49] 청년단체는 이를 후원하는 등 든든한 후원 임무를 자처하고 나섰다.

의령유치원은 1922년 봄 의령여자청년회에서 설립했다. 이 단체는 의령교회 내에 여자야학회를 설립하여 이신성(李信聖) 등의 열성으로 양호한 성적을 거두었다. 야학회 부속 사업은 바로 의령유치원 운영이었다. 초빙된 보모 이선애(李善愛)의 열성적인 활동으로 개원한 지 불과 며칠 만에 80여 명에 달하는 원아가 출석했다. 단옷날을 맞아 유치원 뒷산에서 개최된 운동회는 대단한 성황을 이루었다. 이에 부응하여 많은 주민이 2천여 원에 달하는 의연금을 지원하는 등 교육 내실화를 도모할 수 있었다.[50]

이처럼 진주를 비롯한 인근 지역에는 여성단체나 계몽단체를 중심으로 유치원 설립 운동이 확산되었다. 물론 야학이나 강습소에 의한 문맹퇴치 운동에 비해 부진한 상황임은 부인할 수 없다. 유치원교육 수혜는 일부 계층에 상당히 제한되고 있었다. 이는 어린이에 대한 인식 변화와 더불어 '어린이보호운동'인 소년운동을 견인하는 요인 중 하나였다. 이제 유치원 설립 운동은 근대교육운동의 주요한 영역으로서 발돋움하기에 이르렀다. 원생 중 남녀 비율이 비슷한 부분은 초등교육기관에서 극소수를 차지하는 아동

---

49) 김형목, 위의 글(2011), 116쪽.

50) 『동아일보』, 1922년 6월 2일 '의령유치원 개원식'; 6월 11일 '의령유치원 소식'; 8월 28일 '의령유치원의 전도'; 1923년 6월 7일 '의령유치원 巡劇'

성비와 관련하여 많은 시사점을 던져준다.[51] 최소한 유치원교육 수혜는 성비보다는 부모의 경제적인 실력이 주요한 요소임을 의미한다.

문화계몽운동이 확산되는 가운데 각지에는 소년단체가 조직되기 시작했다. 1921년 12월 10일 마상규를 중심으로 개성에 조선소년단 창립사무소가 개소되었다. 이듬해 2월 1일에는 사무실을 서울의 조선청년회연합회관으로 이전한 후 취지서, 주의, 강령 등을 발표했다.[52] 목적은 소년 문제를 해결하는 동시에 소년들의 의식을 개조 · 양성하여 새로운 조선의 운명을 개척함과 세계문화 발전에 대한 참여였다. 또한 문화 발전에 이바지하고자 민족의식도 고취하는 동시에 실력양성운동을 전개하기 위함이었다.

선전 활동은 강연회 개최로 이어졌다. 2월 14일 개최된 연제는 다음과 같다. 「조선소년단의 창립 취지(마상규)」, 「조선소년단의 발기에 대하여(오상근)」, 「신문화건설상으로 본 소년문제(김기전)」, 「소년의 문화교육(황석우)」 등이었다. 4월에는 조선청년회연합회 정기총회에 즈음하여 환영음악회도 개최했다. 정서를 함양하기 위한 일환으로 추진되었다.[53] 총회에 참석한 청년단체 대표 등은 의연금을 기부하는 등 격려를 아끼지 않았다. 이러한 분위기 속에서 오상근은 외국의 보이스카우트인 '소년의용단'을 소개했다.[54] 보이스카우트운동이 청소년운동을 주도하는 중심기관으로 첫발을 내딛는 순간이었다.

상황 변화와 맞물려 국제적인 보이스카우트운동은 민족해방운동 영역으로 시작되는 계기를 맞았다. 1922년 9월 30일 정성채는 중앙기독교청년회 소년부를 중심으로 소년척후대 제1호대를 발족했다. 조철호도 10월 5일

---

51) 김형목, 위의 글(2011), 124-125쪽.

52) 『매일신보』, 1922년 2월 3일 '소년단 이왕에 업던 됴션쇼년단이 싱기여'

53) 김형목, 「관산 조철호와 조선소년군의 역사적 위상」, 『중앙사론』 42, 중앙사학연구소, 2015, 92쪽.

54) 오상근, 「조선소년단의 발기를 보고: 참고를 위하여」, 『동명』 7, 신문관, 1922, 4쪽.

중앙고등보통학교 학생을 중심으로 조선소년군을 조직했다. 조선척후대는 종교적인 색채가 강하면서 순수 보이스카우트 정신을 살리려는 경향이 강했다. 반면 조선소년군은 '조선 사람의 조선군'이라는 민족주의 경향이 농후했다.[55]

3 · 1운동 이후 천도교단은 소년운동의 중추기관임을 자임하고 나섰다. 진주나 안변은 이보다 앞선 1920년부터 진주소년회나 안변소년회를 조직하는 등 어린이운동을 주창하고 나선 '요람지'였다. 이는 다음 기사를 통해 확인할 수 있다.

> 벌써 연전의 일로 기억된다. 경상남도 진주 시내의 소년들이 소년회를 조직하여 그 하는 일이 매우 재미로운 중 그만 중도에 만세운동을 일으킨 탓으로 그 간부는 일체로 검거되고 그 회는 해산되었다. (중략) 소년회를 조직했다는 사실은 조선 소년으로서 자각하는 첫소리가 되었다. 소년들이 스스로 각오하고 분발하여 건전한 소년이 되겠다 하며 건전한 소년이 될 일을 한다 하도다. 이 얼마나 반가운 일이며 얼마나 훌륭한 일인가. 뜻이 있는 어른이거든 한 번 그들을 향하여 만폭의 동정을 기울어 가하며 이를 동기로 하여 우리 어른 사회에서는 다투어 소년 문제를 연구하여 소년에 대한 시설을 행함이 있어야 하겠다.[56]

진주소년회의 조직과 활동은 어린이에 대한 사회적인 인식을 크게 변화시켰다. 이는 소년운동을 알리는 동시에 전국적으로 확산시키는 '촉매제'나 마찬가지였다. 문화운동 확산과 더불어 1920년대 경남지역에 50여 이

55) 김정의, 『한국소년운동사』, 민족문화사, 1993, 164-167쪽.

56) 편집부, 「可賀할 소년계의 자각」, 『개벽』 10월호, 개벽사, 1921, 57-59쪽.

상 소년회가 조직되는 등 민족해방운동의 한 영역으로 자리매김했다.[57]

이 단체가 주목을 받은 이유는 1921년 3월 '제2의 만세운동'과 밀접한 연관성을 지닌다. 진주봉래초등학교 3학년 강민호 등 8명은 체포되어 실형을 받았다.[58] 이는 진주가 암울한 일제강점기 소년운동 발상지임을 반증하는 동시에 어린 소년들이 나라 사랑 정신을 계승하고 있음을 보여주는 역사적인 사건이었다.

진주소년회가 일찍부터 조직되어 활동할 수 있었던 배경은 선구자 강민호(姜泯鎬), 고경인(高景仁) 등과 같은 선각자가 있었기에 가능했다. 이들은 일찍이 일본에 유학하여 당시 전개되고 있던 소년운동에 많이 공감했다. 귀국 후 3 · 1운동에서 활약한 청소년들을 목격하면서 자신들의 관심사를 실천에 옮겼다.[59] 이들은 진주지역 교육 · 계몽운동을 주도하는 유력 인사로서 활동에 적극적이었다. 소년운동은 중일전쟁 발발 직후까지 존속하는 등 새로운 역군을 배출하는 산실로서 계승되었다.

57) 김형목, 「소년운동」, 『한국독립운동사사전(운동 · 단체편 Ⅱ)』 4, 독립기념관 한국독립운동사연구소, 2004.

58) 『동아일보』, 1921년 6월 24일 '기념으로 만세를 음모한 진주소년회의 공판, 강민호 외 팔명에 대한 사건 이십일 진주에서 사실 심리'; 6월 26일 '진주독립운동기념일(음 삼월 이십칠일)을 리용 독립만세 부르랴고 계획했던 강민호 등 진주소년회원 판결언도'

59) 김종희, 「진주는 소년운동의 발상지」, 『진주 3000년 역사의 자취와 변천』 상, 화인, 2019.

4. 여성운동의 진전

한말 이래 교육열 고조는 식민지라는 위기의식이 팽배하는 가운데 확산되는 분위기였다. 여성들은 '나랏빚 청산'을 위한 국채보상운동에 참여함으로써 사회적인 존재성을 드러냈다. 대구에서 시작된 국채보상운동은 삽시간에 전국으로 파급되었다. 진주 유지신사들도 3월 초부터 이러한 움직임에 부응하는 방안을 모색하기 시작했다. 유지들은 진주애국보상소를 조직했다. 기독교인 상인도 야소교진주보상소를 조직하기에 이르렀다.[60] 특히 진주 기생 부용(芙蓉)·국향(菊香)·난초(蘭草)·앵무(鸚鵡) 등은 진주국채보상부인회 활동을 지원했다. 이들은 취지서를 통해 부인들의 참여를 자발적으로 유도하는 등 대대적인 선전 활동에 적극적이었다. 당시 부인들이 모금한 금액은 신화 573원 88전이었다.[61] 이러한 활동에 대해 각지에서 격려와 찬사를 아끼지 않았다. 서울 대안동 국채보상애국부인회도 찬사를 아끼지 않았다.

> 동포부인께서 열심하오시니 동동촉촉하온 마음 일야 간 생각하기를 애국성심은 남녀가 일반이요 경향이 없사온대 향곡에서 어떠하신 부인께서 사업을 성립하오서 일체 합심하라 난지 희소식 들을려고 각 신문 점검터니 천만 의외에 진주군 부용형이 애국부인회를 고동하오시니 진주에는 이미 논개씨가 계시옵고 평양에는 계월향씨가 계시드니.[62]

---

60) 『大韓每日申報』, 1907년 3월 19일 잡보 '郡民愛국'

61) 『大韓每日申報』, 1907년 3월 20일 잡보 '芙蓉吐香'; 『만세보』, 1907년 3월 20일 잡보 '경남애국보상소부인회발기인 晋州退妓芙蓉送函'; 『황성신문』, 1907년 5월 22일 잡보 '진쥬군부인회'

62) 『大韓每日申報』, 1907년 3월 27일 잡보 '진주부용형 젼ᄉ례셔'

이들은 부용 등 기생을 임진왜란 당시 적장을 껴안고 남강에 투신한 의기 논개에 비유했다. 이와 같은 찬사는 스스로 사회적인 책무를 인식하는 동시에 자긍심 고취로 이어졌다. 결국 3 · 1운동 당시 기생동맹단 활동은 이러한 역사적인 배경에서 가능할 수 있었다.

이러한 가운데 진주 출신 69세 노파의 손자에 대한 교육열은 세인들로부터 주목을 받았다. 특히 신문 발간에 대한 찬사는 시세 변화에 부응하려는 여성들의 움직임을 어느 정도 엿볼 수 있다.

> 지금 우리 한국 백성이 모두 지옥에 빠져서 외국 사람의 압제를 받으며 외국 사람의 학대를 입어 여러 가지 고초한 것이 망유기극(罔有紀極)하되 우리 한국사람은 다 분을 참고 눈물을 머금어 감히 한마디 말을 내어 원통한 사정을 발명치 못하나니 우리가 어찌 살아 있는 사람이라 하리오. (중략) 여러 인민 사이에 부인과 아이들도 충군애국하는 정성이 종종 나타나니 이것은 한국백성 천성이라. 누가 능히 그 천성을 바꾸리오. 이로써 보면 대한이 장래에 바랄 것이 있도다. 백성의 나라 사랑하는 마음이 지극하면 어찌 멸망할 이치가 있으리오. 저 한낮 노파의 마음은 곧 대한 전국 백성의 마음이나 참 하례할만 하도다.[63)]

이는 진주지역 여성들의 근대교육에 대한 관심을 유도하는 계기였다. 봉양학교에 대한 부인들의 후원은 현지 교육열의 실상을 어느 정도 엿볼 수 있다. 이교안(李敎安) 대부인과 현소사는 청상과부로서 경제적인 부를 축적하여 봉명학교에 각각 200환을 의연했다.[64)]

---

63) 『대한매일신보』, 1907년 9월 8일 논설 '로파의 치하'

64) 『황성신문』, 1910년 8월 16일 잡보 '부인기부'; 『국민신보』, 1910년 1월 6일 지방잡사 '學徒參拜

여성교육 보급은 여자공립보통학교 부설 여학과 설립 계획으로 이어졌다. 계몽단체 임원진은 1908년부터 이를 추진했으나 별다른 호응을 얻지 못했다. 시세 변화는 여성교육에 대한 관심을 고조시켰다.[65] 분위기 확산은 여학부 설립으로 귀결되는 등 결실을 보게 되었다. 이듬해 추계대운동회에는 여학생이 대거 참여하여 발랄한 모습을 보여주었다. 많은 주민이 상품과 의연금을 경쟁적으로 기부했다.[66] 여성교육 확대는 여성들의 사회활동을 확산시키는 밑거름으로 중요한 의미를 지닌다.

옥봉면 개경동 김묵호(金默鎬)는 농민교육을 위한 개경야학교를 설립했다. 김준호(金俊鎬) · 김영학(金永學) · 권득구(權得龜) 등은 명예교사로서 자원하는 등 교세를 널리 떨칠 수 있었다. 출석 생도만 60여 명에 달했으며, 특히 여자 20여 명이 출석하는 등 야학을 통한 여성교육의 시금석을 마련하는 데 앞장섰다.[67] 기생도 시대변화에 부응하는 일환으로 대안면 2동 동사(洞舍)에 스스로 여자야학을 설립했다. 교사인 최명래(崔鳴來) · 지홍유(池弘遊) 등은 일어와 일반상식 등을 열성적으로 가르쳤다. 이에 양갓집 부녀들도 호응하는 등 여성들의 자발적인 참여를 유도하는 계기가 되었다. 현지에 거주하는 일본인은 명예교사나 후원자로서 자발적인 참여에 적극적이었다.[68] 이리하여 진주지역의 야학운동은 제도권 교육기관의 수용력을 훨씬 능가하는 수준이었다. 특히 남녀를 동시에 가르치는 야학 운영은 대단한 변화였다.

御眞(진주)'

65) 『경남일보』, 1909년 11월 27일 교육휘보 '女校將設'; 1910년 1월 13일 교육휘보 '女學徒의 進步'

66) 『경남일보』, 1910년 10월 27일 '秋期運動設備'; 10월 31일 '普校運動物品寄附'

67) 『大韓每日申報』, 1909년 4월 23일 학계 '玉峯開校'; 김형목, 「3 · 1운동 이전 진주지역의 야학운동」, 『숭실사학』 22, 숭실사학회, 2009, 47쪽.

68) 『경남일보』, 1909년 11월 18일 학계휘보 '謝過勸學'; 11월 19일 수문쇄록 '女學漸進'

근대교육은 이러한 상황과 맞물려 확산되는 계기를 맞았다. 물론 개항장인 부산 · 마산이나 밀양 · 동래 등지에 설립된 교육기관에 비해 부진을 면치 못했다. 1909년 11월 창간된 『경남일보』는 근대교육 확산에 크게 이바지하는 주요한 매개체였다.[69] 사설을 통한 문명개화 강조와 무한한 생존경쟁 시대에 부응하는 최선책은 광범위한 근대교육 시행에서 찾았다.

> 본보는 우리 경남 29개 군 각 면과 동리에 가가호호와 남남부부마다 보지 않는 사람이 없어 암매고폐(闇昧錮閉)한 뇌수를 신속히 문명의 영역에 유도하여 생존의 행복을 증진하게 하는 것이 즉 우리들의 의무로 자임하는 바이로나 지금 우리의 정황 정도를 고찰하면 사람마다 신문을 구람하게 함은 연목구어(緣木求魚)와 흡사하여 도저히 불가능한 일이라. (중략) 소문을 근거한즉 혹 신문을 대하여 이는 어떠한 곳에서 날아들어온 물건이지 도리어 의괴(疑怪)의 생각을 포함하는 것도 있고 혹은 열독(閱讀)을 인정하지 않아 오지에 빨리 설치하는 곳도 있다 하니 더욱 마땅하다.[70]

문명사회 건설을 위한 신문 간행에도 구독자는 상당히 한정되는 등 시대 상황에 역행하고 있었다. 경남일보사는 신문이 무엇인조차 인식하지 못하는 현실을 개탄하는 가운데 마을 단위로 1부씩이라도 구독할 것을 권고할 정도였다. 여기에서 보수적인 경향이 강한 지역적 특성을 엿볼 수 있으나 사립학교에 의한 근대교육은 발흥하는 분위기였다.

---

69) 최윤경, 「1910년 전후 「경남일보」의 사회개조론과 정치적 성격」, 『지역과 역사』 41, 부경역사연구소, 2017, 255-259쪽.

70) 『경남일보』, 1909년 11월 16일 사설 '又一警告'

백정조차 사회운동에 동참하는 등 사회성원으로서 존재를 점차 인식하며 사회적인 편견이나 부당한 차별대우에 저항했다. 이들은 총본부로 서울 인사동에 승동도가(承洞都家)를 두었다. 지방에는 지부 격인 어가청(於可廳)이나 도중(都中)을 설치하는 등 전국적인 조직망을 구축하고 있었다.[71) 1910년 서울도수조합 본부는 최용규(崔鎔圭)에게 경남지부 영업허가권을 위임했다. 이에 의령에 거주하는 장지필(張志弼)은 이를 거부하고 독자적인 영업권을 행사하는 등 서로 긴장 관계를 만들었다. 일부 도살업자는 이를 핑계로 협잡을 서슴지 않았다.[72)] 이러한 경험을 통해 백정도 생존권 보호를 위한 자구책을 모색하는 계기로 삼았다. 신사 서윤보(徐允輔) · 강선호(姜善昊) 등의 상무회(商務會) 조직은 상호부조와 더불어 세력 결집을 통한 이익 도모에 있었다.[73)]

강점 이후에도 여자야학에 의한 여성교육이 이어졌다. 매일신보사 진주지국장 박재표(朴在杓)와 공립학교 부훈도(副訓導) 이준호 등은 가정부인을 위한 여자야학회를 설립했다.[74)] 일어를 비롯하여 일반상식과 양잠법 등의 과목은 부인들로부터 대단한 호응을 받았다. 이에 1913년 말 첫 수료생 배출과 더불어 진주지역의 '대표적인' 여성교육기관으로서 자리매김할 수 있었다.[75)] 기생 김한경(金漢卿)은 여성들의 사회활동을 지원하는 일환으로 여자야학을 세웠다. 그녀는 사립학교 교사들의 지원을 받아 수신 · 일본어 ·

---

71) 차천자, 「백정사회의 암담한 생활상을 거론하여 衡平戰線의 統一을 促함」, 『개벽』 49, 개벽사, 1924, 44쪽; 차상찬, 『조선사외사』, 명성사, 1947, 108-109쪽.

72) 『경남일보』, 1910년 1월 5일 수문쇄록 '도수조합'; 1월 7일 수문쇄록 '果則挾雜'; 1월 15일 수문쇄록 '屠民狼貝'; 김형목, 위의 글(2009), 42쪽.

73) 『국민신보』, 1910년 6월 6일 지방잡사 '商務有望(진주)'

74) 『매일신보』, 1913년 5월 20일 '晋州婦人界大放光'; 5월 22일 '진주부인야학회 개학'

75) 『매일신보』, 1914년 1월 5일 '진주부인회졸업식'

한문 등을 교수했다.[76] 이러한 교육 활동은 모범적인 사례로 전파되는 분위기였다. 사회적인 존재로서의 인식은 사회적인 책무를 느끼는 생활현장 변화를 초래하는 결정적인 요인이었다.

김취련(金翠蓮)·김비봉(金飛鳳)·장목란(張牧丹)·홍봉란(洪鳳蘭) 등 8인은 수년 전에 기생을 그만두고 결혼하여 가정부인으로 생활하고 있었다. 이들은 시세풍조를 느끼고 생존경쟁 시대에 실력을 배양하려고 중안동 상무조합소 내에 야학강습소를 설립했다. 일어·한문·산술은 광림학교 교사를 초빙하고, 양잠업은 김취련이 직접 가르쳤다.

> 이미 보도한 바와 같이 진주군 내 전일 기생계에서 유명하던 김비봉, 장모란, 김취련, 홍봉란, 박옥점 등 여러 여자는 수일 전부터 기업(妓業)을 포기하고 일정한 부부(夫婦)를 정하여 치산(治産)에 종사하는바 그 중 김취련은 당지 여자양잠전습소에 수학하여 졸업했는데 시세 풍조를 느끼고 여자도 상당 학문을 수업한 후라야 생존경쟁 시대에 가(可)히 처신할 줄로 인식하고 각기 20여 원씩 출의(出義)하여 당지 중안면 3동 이전 상무조합소 내에 야학강습소를 설립하고 학생을 모집하여 국어 한문 산술 잠업 등 과정을 교수할 터인데 국어 한문 산술 등은 당지 영국인 거열휴(巨烈烋)의 설립한 광림학교 교사를 연빙(雇聘) 교수하게 할 예정이요, 잠업은 김취련 여사가 교수한다 하니 여자계에 대단한 모범이 될 미풍(美風)이라더라.[77]

부녀들은 이에 적극적으로 참여하는 등 향학열을 고조시켰다. 이는

76) 『매일신보』, 1914년 3월 18일 '진양에 *有此淑女*'; 김형목, 위의 글(2009), 52쪽.

77) 『매일신보』, 1913년 3월 13일 경남통신 '여자야학의 美風'

1920년대 여자야학으로 계승되는 등 진전된 모습을 보여준다.78) 대중성과 민중 확보는 이러한 가운데 식민지배에 대한 저항성을 담보하는 기반구축으로 이어졌다.

한편 사회개조론이 확산되는 가운데 여성교육도 시급한 현안 중 하나였다. 초등교육기관도 입학시험을 실시하는 등 세계역사상 미증유의 광경을 연출했다. 비교적 교육시설이 완비된 서울에 소재한 공립보통학교도 입학지원자의 50% 미만을 겨우 수용하는 현실이었다. 지방은 이보다 훨씬 심각한 양상이었다. 심각한 지역은 입학지원자의 20~30%를 겨우 수용할 따름이었다. 매년 신학기 입학난은 긴급한 사회적 문제가 아닐 수 없었다. 조선총독부 당국자는 2부제 수업의 학습회 운영이라는 임시방편적인 방안만 제시할 뿐이었다.79) 한국인의 교육 문제는 스스로 해결하라는 것이었다.우후죽순처럼 조직된 청년단체나 여성단체를 비롯한 문화계몽단체는 문맹퇴치를 가장 우선적인 과제로서 부각시켰다. 특히 제2차 「조선교육령」 개정에 즈음하여 '조선인 본위교육'은 새로운 화두로 떠올랐다. 조선교육협회, 조선여자교육협회, 조선교육개선위원회 등은 근대교육 확산에 진력했다.80) 학생들은 방학을 이용한 귀향활동으로 순회강연단을 조직했다. 연사들은 근대교육의 중요성을 토로하는 동시에 직접 야학 · 강습소 운영에 앞장섰다. 조선여자교육협회도 전국 각지를 순회하는 등 여성교육 보급에 남다른 노력을 아끼지 않았다.81) 일행은 약 3개월 동안 67개소를 방문할 만큼

78) 『매일신보』, 1913년 3월 12일 '女學唱導의 계획'; 『조선일보』, 1923년 2월 23일 '기념식겸 간담회'; 『동아일보』, 1923년 6월 26일 '기독여청 야학고심'

79) 『매일신보』, 1922년 5월 17일 '이부교수 실시'; 1925년 1월 19일 '취학 못한 아동이 경성에만 일만오천명'

80) 김형목, 「교육진흥론과 교육단체 활동」, 위의 글, 2009.

81) 한상권, 「조선여자교육회의 순회강연 활동과 성격」, 『한국민족운동사연구』 43, 한국민족운동사학회, 2005.

열성적이었다. 순회강연은 여성단체와 여자교육회를 조직하는 밑거름이나 마찬가지였다.

진주여자청년회는 1925년 12월 8일 조직되었다. 여성들의 사회 인식을 촉구하고 여성운동을 촉발하기 위한 대중활동 전개에 주력하는 중심적인 단체였다.[82] 이 단체는 진주지역 청년운동의 촉발에 힘입었다. 1925년 11월 13일 진주청년연맹 임시총회에서는 진주지역의 여성해방운동을 촉진할 것을 결의했다. 그리고 바로 뒤이어 12월 8일 진주여자청년회가 결성되었다. 여기에는 진주청년회가 적극적으로 후원했다. 진주여자청년회는 박덕실 · 성석순 · 한진주 · 박정순 · 탁봉금 등을 주축으로 활동했다.[83] 기생을 제외한 여성들을 가입대상으로 하고, 강연회와 강습회를 열어 여성들에게 사회 인식을 각성하고 여성해방의 필요성 홍보에 주력했다.

1926년 5월 25일에는 정종명(鄭鍾鳴) · 강나그니아 등 사회주의 여성운동가들을 강사로 초빙하여 강연회를 열고자 했으나 경찰에 의해 금지당했다. 1928년 결성된 진주청년동맹은 형평 청년들과 함께 여성들에게 가입을 권고했다.[84] 진주여자청년회는 곧바로 조직을 해체하지 않고 그 기반을 근우회 진주지회로 이어나갔다. 이들은 근우회 진주지회를 조직하는 데 주도적으로 참여하여 1928년 4월 7일 근우회 진주지회를 설립했다. 여기에는 박덕실 · 박정순 · 한진주 · 성석순 등이 참가했다.

근우회 진주지회와 관련하여 주목할 인물은 박덕실(朴德實)이다. 그는

---

82) 『시대일보』, 1925년 12월 13일 '진주여청 창립, 지난 8일 진주에서'; 『동아일보』, 1925년 12월 15일 '진주여자청년회'

83) 박혜란, 「진주여자청년회」, 『한국독립운동사사전(운동 · 단체편 Ⅲ)』 5, 독립기념관 한국독립운동사연구소, 2004.

84) 김희주, 「1920년대 진주지역의 청년운동과 진주청년동맹」, 『한국민족운동사연구』 42, 한국민족운동사학회, 2012.

항일운동가들의 조력자 역할을 톡톡히 했다. 남편은 진주지역 3 · 1운동 지도자 한규상으로 1919년 9월 6일 고등법원에서 보안법 위반 혐의로 징역 1년의 옥고를 치렀다. 당시 둘은 약혼한 사이였다.[85)]

박덕실은 그동안 수감된 남편의 옥바라지는 물론 독립운동단체인 '혈성단' 조직을 도왔다. 혈성단은 임시정부에 독립자금을 지원했고, 단원 30명 중 3명(박보교 · 박덕실 · 박현구)은 여성이었다. 그의 집은 이른바 비밀회합 장소로, 단원들은 숙식을 해결하기도 했다.[86)] 혈성단은 1년 만에 일제에 발각되었고, 박덕실은 갖은 고문에 시달렸다. 특히 남편 때문에 집중적으로 일제의 감시를 받았다.

박덕실은 독립자금을 모으는 데도 앞장섰다. 1919년 9월 대한적십자회 진주지부 회원, 같은 해 11월 대한애국부인회원으로 독립운동자금을 모았다.[87)] 박덕실은 1920년 12월 한규상과 결혼한 이후 광림학교와 시원여학교 교사로 재직했다. 진주기독교여자청년회 회장으로 광림여자야학을 설립 · 운영하며 문맹 퇴치에도 노력을 아끼지 않았다. 경영난에 직면한 여자야학 활성화를 위한 간담회를 개최하는 등 회원과 유지들에게 적극적인 참여를 호소했다.[88)] 또한 주일학교 교사로서 유아교육에 대한 관심과 활동에 누구보다 열성적이었다. 1928년에는 근우회 진주지회 설립대회에서 임시

---

85) 한순정, 『나의 조국 나의 교회: 고 근산 한규상 선생 회고록』, 보이스사, 1980; 『경남도민일보』, 2019년 1월 33일 '소외된 역사, 경남여성독립운동(4), 박덕실 · 정금자'

86) 조선총독부, '불온단체 검거의 건(1919년 11월 8일)', 『조선소요사건 관계서류(4)』, 1919; 『매일신보』, 1919년 12월 19일 '별개의 부인단이 출현ᄒᆞ야 혈성단과 합동'

87) 조선총독부, '대한민국애국부인회 검거 건(1919년 12월 5일)', 『조선소요사건 관계서류(5)』, 1919; 『매일신보』, 1919년 12월 19일 '애국부인회의 유력ᄒᆞᆫ 관계자로 이미 체포된 자', '각 지부 급 지방회원 犯情'

88) 『동아일보』, 1923년 6월 26일 '각지청년단체, 기독여청 야학 고심'

의장을 맡아 서기인 최영보, 최정선 등과 무사히 진행했다.[89] 이후 다른 단체와 소통을 확대하는 여권신장을 위해 남다른 열정을 보였다.

하지만 여성활동가들의 의지와 달리 여성운동은 크게 진전되지 않았다. 지역적인 보수성은 여성들의 활동을 방해하는 주요한 장애물 중 하나라고 해도 과언이 아니었다. 민족유일당의 일환으로 조직된 근우회 진주지회가 기생들의 참여를 제한한 사실은 이와 관련하여 시사하는 바 크다. 이는 잔존한 인습과 무관하지 않았다. 다만 이념적인 갈등을 극복한 점과 여성노동자의 권익을 위한 활동은 역사적인 의미를 부여할 수 있다.

5. 맺음말

을사늑약 이후 근대교육은 국권 회복을 위한 교육운동으로 전개되었다. 강제병합 직전까지 설립된 6천여 개교에 달하는 사립학교가 이를 방증한다. 야학은 야학운동으로 전개되는 가운데 새로운 '배움터'로서 자리매김하는 결정적인 계기였다. 이는 외부 세계와 소통하는 통로로서 역할을 마다하지 않았다. 국채보상운동 참여는 여성들과 백정 등에게 사회적인 책무를 느끼는 생활현장이었다. 진주 3 · 1운동은 2만여 명이나 참여한 거족적인 민족운동으로서 진주인의 자긍심을 일깨웠다.

소년운동은 3 · 1운동 이후 실천적인 활동으로 전환되는 계기였다. 이

89) 『중외일보』, 1927년 5월 27일 '주일학교 대회 성황리에 개막, 참가학교 270개교, 회중 무려 천여 명'; 1928년 4월 10일 '근우진주지회, 설립대회 성황'

전에는 주로 잡지 발간 등 계몽적인 측면에 치중했다. 『소년』·『소년한반도』·『청년』·『붉은저고리』·『아이들보이』·『새별』 등은 주요한 잡지였다. '어린이'라는 개념의 보편적인 사용과 어린이날 제정은 소년운동사에서 중요한 의미를 지닌다. 특히 소년운동이 민족해방운동의 한 영역으로 자리매김할 수 있었다.

세계사적인 보이스카우트운동에 부응하려는 노력은 조철호의 조선소년군 조직으로 나타났다. 1922년 10월 5일 단원 8명으로 깃발을 올린 이래 1937년 해산될 때까지 다양한 활동을 통해 소년운동 중심단체로서 발전을 거듭했다. 해산 당시 호대 80개와 단원이 1만여 명에 달했다. 만주사변 이후 국내 민족해방운동은 지하로 잠적하거나 쇠퇴하고 있었다. 이러한 상황에 견주어본다면 대단한 신장세임을 엿볼 수 있다.

3·1운동 이후 여성들은 자신과 우리 사회를 위해 공고한 단결을 주장했다. 이는 근우회 선언서에서 구체적으로 제시된다. 첫째는 한국 여성이 당하는 각종 불합리를 제거하기 위한 여성운동은 전 세계의 불합리와도 연결되어 있다. 둘째는 한국 여성이 처한 역사적·사회적 특수성에 입각한 불합리를 제거하기 위한 운동이어야 한다는 점이다. 여기에는 근우회운동의 기본 방향과 이념, 당위성을 분명하게 제시했다. 전자는 반봉건적 이념에 입각한 여성의 인간적 해방의 지향이었다. 후자의 현대적 모순론은 약육강식의 제국주의적 식민지 수탈에 의한 민족모순을 극복해야 한다는 항일여성운동을 강조했다.

여성운동은 보편적 세계사적 여성운동과 연계되어야 한다. 더불어 한국이 처한 특수한 상황 속에서 여성운동의 성격과 임무를 가져야 한다는 점이다. 이러한 목적을 성취하기 위해 모든 분열정신을 극복하고 협동정신으로 공고한 단결을 여성의 의무라고 규정했다. 근우회 진주지회도 창립총회에서 제시한 강령 실천에 집중되었다. 3 · 1운동에서의 소중한 체험은 이후 진주지역 여성운동과 소년운동 등 사회적인 약자를 배려하는 방향으로 전개되는 밑거름이었다.

참고문헌

『경남일보(1909년 발행)』, 『대한매일신보』, 『황성신문』, 『동아일보』, 『조선일보』, 『시대일보』, 『중외일보』, 『중앙일보』, 『조선중앙일보』, 『매일신보』, 『경남일보』, 『경남도민일보』.

『개벽』, 『신여성』, 『신가정』, 『신동아』, 『동명』, 『별건곤』, 『삼천리』, 『소년』.

『관보』, 『조선총독부통계연보』, 『조선총독부시정연보』.

조선총독부 학무국, 『조선학교 제일람(諸一覽)』, 1926.

강인언 · 임성혜 · 손영주, 「진주지역 유치원 변천과정에 대한 연구」, 『논문집』 15, 진주전문대학, 1992.

강만길 편, 『밀양의 독립운동사』, 밀양문화원, 2003.

고숙화, 『형평운동: 한국독립운동의 역사 31』, 한국독립운동사편찬위원회 · 독립기념관 한국독립운동사연구소, 2008.

김상환, 『경상남도의 3 · 1독립만세운동』, 경인문화사, 2012.

김정의, 『한국소년운동사』, 민족문화사, 1999.

김종희, 『진주 3000년 역사의 자취와 변천』, 화인, 2019.

김중섭, 『형평운동연구』, 민영사, 1994.

______, 「일제 식민통치와 주민교육운동: 진주 지역을 중심으로,」 『논문집: 설화와 의식의 사회사』 47, 한국사회사학회, 1995.

______, 「일제하 3 · 1운동과 지역사회 운동의 발전; 진주 지역을 중심으로」, 『한국사회학』 30, 한국사회학회, 1996.

______, 『형평운동』, 지식산업사, 2001.

김진호 · 박이준 · 박철규, 『국내 3 · 1운동 II -(남부): 한국독립운동의 역사 35』, 한국독립운동사편찬위원회 · 독립기념관 한국독립운동사연구소, 2009.

김형목, 「소년운동」, 『한국독립운동사사전(운동 · 단체편 II)』 4, 독립기념관 한국독립운동사연구소,

2004.
______, 『대한제국기 야학운동』, 경인문화사, 2005.
______, 『교육운동: 한국독립운동의 역사 35』, 한국독립운동사편찬위원회 · 독립기념관 한국독립운동사연구소, 2009.
______, 「3 · 1운동 이전 진주지역의 야학운동」, 『숭실사학』 22, 숭실사학회, 2009.
______, 「조선보육협회의 활동과 유아교육론 심화」, 『동국사학』 49, 동국사학회, 2010.
______, 「일제강점기 경남지방 유치원설립운동과 '공공성'」, 『숭실사학』 26, 숭실사학회, 2011.
______, 「관산 조철호와 조선소년군의 역사적 위상」, 『중앙사론』 42, 중앙사학연구회, 2015.
______, 『배움의 목마름을 풀어준 야학운동』, 서해문집, 2018.
김희주, 「1920년대 진주지역의 청년운동과 진주청년동맹」, 『한국민족운동사연구』 42, 한국민족운동사학회, 2012.
______, 「일제하 진주지역 천도교의 문화운동」, 『동국사학』 55, 동국사학회, 2013.
독립운동사편찬위원회, 『독립운동사-3 · 1운동사(하)』 3, 독립유공자운용기금위원회, 1972.
박용옥, 『여성운동-한국독립운동의 역사 31』, 한국독립운동사편찬위원회 · 독립기념관 한국독립운동사연구소, 2009.
변지섭, 『경남독립운동소사』 상, 삼협인쇄, 1966.
송준식, 「1920년대 진주지역 청년단체의 교육운동」, 『교육사상연구』 28-3, 한국교육사상연구회, 2014.
옥봉리야소교장로회, 『진주면 옥봉리야소교장로회연혁사』, 1930.
이동근, 「1910년대 '기생'의 존재양상과 3 · 1운동」, 『한국민족운동사연구』 74, 한국민족운동사학회, 2013.
이상금, 『한국 근대 유치원 교육사』, 이화여대출판부, 1987.
이정은, 『3 · 1독립운동의 지방시위에 관한 연구』, 국학자료원, 2009.
조헌국, 『진주에 뿌려진 복음: 진주지방 장로교회의 설립과 발전』, 디자인모토, 2015.
진주문화원, 『진주이야기 100선』, 1998.
최명표, 『한국근대소년운동사』, 도서출판 선인, 2011.
추경화, 『진주항일운동사』, 진주문화원, 2008.
한국보이스카우트연맹, 『한국보이스카우트60년사』, 1984.
한순정, 『나의 조국 나의 교회: 고 근산 한규상 선생 회고록』, 보이스사, 1980.

V

진주지역 3·1운동과 형평운동의 전국적 전개

—

조미은

1. 시작하면서
2. 진주의 3 · 1운동과 사회운동의 확산
3. 형평사와 형평운동의 전국적 확산
4. 마무리하면서

1. 시작하면서

일제의 국권 피탈과 식민지배에 항거하여 전국에서 일어난 3·1운동은 '독립'이라는 목적을 즉시 이루지는 못했지만, 그 후 한국 사회에 커다란 변화를 일으켰다. 그중에서도 전국적으로 다양한 분야의 사회운동이 점화되고, 그러한 운동에 광범위한 계층이 참가하게 된 것은 매우 중요한 변화였다.

즉, 3·1운동 이후 한국과 한국인의 공동 과제이자 목표를 달성하기 위한 해방운동·독립운동과 더불어 한국 사회에 내재해 왔거나 일제하에서 발생한 온갖 모순을 해결·개혁하기 위한 사회운동 또는 사회개혁운동(이하 '사회운동')이 전개되었다. 또한, 3·1운동 이후 사회운동에 참여한 계층으로는 3·1운동에 참여한 독립운동가들, 새롭고도 명확하게 존재감이 드러난 사회운동가들, 농민·상인·여성·청년·학생·옛 백정 등을 비롯한 일반 민중 등 다양했다. 사회운동가들의 경우 3·1운동을 주도하고 각종 사회운동에 적극 참여하였던 경력에 비추어 그들은 '새로운 사회를 향한 열망'을 갖고 있었을 것으로 짐작된다.[1)]

신분차별 등과 같은 전통적 관습이나 인식으로 인해 피해를 겪어 왔거나 일제에 의한 지배로 더욱 곤경에 처하게 된 당사자 또는 소위 사회적·정치적 최하위 약자였던 민중도 그들이 처한 문제나 모순을 스스로 해결하려고 적극 나서게 되었다. 진주에서 시작된 옛 백정[구백정(舊白丁), 이하 '백정']들의 형평사와 형평운동도 그중 하나였다. 한국의 남쪽 맨 아래 정도에 있는 진주에서 형평사가 창립된 이후 형평사와 형평운동은 전국적으로 신속하

---

1) 김중섭, 「1920년대 지역 사회운동과 농민운동: 진주 지역을 중심으로」, 『현상과 인식』 32, 한국인문사회과학회, 2008, 64쪽, 66-68쪽, 76쪽.

게 확산했다.

이 글에서는 한국의 수도이자 중심에 있는 서울에서 시작된 3 · 1운동의 영향을 받아 전국으로 확산한 사회운동 중 하나로서 한국의 동부 남단에서 시작된 형평운동에 대해 살펴보려고 한다. 그중에서도 '진주의 3 · 1운동과 사회운동'이라는 영향 또는 배경으로 진주에서 출발한 형평사와 형평운동을 파악하고, '형평사'라는 조직과 형평운동이 지닌 정신이 진주에서 전국으로 확산하는 양상과 의미를 살펴볼 것이다. 형평운동이 지향했던 이념과 민족적 독립운동 정신과의 관련성도 함께 고찰하려고 한다.

2. 진주의 3·1운동과 사회운동의 확산

1) 진주지역 3 · 1운동과 사회운동의 확산

3 · 1운동은 일제로부터 독립을 회복하기 위한 국가적 · 민족적 거사였다. 한국의 민중은 3 · 1운동을 경험하면서 '민족'이라는 공동의 정체성에 대한 인식을 더욱더 강하게 확장해나갔다. 식민지라는 현실과 구조적 모순도 한층 분명하게 자각했다.[2] 민중은 3 · 1운동 이후 한국 사회에 오랫동안 내재해 온 불공정함 · 부당함 등의 모순을 개혁하거나 해결하기 위해 경

2) 허영란, 「3 · 1운동의 지역성과 집단적 주체의 형성: 경기도 안성의 사례를 중심으로」, 『역사와 경제』 72, 2009, 179쪽; 허영란, 「삼일운동의 네트워크와 조직, 다원적 연대」, 『사학연구』 132, 2018, 529쪽.

제 · 사회 · 정치 등 전반적인 분야에 걸친 운동에도 주동적으로 참여하기 시작했다.

그러한 점에서 3 · 1운동은 한국 역사가 새로운 사회질서를 구축해 나가는 데 민족의 저력을 입증해 주고 시대적인 획을 긋는 '동원(動原)'이었다. 그뿐만 아니라 3 · 1운동은 '일반 민중 또는 대중(이하 '민중')'이 1920년대 한국 사회의 변화를 이끌게 한 시발점으로서 한국 근대 역사의 분수령으로 평가되기도 한다.

3 · 1운동 이후 전개된 사회운동으로는 유교문화 속에서 억눌려 지내야 했던 여성과 어린이의 권리증진 활동 등과 같은 오래된 불합리한 생활을 개선하기 위한 사회운동, 과도한 소작인 착취나 부당한 지주소작 관계를 개선하기 위한 소작운동, 부족한 교육 기회를 타개하기 위한 학교설립 운동이나 야학운동, 노동운동, 청년 · 학생운동, 이념이나 사상운동[3] 그리고 신분해방 또는 인권회복을 위한 형평운동 등이 있다.

3 · 1운동 이후의 사회운동은 지역적인 면에서도 전국으로 확산했다. 운동 당시 지방사회에서도 조선 후기 → 개항 → 일제강점기라는 연이은 시대적 변화와 사회 · 경제적 변동 등에 의해 구(舊)시대의 신분제 붕괴 — 양반층의 쇠퇴와 일부 보수적 양반층 잔존, 농민층의 성장, 계몽운동과 신교육을 받은 계층의 성장 등 — , 일제에 의한 식민지 향촌지배질서 구축, 한국으로의 일본 식민 이주 증가 등 복합적인 요소들이 동시에 작용하고 있었기[4] 때문이다.

---

3) 김중섭, 『평등사회를 향하여: 한국 형평사와 일본 수평사의 비교』, 지식산업사, 2015, 77-79쪽.

4) 이정은, 「3 · 1운동의 지방확산 배경과 성격」, 『한국독립운동사연구』 5, 독립기념관 한국독립운동사연구소, 1991, 329쪽. 이정은은 3 · 1운동과 각종 사회운동이 지방으로까지 확산할 수 있게 한 주요한 요인 중 하나로, 수많은 지방 인사가 고종의 인산(因山)에 참여하기 위해 상경함으로써 서울의 시위를 지방으로 전파하는 조직적 기능을 대신했다고 했다(위의 글, 340쪽).

〈표 8〉 대규모 시위 지역의 일본인 비율

지역	조선인	일본인	일본인 비율	시위규모
진주	11,401	2,123	18.6	5,500
정주	3,263	586	18	4,000
통영	11,748	2,928	24.9	3,000
개성	38,442	1,333	3.47	2,750
강화	4,060	89	2.2	20,000
안성	6,882	228	3.3	3,000
창원	2,990	89	3	5,000
해주	12,439	1,492	12	3,000
은율	39,195	263	0.67	3,000
안주	8,081	249	3.1	3,000
선천	7,687	89	3	5,000
의주	9,582	844	8.8	3,000
철산	2,190	37	1.7	5,000

경상남도는 일본과 지리적으로 가까워 일본인의 진출도 그만큼 많았다. 1910년대 말 경상남도에 거주한 일본인은 1만 5천 호(戶), 6만여 명으로 경기도 다음으로 많았다.[5] 그중에서도 진주는 〈표 8〉과 같이 평안북도 정주(定州), 경상남도 통영과 함께 일본인 분포가 지역 인구의 15% 이상이었다.[6]

5) 김상환, 「경상남도 3 · 1운동의 전개 양상과 특징」, 『지역과 역사』 29, 2011, 327쪽.

6) 이정은, 「3 · 1운동의 지방확산 배경과 성격」, 『한국독립운동사연구』 5, 독립기념관 한국독립운동사연구소, 1991, 322쪽의 '〈표 9〉 대규모 시위 지역의 일본인 비율'에서 부분 편집함.

일본인이 많이 거주한 지역에서는 일본인과 일제로부터 받는 침탈 등 문제가 매우 많았다. 따라서 이들 지역에 사는 민중이 그들에 대해 지닌 반감도 다른 지역보다 높을 수밖에 없었다. 경상남도의 운동은 3월 3일에 시작하여 4월 말까지 계속된다. 충청북도 다음으로 전국에서 가장 뒤늦은 시기에 점화되었으나, 운동이 전개된 기간으로 볼 때 전국에서 가장 늦게까지 격렬하게 펼쳐진 곳 중의 하나였다.[7] 경상남도가 일찍부터 일본인 또는 일제와 겪어 온 역사적 배경과도 관련된다고 볼 수 있다. 경상남도에서 3·1운동이 본격적으로 전개된 것은 3월 중순 이후인데, 3월 13일 동래·밀양·영산, 3월 14일 창녕·의령·통영, 3월 17일 함안, 3월 18일 진주·합천·통영·하동 등으로 빠르게 확산했다.

진주에서는 이강우(李康雨)·김재화(金在華)·권채근(權采根)·강달영(姜達永)·박진환(朴進煥)·박용근(朴龍根)·강상호(姜相鎬) 등이 독립운동을 결의하고 구체적으로 논의했다. 진주에서 독립만세운동이 시작된 3월 18일은 장날이었다.[8] 진주의 만세시위는 김해·창원·하동·함안·합천 등에서와 마찬가지로 10회 이상[9] 연속하여 일어났다. 또한, 서부 내륙 지역이던 진주는 함안·합천 등에서와 같이 재지(在地) 세력[10]에 의해 지역적으로 연대한 대규모 시위가 격렬하게 일어났다.[11] 〈표 8〉에서와 같이 전국에서 독립운동 참가 규모가 2천 명 이상인 지역이 13개 정도인데, 진주도 그중 하나였

7) 김상환, 「경상남도 3·1운동의 전개 양상과 특징」, 『지역과 역사』 29, 2011, 327-328쪽, 346쪽, 352쪽; 김상환, 『경상남도의 3·1 독립 만세운동』, 경인문화사, 2012, 65쪽.

8) 김상환, 『경상남도의 3·1 독립 만세운동』, 경인문화사, 2012, 66쪽, 194-195쪽.

9) 진주에서는 5월경까지 17곳 정도에서 독립운동이 일어났다. 김상환에 따르면 이 통계는 박은식의 『한국독립운동지혈사』(1920)의 수치(김상환, 『경상남도의 3·1 독립 만세운동』, 경인문화사, 2012, 194-201쪽).

10) 토착(土着) 세력.

11) 김상환, 「경상남도 3·1운동의 전개 양상과 특징」, 『지역과 역사』 29, 2011), 346쪽, 353-354쪽.

다. 그리고 진주의 일본인구 비율이 18.6%로 통영의 24.9%보다 낮음에도 시위 규모는 통영의 3천 명보다 많은 5,500명임을 알 수 있다. 이 또한 동족촌락 수에서 진주가 216개로 전국에서 제주 다음으로 많았으며, 통영은 122개[12]라는 점에서 시위 규모와 재지 세력 또는 토착 세력과의 연관성을 보여주고 있다.

진주의 3 · 1운동 이후 그곳에서도 국가적 또는 지역적으로 당면한 문제들과 관련하여 여러 종류의 사회운동이 많은 사람에 의해 한꺼번에 일어났다. 진주의 3 · 1운동을 주도했던 사회운동가들이 그러한 사회운동에서 주요한 역할을 했을 뿐만 아니라 진주의 민중도 적극 참여했다.[13] 특히 진주의 3 · 1운동은 다른 지역보다 늦게 일어났지만, 그 후 발생한 사회운동 중에는 진주에서 출발해서 전국적으로 확산하기도 했다. 1920년대 진주노동공제회(晉州勞動共濟會) 중심의 진주 농민운동이 그에 해당하는 대표적인 사례다.

진주노동공제회는 1922년 2월 19일 창립되었다.[14] 이 공제회는 조직되자마자 소작상황에 대한 조사착수 등 소작인 운동을 추진하기 위한 기초활동을 벌이기 시작했다.[15] 같은 해 9월 4일 진주청년회관에서 소작노동자대회를 개최했는데,[16] 전국 최초의 소작노동자대회였다. 진주면의 소작인

---

12) 이정은,「3 · 1운동의 지방확산 배경과 성격」,『한국독립운동사연구』5, 독립기념관 한국독립운동사연구소, 1991, 328쪽.

13) 기생과 걸인 등까지 광범위한 사회계층이 참여했으며, 만세시위에 참여한 기생 중에서 검거된 이들도 있었다(김상환,「경상남도 3 · 1운동의 전개 양상과 특징」,『지역과 역사』29, 2011, 345-346쪽).

14) 조선노동공제회는 1920년 4월 창설.

15) 정연심,「1920년대 진주노동공제회의 조직과 농민운동의 발전」,『역사와 세계』21, 부산대학교 사학회, 1997, 45쪽.

16) 『동아일보』, 1922년 9월 11일 3면 '소작노동자대회(小作勞働者大會), 조선에 처음으로 진쥬에서 개최, 팔 개 조를 결의 후 시위행렬까지'.

대부분과 활동가 등 1천여 명(경찰 추산 250명)이 참여했다. 이 대회는 한국 사회의 오랜 관행이던 소작 문제를 사회적 쟁점으로 부각하는 데 이바지했으며, 이후 농민운동을 전국적으로 활성화하는 계기가 되었다.

진주노동공제회 지도자들은 다른 사회운동가들과 마찬가지로 한국 사회 또는 진주지역이 당면한 사회적 관행들을 개혁하려는 문제의식을 공유하면서 다른 사회운동 영역에서도 활동했다. 그 때문에 진주지역 사회운동의 지지세력 확대와 지역 사회운동의 성공에 이바지할 수 있었다.[17] 진주에서 형평사가 창립된 것도 그러한 배경과 밀접한 관련이 있으며, 전국 최초의 소작노동자대회와 마찬가지로 형평사와 형평운동도 진주에서 출발하여 전국으로 확산했다.

2) 형평사 창립과 형평운동의 출발

형평사는 진주에서 1923년 4월 창립되었다. 1925년 4월 부산으로 도청을 이전하기 전까지 경상남도 도청 소재지였던 진주는 1862년 전국 최초로 '농민항쟁[임술민란(壬戌民亂)]'이 일어나는[18] 등 역사적으로도 사회운동 경험이 많은 곳이었다.[19] 동학과 1894년 갑오동학농민혁명, 한말의 의병 활동, 일제강점기의 물산장려운동 · 교육운동 등도 활발하게 펼쳐졌다.[20]

---

17) 김중섭, 「1920년대 지역 사회운동과 농민운동: 진주 지역을 중심으로」, 『현상과 인식』 32, 한국인문사회과학회, 2008, 64쪽, 68쪽, 76쪽.

18) 단성(丹城)에서 발발. 단성은 1895년(고종 32) 23부제 실시 때 진주부 소속의 단성군이 되었고, 1914년 행정구역 개편 때 산청군에 병합.

19) 김중섭, 『형평운동연구: 일제 침략기 백정의 사회사』, 민영사, 1994, 99쪽.

20) 김중섭, 『평등사회를 향하여: 한국 형평사와 일본 수평사의 비교』, 지식산업사, 2015, 113-114쪽.

3 · 1운동 이후부터 1920년대 전반기에 만들어진 사회운동단체만도 50여 개에 이르며, 분야도 노동 및 농민 문제로부터 교회 청년회, 무직자(無職者) 단체, 고등보통학교 설립 기성회 등 다양했다.[21)]

형평사를 창립한 진주지역의 백정들도 '신분 차별'과 관련된 사건들에 대응하기 위해, 또는 근대화 과정에서 그들의 종사업을 발전시켜 운영하려고 펼친 집단행동이나 사회운동적 경험이 있었다. 1900년대 이후의 사례 몇 가지를 들어 보겠다.

첫째, 1900년 2월 『황성신문』에 보도된 사례 사건으로 그 주요 내용은 다음과 같다. 진주 등 16개 군(郡)의 백정[22)] 등이 경상남도 관찰사 조시영(曹始永)을 찾아가 원통함을 울부짖기를 "갑오개혁으로 갓과 망건[관망(冠網)]을 착용할 수 있게 되었으나 천대(賤待)가 여전하고 갓도 착용할 수 없으니, 갓을 착용할 수 있게 해주기를 청합니다"라고 했다. 이에 관부(官府, 관청)에서 응답하기를 "갓을 착용하고 싶으면 갓끈을 생우(生牛)의 가죽으로 만들어 사용하라"라고 했다. 이에 백정 등이 다시 항소하자 조시영은 진주부(晉州府) 앞으로 그들을 모두 불러 모아놓고 바로 도살한 소의 가죽 한 장을 길게 잘라서 백정들 각각의 이름으로 갓끈을 만들어 쓰게 했고, 그들은 두 뺨에 혈흔 자국들을 새긴 채 마을로 쫓겨났다.[23)]

---

21) 김중섭, 『형평운동연구: 일제 침략기 백정의 사회사』, 민영사, 1994, 99-100쪽.

22) 자료에는 '도한(屠漢)'으로 표기. 도한(屠漢)은 돼지나 소 등을 도살하는 일을 하는 백정으로 도우한(屠牛漢) · 도우탄(屠牛坦) · 도척(屠尺) · 도척(刀尺) · 재설군(宰設軍) · 재우군(宰牛軍)이라고도 했다. 백정층에 해당하는 호칭은 이들 외에도 도축업 중에서 그들이 종사하는 분야 또는 시기에 따라 다양하다. 포노(庖奴) · 포정(庖丁) · 피장(皮匠) · 혜장(鞋匠) · 피한(皮漢) · 수척(水尺) · 양수척(楊水尺) · 화척(禾尺) · 달조화척(달조禾尺) · 달조 · 고리백정 · 유기장(柳器匠) · 잡척(雜尺) · 신백정(新白丁) · 재인(才人) · 재백정(才白丁) · 재인백정(才人白丁) 등이 있다(조미은, 「조선형평사 경제활동 연구」, 『성신사학』 12 · 13 합집, 동선사학회, 1995, 106쪽, 116쪽).

23) 『황성신문』, 1900년 2월 5일 2면 '생우피(生牛皮) 관영(冠纓)'.

백정들은 진주부에 억울함을 호소했다가 오히려 '생우피 갓끈'[24]까지 강제로 착용하게 되는 수모를 겪었던 것이다. 그런데도 그들은 결코 거기서 포기하지 않았다. 그들은 중앙 부처인 내부(內部)에 상소했다. 이에 내부에서는 경상남도 관찰사를 전차(塡差)[25]하여 "지금 이러한 상소가 어찌 개탄스럽지 않은가"라고 하며 "즉시 그들을 면천입적(免賤入籍)[26]하라"라고[27] 했다. 우여곡절 끝에 백정들이 승리한 것이다.

두 번째 사례로 1900년 10월 『황성신문』에 따르면[28] 진주에 사는 정성이(丁成伊) · 이근이(李根伊) 등 일반인 수백 명이 백정의 집 10여 호를 파손하고 마주치는 백정들을 구타하는 사건이 있었다.[29] 이에 백정 조재선(趙在善) 등이 내부(內部)에 호소했고, 내부에서 경상남도 관찰부에 훈칙(訓飭)[30]하여

◉(生牛皮冠纓)晋州等十六郡居漢
等이該觀察使曹始永氏에게鳴寃ᄒᆞ
기를居牛賓生ᄒᆞ기로賤漢을常作ᄒᆞ
와頭上에冠을未着ᄒᆞᄋᆞᆸ다가更張以
後에如天ᄒᆞ신 皇恩을特蒙ᄒᆞ와冠
網을共着ᄒᆞᄋᆞᆸ더니丙申以後로賤待
如前ᄒᆞᄋᆞᆸ고寇亦未着ᄒᆞ야天地間寃
抑을莫伸ᄒᆞ오니 勅命을遵ᄒᆞ와着
冠ᄒᆞᆷ을請ᄒᆞᆫ되題旨內에冠若欲着인
된纓必以生牛皮爲之ᄒᆞ라ᄒᆞᆫ지라該
居漢等이更訴ᄒᆞᆫ즉曹氏가府庭으로
一齊招入ᄒᆞ야新居牛皮一張을長切
ᄒᆞ야每名下에冠纓을作합의兩頰에
血痕이點點한遺貌樣으로府底에出
送ᄒᆞ얏ᄂᆞᆫ되其時觀光人들이相謂ᄒᆞ
야曰居牛漢은牛皮로爲纓ᄒᆞ얏스니
貪錢官은錢緡으로作纓함이甚合ᄒᆞ
깃다고들ᄒᆞ더라더라

24) 신문에는 '생우피립영(生牛皮笠纓)'로 되어 있음.

25) 비어 있는 벼슬자리에 관리를 임명하여 보충함.

26) 천민의 신분에서 벗어나 일반인(양인, 평민) 신분으로 호적대장에 등록하게 함.

27) 『황성신문』, 1900년 2월 28일 2면 '지령면천(指令免賤)'.

28) 『황성신문』, 1900년 10월 20일 2면 '엄훈면천(嚴訓免賤)'.

29) 자료상에는 이 사건이 발생한 정확한 지명이 없다. 그러나 진주지역 백정들 중에서 일부는 일반 사람들과 이웃하며 살기도 했지만, 대부분 일반인과 따로 떨어져 진주성 밖의 옥봉마을이나 나불천 기슭과 같은 곳에서 집단 거주하였다(김중섭, 『형평운동연구: 일제 침략기 백정의 사회사』, 민영사, 1994, 98쪽).

30) 훈령으로 타일러 경계함.

백정[31)]이 이미 면천되었음과 옷과 머리에 쓰는 것에도 차별이 없음을 다시 확인하며 명령했다. 나아가 백정들의 집과 사람, 집기 등을 파손한 일반인들에 대해서도 엄격하게 조사하여 사실을 밝히도록 했다. 같은 해에는 장덕찬(張德贊)이 경상남도 관찰사에게 '망건 착용의 제한 철폐'를 청원한 집단행동을 주도하는[32)] 사건도 있었다. 이들 사건 또한 백정들이 신분 차별로 그들이 입는 피해나 억울함을 중앙 관청에까지 직접 호소하여 해결책을 구해낸 사례다.

셋째, 1905년 진주에 기독교가 전래되고 진주교회(옥봉리교회)가 설립되면서 백정 중에서도 기독교 신자가 생기기 시작했다. 백정들의 초기 예배 장소는 일반인과 함께 하는 곳이 아니었다. 가장 초기 예배는 선교사 커를(Hugh Currell)[33)]의 집이나 기독교를 믿는 백정의 집에서 실시되었다. 백정층 기독교 신자가 늘어나면서부터는 진주교회로부터 가까운 백정의 거주지에 마련한 예배처소에서 실시되었다. 1909년 새로 부임한 데이비드 머리 라이얼(David Murray Lyall)[34)] 목사는 신분의 존비귀천 차별 없이 한 곳에서 예배를 보아야 한다고 주장했다. 같은 해 5월 9일 백정들은 일반인들과 함께 교회에서 '동석(同席) 예배'를 보게 된다. 이에 일반인 신자들이 백정들과 함께 예배하는 것을 거부하는 '동석 예배 거부사건'이 일어났다. 그 후 적지 않은 갈등과 반목을 거듭한 끝에 같은 해 7~8월 무렵 백정과 일반인의 동석 예배 문제가 해결되고 진주교회에서 함께 예배를 보게 되었다고 한다.[35)]

---

31) 원문에는 도한(屠漢).

32) 김중섭,『평등사회를 향하여: 한국 형평사와 일본 수평사의 비교』, 지식산업사, 2015, 112-114쪽.

33) 1871~1943. 호주 선교사. 진주교회 설립. 한국 이름: 거열휴(巨烈烋).

34) 1876~1921. 호주 출생. 한국 이름: 라대벽/나대벽(羅大闢).

35) 이영식,「초기 한국장로교회와 백정선교」,『역사신학논총』27, 한국복음주의 역사신학회, 2014, 135-138쪽.

마지막으로 1910년 진주에서 도축업과 관련된 경제 단체인 도수조합(屠獸組合) 경남지부를 만들기 위한 움직임이 있었다. 1월 초 서울의 도수조합 본부에서 경상남도에 도수조합을 설치하기 위해 파견한 최용규(崔鎔圭)가 그곳에 도착했다. 이에 백정 출신인 장지필(張志弼)을 비롯한 도축업 종사자들도 노력을 기울였으나[36] 성과를 거두지는 못했다.

이상과 같은 사건들을 겪으면서 진주의 백정들은 차별 문제를 더 깊이 인식하고 스스로 해결하려고 노력했으며, 그에 따라 집합행동을 실행하는 역량도 갖추게 되었다. 3 · 1운동 이후 사회 전반에 확산한 사회개혁을 향한 열망과 1920년대 진주지역의 사회운동 분위기 속에서 백정들도 영향을 받고 한층 고무된 것은 너무도 당연했다. 그들은 여전히 해결되지 않고 있던 신분 차별 철폐를 해결하기 위한 운동을 적극적이고 조직적으로 전개하기 위하여 형평사를 만들어 형평운동을 펼쳐 나아갔다. 진주의 사회운동가들 또한 사회개혁운동 중의 하나인 형평운동에 창립 때부터 적극 참여했다.

---

36) 『경남일보』, 1910년 1월 5일 2면 '도수조합(屠獸組合)'; 1월 7일 2면 '과즉협잡(果則挾雜)'. 여기서 잠깐 『경남일보』, 1월 7일 내용 일부와 1월 15일 '도민낭패(屠民狼貝)' 내용을 검토해 볼 필요가 있다.
1월 7일에서는 "들리는 바에 따르면 의령에 사는 장지필이 (도수조합 조직과 관련된-필자 주) 도수 영업을 위한 운동을 한다는 명분으로 각처 백정['포민(庖民)']에게 자금을 거두어 사용하는 일이 많다고 하더라"라고 했다. 1월 15일에서는 "진주 백정[도민(屠民)]들이 경상남도로부터 도수(屠獸) 영업을 허가받았으니, 경남 각 군의 백정들에게 진주 백정들로부터 허가를 받아야만 영업을 할 수 있다"라는 허위사실을 통지하여 원성을 샀다고 했다. 이들 내용은 경남에 도수조합을 조직하려는 과정에서 장지필이 그를 이용해서 좋지 못한 행위를 하고, 진주 백정들도 경남 지역의 백정들에게 사기 행각을 벌이는 등 백정사회에 대하여 '부정적이고 단결력이 부족하다'는 등을 소위 '카더라'식 방법으로 보도한 것이다. 같은 신문 3월 6일 '도수업 경영'에서는 "한국인과 일본인이 협동으로 자금을 모집하여 옥봉 등지에 도수업을 위한 건축을 준공할 계획"이라고 보도했다(3월 6일 3면 '도수업 경영').
근대화로 막대한 경제적 이권을 보장해 주는 도수장과 도수 영업 분야에 백정뿐만 아니라 한국인 일반인과 일본인까지 참여하게 되었다. 따라서 『경남일보』의 위와 같은 보도들은 '일제나 비백정층에 의하여 백정사회에 대한 분열 책동 등이 개입된 개연성이 있다'고 보는 신진균의 견해에 공감이 가기도 한다{신진균, "한말 진주지역 백정층의 동향과 형평운동[우리가 미처 몰랐던 형평운동 이야기(https://blog.naver.com/hpmovement/222015465307)]"}.

3. 형평사와 형평운동의 전국적 확산

1) 형평사 조직의 빠른 증가

경상남도에서도 남쪽의 끝자락에 자리한 진주의 형평사와 형평운동은 출발과 함께 한반도 중부 지역까지 빠르게 퍼져 나아갔다. 그와 같은 양상은 형평사의 지역적 조직인 형평사 지사와 분사(이하 '지사와 분사'는 '지 · 분사'로 표기함)가 전국적으로 확산하던 실상을 통해 파악할 수 있다.

형평사 창립 때 정해진 '형평사 사칙' 제2조에 따르면 형평사의 지역적 조직은 진주에 본사를 설치하고 각 도에는 지사를, 각 군에는 분사를 설치하도록 했다.[37] 도 또는 군 단위 등 지역별로 형평사 설립 순서가 따로 정해지지는 않았다. 백정들이 많이 살며 활동이 적극적인 지역을 중심으로 형평사가 만들어지고, 그를 주변으로 지사나 다른 분사들이 설립되는 방식으로 조직이 확산되었다. 예를 들어 전라북도에서는 김제 · 정읍 · 이리 · 군산에 형평사 분사가 각각 결성된 뒤 전주지사가 만들어졌다.[38]

형평사의 지 · 분사가 연도별 · 지역별로 어느 정도로 조직되었는가를 파악할 수 있는 통계는 일정하지 않다. 자료 발간 기관과 시기에 따라 차이가 있기 때문이다. 그러한 자료들과 연구성과를 바탕으로 전국의 연도별 지 · 분사 상황을 정리하면 〈표 9〉~〈표 11〉과 같다. 〈표 9〉는 조선총독부에서 발간한 자료들에 있는 통계를 모아 작성한 것이다. 〈표 10〉은 조선총독

37) 조선총독부, 「형평사사칙(衡平社社則)」, 『朝鮮の群衆』, 1926, 179-181쪽.

38) 김중섭, 『형평운동연구:일제 침략기 백정의 사회사』, 민영사, 1994, 112쪽.

〈표 9〉 연도별 지역별 형평사(지 · 분사) 수

(단위: 개)

연도 도명	1923/1924	1925	1926	1928	1929	1932	1933	1935
경기	2	6	11	14	15	14	12	9
충북	8	8	9	8	11	14	13	8
충남	17	18	24	31	28	30	28	26
전북	7	10	23	30	30	27	26	12
전남	7	7	11	6	6	7	6	5
경북	12	11	25	22	23	24	20	17
경남	19	23	20	28	29	28	26	18
강원	5	7	12	17	16	15	13	2
황해	0	3	4	1	1	1	1	1
평북	1		1			0	0	0
평남	1	2	1			0	0	0
함북	0		1			0	0	0
함남	0	4	5	5	3	1	1	0
연도별 총계	79	99	147	162	162	161	146	98
전년도/시기 대비 증감수		20	48	15	0	-1	-15	-48

*출처

- 1923/1924년도: 조선총독부 관방문서과, 『朝鮮の群衆(조선의 군중)』, 1926, 183쪽. 이 자료에는 통계를 작성 · 조사한 시기 정보가 없음. 『형평운동』에서는 1923년 통계로, 『형평운동연구: 일제 침략기 백정의 사회사』에서는 1923년 말과 1924년 초에 조사한 것으로 짐작하고 1923/1924년 통계로 각각 정리했음.
- 1925년도: 조선총독부, 『朝鮮人の思想と性格(조선인의 사상과 성격)』, 1927, 123쪽. 1925년 9월 말 조사 내용.
- 1926년도: 조선총독부 경무국 편, 박경식 해설, 『朝鮮の治安狀況(조선의 치안상황)』 1927년 판, 不二出版, 274쪽.
- 1928년, 1929년도: 조선총독부 경무국 편, 박경식 해설, 『朝鮮の治安狀況(조선의 치안상황)』 1930년 판, 不二出版.
- 1932년, 1933년, 1935년도: 조선총독부 경무국 편, 『最近に於ける朝鮮治安狀況(최근의 조선치안사항)』 1933년 판, 1935년 판(복간판), 巖南堂書店(위의 『형평운동』에서 재인용).

*고숙화, 『형평운동』, 독립기념관 한국독립운동사연구소, 2008, 100쪽.

*김중섭, 『형평운동연구: 일제 침략기 백정의 사회사』, 민영사, 1994, 110쪽, 197쪽.

*자료 중 연도별 · 지역별 내용을 정리했으며, '전년도/시기 대비 증감 수'는 필자 계산.

*『朝鮮人の思想と性格』과 『朝鮮の治安狀況』에는 형평사의 지 · 분사를 나누지 않고 '형평 단체 수' 또는 '형평사 수'로 기록.

〈표 10〉 연도별 형평사 수

연도	1924	1925	1926	1927	1928	1929	1930	1931	1932	1933
형평사 수 (개)	83	95	130	150	153	162	165	166	161	146
전년도 대비 증감 수(개)		12	35	20	3	9	3	1	-5	-15

*출처: 조선총독부 경무국, 『最近に於ける朝鮮治安狀況』, 1934, 168-169쪽.
*1926년 형평사 수 중 밑줄 친 부분은 자료 판독이 명확하지 않은 것.
*'전년도/시기 대비 증감 수'는 필자 계산.

부의 『최근의 조선치안상황』[39] 1934년도 판에 정리된 1924~1933년 통계다. 〈표 11〉은 당시 신문들에 게재된 형평사 지 · 분사 설립 관련 기사를 바탕으로 정리한 통계다.

형평사 창립 초기 지 · 분사 설립 규모는 〈표 9〉의 1923년/1924년과 〈표 11〉의 1923년 통계를 참조하면 대략 추정할 수 있다. 형평사가 1923년 4월 24일 창립된 것을 고려할 때, 특히 〈표 11〉의 1923년 통계는 사실상 형평사 창립 1년 이내의 상황이라고 할 수 있다. 이 자료를 기준으로 하면 출범 1년도 되지 않아 형평사는 64개의 지 · 분사가 설립되었다.[40] 〈표 9〉~〈표 11〉의 통계를 바탕으로 짧게는 형평사 창립 후 1년도 되기 전에, 좀 더 길게는 2년이 채 되지 않은 1924년까지, 즉 형평운동 초기에 가장 많은 지 · 분사가 설립되었음을 파악할 수 있다.

형평사 조직이 초기부터 빠르게 확산했음은 창립 후 1개월도 되기 전인 『동아일보』 1923년 5월 17일 보도에서도 파악할 수 있다.

39) 원문 표기는 『最近に於ける朝鮮治安狀況』.
40) 김중섭, 『형평운동연구: 일제 침략기 백정의 사회사』, 민영사, 1994, 112쪽.

〈표 11〉 연도별 · 지역별 형평사 지 · 분사 설립 현황(신문 보도 내용)

(단위: 개)

연도 도명	1923	1924	1925	1926	1927	1928	1929	1930	1931	1932	1933	1934	계
경기	1	3(1)	(1)		(1)	1(3)		(2)					13
충북	4	2	1(1)	(1)			1	1(1)	1(1)				14
충남	10(1)	1	2(2)	1(7)	(1)	1(2)	1(2)	(2)		1			34
전북	9		2	3(5)	2(2)	1(2)							26
전남	11		(1)	1	(2)		(1)		(1)				18
경북	12(3)		2(5)	(3)		1(3)	1	(1)	(1)			1	33
경남	10	5(3)	(4)	1(2)	(1)		1(1)	(1)	(2)				31
강원	(1)	2	5	1(3)	2(3)	(1)	2	1	1				22
황해				4(3)									7
평북	1												1
평남	(1)												1
함북													
함남			1(1)	1(1)									4
총계	64	17	28	37	14	16	11	9	7	1		1	205
연도별 누계	64	81	109	146	160	176	187	196	203	204		205	

*출처: 고숙화, 『형평운동』, 독립기념관 한국독립운동사연구소, 2008, 103-104쪽.
*( )는 설립 연월일을 알 수 없으나 해당 지역 형평사 지 · 분사에 관한 기사가 처음 나타난 경우임.

"(중략) 그 (형평) 운동은 점점 구체적으로 확대되어 형평사를 조직하고 전 조선의 같은 계급을 망라하여 조직적으로 운동을 일으키려고…"[41]

41) 『동아일보』, 1923년 5월 17일 3면 '조직화하는 형평운동'.

組織化하는衡平運動
진주형평사의그뒤경과

일반사회에서 사람다운 사람의 대우를 밧지못하고 가진압박을 바더오든 전조선삼사십만의 소위백뎡계(白丁階級)는 『우리도사람이다!』하는 부르지즘으로 『사회평등』의 일대운동을 경상남도진주(慶南晋州)에서 이르키엇슴은 당시본보에 여러가지형식으로 보도한바이어니와 이래에 그운동은 점々구톄뎍으로 확대되야 형평사(衡平社)를 조직하고 전조선의

가튼계급

을망라하야 조직뎍으로 운동을일으키라고 여러가지로 협의한뒤에 위선간부네명이 대구(大邱)등 각디에순회하고 특수계급을 가々호々이 방문하야 가진조사를 시작하는 동시에 일변으로 선전문수만장을 각처에배포하야 일치단결을 부르지지고 각디의대표자를 모아서 지난십삼일 진주 진주좌(晋州座)에서 성대한 형평사창립축하회(衡平社創立祝賀會)까지 개최하기에 이르럿다 그날 개회하기전 오전일시경에는 쉐채의자동차로 선전지수만장을 시내에 배포하고

오후두시

에 각디방의백대표자백여명과 기타 회원오백여명이 모히여 성대한 축하식을 거행하얏는데 그회의 총대(總代)와 외교부(外交部) 교육부(敎育部)등 각부 당국자들의 열렬한연설을 비롯하야 각처로서 답지하는 축뎐(祝電)축문을 랑독하얏는데 축뎐은 일본동경방면에잇는 북성회(北星會) 평문사(平文社) 점진사(漸進社) 적긔사(赤旗社)등 여러단톄에서도 왓스며 기타유지의축연과 이운동의 비용으로 보태여쓰라는

동정금도

다수히들어왓스며 래빈측으로로동공제회(勞働共濟會)보텬교(普天敎)등 간부제씨의 축사등으로 오후다섯시경에 식을맛치엇는데 그사에서는림시자금(臨時資金)으로일만원을 추렴하기로 각대표사회의에서가결 하얏다는데 상당한 재산가도 만흠으로 사업운용이 하게진행 할수잇다하며 상설회관(常設會館)과교육긔관(敎育機關)의설치등기타 금후의방침에대하야도 여러가지로 협의하엿다는데 이운동은 실로주의하여볼만한것이더라

『동아일보』 "조직화하는 형평운동: 진주형평사의 그 뒤 경과"

또한, 형평사 창립 1개월 조금 더 지나서인 『매일신보』 5월 31일 "형평운동 속출(續出), 대구에서도"[42]라는 기사 제목을 통해서도 형평사 또는 형평운동의 빠른 확산 과정을 짐작할 수 있다.

창립 1년 이후의 상황은 『개벽』 1924년 7월호의 내용에서 파악할 수 있다.

> 불과 1주년에 그 기분(기운-필자 주)이 전국에 편만(遍滿)하야 사원이 17만에 달하고 지 · 분사가 120여 처(處)에 달한 것을 보면 그 운동의 잠세력(潛勢力)이 여하(如何)한 것을 가지(可知)할 것이다.[43]

42) 『매일신보』, 1923년 5월 31일 3면 '형평운동 속출(續出), 대구에서도'.

43) 차천자(車賤者), "백정사회의 암담한 생활상(生活狀)을 거론하야 형평 전선(戰線)의 통일을

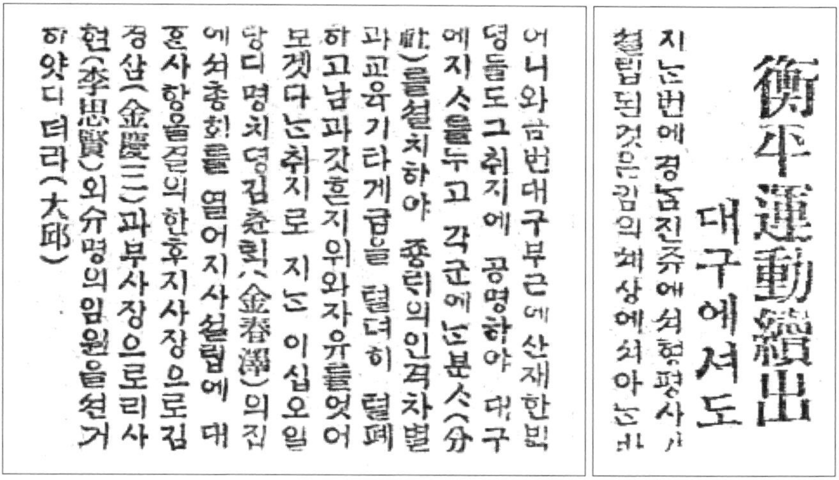
衡平運動續出

대구에서도

지난번에 경남진주에셔형평사가 챵립된것은감의세상에셔아는바어니와금번대구부근에산재한빅뎡들도그취지에공명하야대구에지사를두고각군에는분사(分社)를설치하야종래의인격차별과교육기타게급을털뎌히털폐하고남과갓흔지위와자유를엇어보겟다는취지로지난이십오일당디명치뎡김춘택(金春澤)의집에셔총회를열어지사설립에대한사항을결의한후지사장으로김경삼(金慶三)과부사장으로리사현(李思賢)외슈명의임원을션거하얏다더라(大邱)

『매일신보』 "형평운동 속출(續出), 대구에서도"

여기서 '불과 1주년에 지 · 분사가 120여 곳'이라는 부분은 〈표 9〉의 1923/1924년도 79개, 〈표 10〉의 1924년도 83개, 〈표 11〉의 1924년도 누계 81개 등과 비교할 때 차이가 상당히 크다. 그러나 "불과 1주년에 그 기분이 전국에 편만하여 형평운동의 잠재력이 어느 정도인지를 가히 알 것이라"라고 한 내용은 〈표 9〉~〈표 11〉의 초창기 통계를 다른 시기와 비교해볼 때 같은 맥락이라고 볼 수 있다.

그러면 연도별 형평사 지 · 분사 통계에서 전년도 대비 특히 차이 나게 감소하기 시작한 때는 언제였을까. 통계를 통해 1928년부터 1929년 즈음이었다고 볼 수 있다. 〈표 9〉에서 1929년은 전년도 대비 증감 수가 '0'이고 그 이후는 계속 감소했으며, 〈표 10〉에서는 1930년부터 전년도 대비 계속 감소했음을 알 수 있다. 〈표 11〉에서는 1929년부터 새로 조직되는 형평사

촉(促)함", 『개벽』 49(1924.7).

수가 계속 감소하고 있음을 볼 수 있다. 형평사 지 · 분사 수가 감소한 주요 배경으로는 형평사 내부에서 계속된 지도 세력 간의 파벌투쟁, 1928년 이후 계속 발생한 반형평운동 세력들과의 충돌 등을 들 수 있다.

전국적으로 형평사가 가장 많았던 때와 관련하여 〈표 10〉을 보면 1931년으로 166개 정도의 지 · 분사가 있었다. 〈표 11〉의 1934년도 205개는 형평사가 설립된 수만을 합한 통계다. 즉, 설립되었다가 폐지된 형평사 수는 반영되지 않았으므로 1934년 현재 존재하는 형평사 총수로 볼 수 없다. 한편 1929년 2월 5일 『조선사상통신』에서는 형평사의 "현재 가맹 세포단체는 287개소, 사원 총수는 32만"이라고 했다.[44] 이처럼 형평사 창립 초기의 지 · 분사 통계도 자료나 발간 시기에 따라 차이가 적지 않지만, 지 · 분사가 가장 많았을 때를 파악할 수 있는 통계는 그 차이가 더 커서 정확한 실상을 파악하기가 한층 어렵다는 것을 짐작하게 한다.

다만 형평사 지 · 분사 총수는 1928년 또는 1929년경부터 감소하기 시작했지만 그러한 가운데서도 〈표 11〉에 나타난 바와 같이 새로운 형평사가 1934년까지 계속 설립되었음을 알 수 있다. 즉, 1935년 4월 형평사 이름이 '대동사(大同社)'로 바뀌기 직전까지도 형평사 조직과 형평운동의 확산을 위한 노력이 계속 펼쳐졌던 것이다.

형평사 지 · 분사 조직의 확산은 시기적인 면에서뿐만 아니라 지역적인 면에서도 마찬가지였다. 창립 초기부터 한반도 중남부 전 지역에서 지 ·

---

44) "조선제운동(朝鮮諸運動)의 소장(消長)-형평운동 제4기: 수평사와의 제휴, 특수에서 일반화", 『조선사상통신(朝鮮思想通信)』, 조선사상통신사, 1929년 2월 5일 1면. 이 잡지는 이토 간토[伊藤韓堂]가 진정한 '내선융화'를 위해 '조선인의 목소리'에 귀를 기울일 필요가 있다고 주장하며 설립한, 조선사상통신사에서 1926년부터 1943년까지 발행했다. 한국인 신문 · 잡지의 사설, 시론, 문예물 등에 대한 일본어 번역물이 게재되었으며, 식민지통치에 활용된 측면도 있지만, 일본인들이 한국인들의 견해와 문화를 이해하는 통로이기도 했다(정종현, 「식민지의 목소리: 간행(1927)을 통해 본 식민지/제국의 문화교섭」, 『한국학연구』 48, 인하대학교 한국학연구소, 2018, 145쪽).

분사 설립이 빠르게 전개되었다. 〈표 9〉의 1923~1924년도 지역별 지 · 분사 통계에서와 같이 경상남북도와 충청남도가 각각 10곳 이상으로 가장 많았으며, 그다음이 충청북도 · 전라북도 순으로 많이 설립되었다. 자료에 따라 다소 차이는 있지만, 형평사 창립 초기부터 황해, 평안남북, 함경남북 지역 등, 즉 한반도 중부 이북을 제외한 중남부 지역 전체에서 형평 지 · 분사 조직이 빠르게 확산했음을 알 수 있다.

형평사 지 · 분사가 시기적으로나 지역적으로 빠르고도 광범위하게 설립된 주요 요인은 첫째, 형평사 자체에 의한 조직적 노력이었다. 1924년 2월 부산에서 열린 전국대회 때까지, 즉 진주파와 서울파 사이의 파벌 다툼이 본격화되기 전까지 '조직 확장'은 형평사 활동상 중점 사항이었다. 진주 본사[45] 간부들도 조직 확장을 위해 적극 활동을 펼쳤다. 다음은 조직적 확산을 위해 노력하는 형평사의 활동을 보도한 1923년 5월의 『동아일보』 기사다.

> (초략) 전 조선의 같은 계급을 망라하여 조직적으로 운동을 일으키려고 (중략) 간부 네 명이 대구 등 각지에 순회하고 특수 계급을 가가호호 방문하여 갖은 조사를 시작하는 동시에 일변(한편-필자 주)으로 선전문 수 만장을 각처에 배포하여 일치단결을 부르짖고 각지의 대표자를 모아서 지난 (4월) 30일 진주 진주좌[46]에서 성대한 형평사 창립축하회까지 개최하기에 이르렀다. …[47]

45) 형평사 본부(본사) 이전 문제는 창립 2개월도 되지 않아서부터 대두되었으며, 결국 1924년 4월 서울로 이전하게 된다.

46) 진주좌(晉州座)는 진주 대안동에 있었던 영화 상영, 공연, 강연 및 사회단체의 집회 장소. 1937년 건물을 신축하면서 '진주극장'으로 이름을 바꿈.

47) 『동아일보』, 1923년 5월 17일 3면 '조직화하는 형평운동'.

형평사 간부들은 일정을 정해서 지역을 순회하며 백정 공동체의 지도자들을 방문하고, 지역 상황에 따라서는 직접 조직 결성에 앞장서는 등 형평운동의 확산에 주력했음을 알 수 있다. 또한, 진주 등 지역에서 다른 사회단체의 창립 대회나 창립 축하식에 참석해서 회의를 주재하거나 강연을 하면서 형평운동의 역사적인 의미에 대한 선전과 참여를 독려했다.[48)]

둘째, 형평운동과 관련한 지역의 사회운동계,[49)] 언론계 등의 참여 또는 지지였다. 백정 출신이 아닌 사회운동가들은 형평사 창립 준비 단계부터 참여했으며, 4월 25일 발기총회 때부터는 형평사의 공식적인 간부로도 활동하기 시작했다. 형평사 창립 직전 또는 초기에 활동한 주요 사회운동가들의 사회 경력과 형평사 관련 활동 사항을 정리하면 〈표 12〉와 같다.

강상호 · 신현수 · 천석구 등은 백정 마을 사람들이 모욕적인 삶을 한탄하며 자신들의 "후손에게는 '백정'으로 천대받게 할 수 없다"라고 하는 애절한 호소를 접했다. 그리하여 차별 문제를 타파하기 위해 백정들과 함께 형평사를 창립하는 데 주도적으로 참여했다[50)]고 한다. 강상호는 진주의 3 · 1운동을 주도하여 징역을 살았던 독립유공자다. 동아일보 초대 진주지국장을 역임했으며, 진주노동공제회 · 동우사[51)] 등 여러 사회단체에서 활동했다.[52)] 신현수는 조선일보 진주지국장을 지냈고, 진주청년회 · 진주금주단연회 등에서 활동했다. 천석구는 진주금주단연회 · 보천교 소년회 등에서

48) 김중섭, 『형평운동연구: 일제 침략기 백정의 사회사』, 민영사, 1994, 108쪽, 114-115쪽.

49) 김중섭, 『평등사회를 향하여: 한국 형평사와 일본 수평사의 비교』, 지식산업사, 2015, 79-80쪽. 김중섭 교수는 사회운동가를 '직업적 사회운동가'라고 했음.

50) 『매일신보』, 1923년 5월 2일 3면 '진주에 형평사 창립'.

51) 1924년 신사상 연구를 목적으로 조직됨.

52) "애국지사 백촌 강상호 선생 평생 약력", 형평운동기념사업회 홈페이지〉 자료마당.

<표 12> 형평운동 초기 활동에 참여한 사회운동가

이름	초기 형평사 경력	사회운동/활동 경력	
		형평사 창립 당시 직업 및 경력	3 · 1운동 또는 독립운동 관련
강상호 (姜相鎬)	1923년 발기총회 임시의장. 총회에서 위원으로 선출	동아일보 초대 진주지국장, 진주노동공제회, 동우사(同友社) 등 진주 사회단체 활동	3 · 1운동을 주도한 죄로 징역. 독립유공자
신현수 (申鉉壽)	발기인. 발기총회에서 위원으로 선출	조선일보 진주지국장, 진주청년회, 진주금주단연회 등	
천석구 (千錫九)	1923년 발기총회에서 위원으로 선출	진주자작농회 간부, 진주금주단연회	
서광훈 (徐光勳)	1924~1925년 서기. 1926년 집행위원 피선	면 서기, 교사, 북풍회, 신흥청년회 등 활동	
이동구 (李東求)	형평사 창립 이후에 가입. 1924년 8월 형평사 중앙 총본부 임시대회 중앙집행위원 피선 등 형평운동에 주력	천도교인, 고려혁명위원회 국내조직부장	1920년대 중반 만주 방면에서 고려혁명당 당원으로 독립운동. 독립유공자

*출처
- 『조선일보』, 1923년 4월 30일 3면 '진주에 형평사 발기'
- 『동아일보』, 1923년 5월 17일 3면 '조직화하는 형평운동'
- 국가보훈처 공훈전자사료관 독립유공자 정보, 독립유공자 공적조서와 독립유공자 공훈록(강상호, 이동구)
- 김중섭, 『형평운동』, 지식산업사, 2001.

활동했으며, 강상호의 후배이기도 하다.[53] 이들은 모두 형평사 발기총회에서 위원으로 선출되었다.

서광훈은 면(面) 서기와 학교 교사 등을 지내고 북풍회 등의 사회단체

53) 김중섭, 『형평운동』, 지식산업사, 2001.

에서 활동했으며, 형평사에서는 1924년부터 1925년까지 서기,[54] 1926년 집행위원 등을 맡았다. 천도교 교인 이동구(李東求)[55]는 형평사 창립 이후에 가입하여 1924년 8월 형평사 중앙 총본부 임시대회 중앙집행위원, 1925년 형평사 전국대회 임시의장 및 중앙검사위원 등으로 선출되는 등 형평운동에 주력했다. 그는 1926년 만주 길림(吉林)에서 고려혁명당을 결성하고 독립운동을 벌이다가 일본 경찰에 검거되어 4년 7개월 정도의 옥고를 치른 독립유공자다.

진주나 서울뿐만 아니라 다른 지역에서도 다양한 분야의 사회운동가들이 형평운동의 중요성을 인식하고 적극 협조했다. 경주 · 고창 · 군산 · 나주 · 담양 · 영광 · 정읍 등에서와 같이 사회운동가들이 앞장서서 형평 분사 창립을 준비하자 그 지역의 백정들이 뒤따라 움직이는 예도 있었다.[56] 사회운동가들이 형평운동에 적극 참여했다는 것은 형평사 측에서도 사회운동가들과 적극 교섭하거나 형평사 조직 내에 동참하도록 노력했음을 의미하기도 한다. 형평사 지 · 분사에서 위원 등의 임원으로 해당 지역 내외의 유력한 인사를 선임한 것도 그러한 유형에 해당한다. 그들을 임명한 배경으로는 형평사의 과제들을 해결하는 데 자문하기 위한 것도 있었지만, 사회적으로 또는 사회운동단체로서 형평사의 위상을 높이려는 의도도 당연히 포함되었다.[57]

셋째, 사회운동가 중에서도 언론계 종사자들이 형평운동을 널리 알리는 데 이바지한 점도 주요 요인에 포함된다. 진주 본사를 비롯하여 지역 형평사에 이르기까지 형평사에 참여한 사회운동가 중 적지 않은 사람들이 중

54) 『시대일보』, 1924년 5월 7일 1면 '형평 경성지사 강습소를 설치, 분사를 지사로 변경'.

55) 이동구의 다른 이름은 이소(李笑), 이이소(李而笑).

56) 김중섭, 『형평운동연구: 일제 침략기 백정의 사회사』, 민영사, 1994, 115쪽.

57) 고숙화, 『형평운동』, 독립기념관 한국독립운동사연구소, 2008, 75쪽.

앙과 지역의 언론에서 활동하고 있었다. 진주의 강상호 · 신현수와 같이 언론계에 재직하면서 형평운동에 참여한 이들로는 서광훈, 마산의 여해(呂海),[58] 예산의 김성준(金成俊), 이리의 조정희(趙正熙), 입장의 박호군(朴好君), 정읍의 최중진(崔重珍), 천안의 김현덕(金顯悳), 홍성의 이한용(李漢容) 등이 있다.[59] 이들은 지방의 다양한 신문사나 잡지사 등에서 활동했으므로 형평사 관련 내용을 보도하거나 게재하는 데 커다란 역할을 할 수 있었다.

넷째, 형평사 지 · 분사가 초기부터 광범위하고도 빠르게 확산하게 된 마지막 요인은 옛 백정 계층과 형평사 또는 형평운동 일반 참여자들 즉 형평사원들이다. 백정 계층은 사실상 형평사가 출범하게 된 가장 핵심적인 당사자로서 형평사 또는 형평운동의 성공을 누구보다도 많이 갈망했다. 그러면 형평사가 조직되고 형평운동이 전개되던 시기에 백정과 형평사원의 규모는 어느 정도였을까.

형평사를 조직하면서 발표한 「형평사 주지(主旨)」[60]와 형평사 창립을 보도한 『매일신보』[61] 등 언론에서 언급한 백정 또는 형평사원 수는 '40만'이었다. 『동아일보』에서는 30~40만이라고도[62] 했다. 초기 이후에도 '40만'이라는 수치는 형평사[63]와 언론 보도[64] 등에서 계속 언급되었다. 다음은 1923년

---

58) 본명은 여병섭(呂柄燮). 국가보훈처 독립유공자 정보, 독립유공자 공훈록.

59) 김중섭, 『형평운동연구: 일제 침략기 백정의 사회사』, 민영사, 1994, 122쪽; 고숙화, 『형평운동』, 독립기념관 한국독립운동사연구소, 2008, 75쪽.

60) 『조선일보』, 1923년 4월 30일 3면 '진주에 형평사 발기, 계급타파를 절규하는 백정사회, 우리도 이 세상 사람의 일 분자이니 압박멸시계급을 타파하자는 운동'.

61) 『매일신보』, 1923년 5월 2일 3면 '전도(全道) 40만 동족에 비격(飛檄) 하야 해방을 절규하는 경남 백정'.

62) 『동아일보』, 1923년 5월 17일 3면 '조직화하는 형평운동'.

63) 조선형평사 총본부, 「朝鮮衡平運動の梗概」, 『朝鮮及朝鮮民族』 1집, 朝鮮思想通信社, 1927. 166쪽.

64) 『동아일보』, 1924년 4월 25일 2면 '형평 1주(週) 기념' 등; 『중앙일보』, 1933년 4월 26일 2면 '40만

「형평사 주지」와 1925년 4월 형평사 창립 2주년 기념 행사를 사진과 함께 보도한 『동아일보』 기사 제목이다. 「형평사 주지」에서는 '40여만'으로, 『동아일보』 기사 제목에서는 '사십만 사원'으로 각각 표현하였음을 알 수 있다.

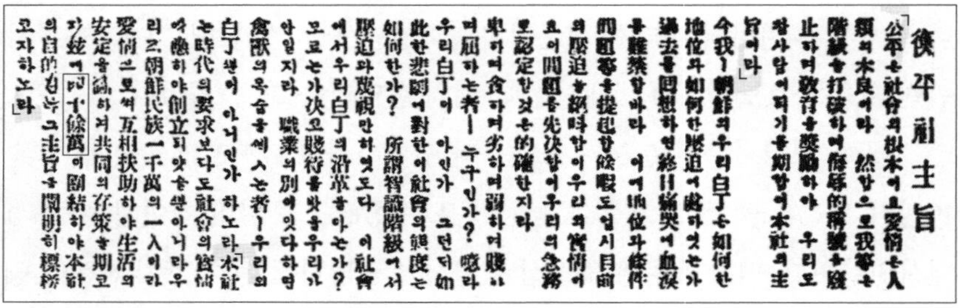
衡平社主旨
「公平은社會의根本이요愛情은人類의本良이라 然함으로我等은階級을打破하며侮辱的稱號를廢止하며敎育을奬勵하야 우리도참사람이되기를期함이本社의主旨이라」
今我ㅣ朝鮮의우리白丁은如何한地位와如何한壓迫에處하엿는가過去를回想하면終日痛哭에血淚를難禁할바라 이에地位와條件問題等을提起할餘暇도업시目前의壓迫을絶叫함이우리의實情이요이問題를先決함이우리의急務로認定한것은的確한지라
卑하며貧하며劣하며弱하며賤하며屈하는者ㅣ누구인가? 噫라우리白丁이아닌가 그런데如此한悲劇에對한이社會의態度는如何한가? 所謂知識階級에서壓迫과蔑視만하엿도다 이社會에서우리白丁의沿革을아는가? 모르는가決코賤待를밧을우리가안일지라 職業의別이잇다하면禽獸의목숨을쌔아는者ㅣ우리의白丁뿐이아니인가 하노라「本社는時代의要求보다도社會의實情에應하야創立되얏슬뿐아니라우리도朝鮮民族一千萬의一人이라愛情으로써互相扶助하야生活의安定을圖하며共同의存榮을期코자玆에四十餘萬이團結하야本社의目的인그主旨를闡明히標榜코자하노라」

형평사 주지(主旨)[65] (왼쪽에서 세 번째 줄 박스 친 부분)

『동아일보』 1925년 보도 사진과 기사 제목 (왼쪽에서 두 번째 줄 박스 친 부분)

*기사 제목: 최대 원한이 차별, 차별이 철폐되기까지는 사십만 사원이 결속하자, 전 조선 형평대회 종료
*사진 제목: 형평사 기념 날=선전지를 배포하는 광경, 작일(1925.4.25.) 종로에

'백정'의 지하조직 결성 획책'.

65) 『조선일보』, 1923년 4월 30일 3면 '형평사주지(衡平社主旨)'.

이처럼 '40만'이라는 것은 한국의 '백정' 또는 형평사원 총수에 대해 상징적이고 보편적으로 언급된 규모였다. '40만 백정'이라고 하더라도 이들 모두가 형평사원이 된 것은 아니며, '40만 형평사원'이라고 하더라도 이들 모두가 형평사에 공식적으로 가입한 형평사원을 의미하는 것은 아니었다.

형평사에서 규정한 형평사원의 자격은 "조선인은 하인(何人)을 불문(不

〈표 13〉 연도별 · 지역별 형평사원 수

도명 \ 연도	1926	1928	1929	1932	1933	1935
경기	252	2,016	540	397	470	444
충북	267	319	387	468	451	237
충남	1,758	2,313	19,434 (1,943?)	2,687	2,609	2,425
전북	1,356	1,135	1,155	1,582	1,540	967
전남	400	238	239	391	186	253
경북	2,038	1,490	867	856	710	938
경남	1,080	1,492	1,715	1,564	1,596	1,230
강원	431	626	556	326	283	39
황해	75	6	6	6	7	7
평북	2	0	0	0	0	0
평남	1	0	0	0	0	0
함북	2	0	0	0	0	0
함남	39	53	31	16	16	0
연도별 총계	7,701 (7,681)	9,688	24,930 (7,439?)	8,293	7,868	6,540

*출처: 〈표 9〉와 같음.

*1926년도 연도별 총계에서 ( )는 출전 자료에 기록된 값이며, 1929년 충남 형평사원 수는 자료에 1만 9,434명으로 되어 있으나 1929년 전후 통계로 보아 오류로 파악되므로 ( ) 안과 같이 표기하고 연도별 통계에도 반영함.

問)하고"였다. 형평사원 자격을 백정으로 제한하지 않았음을 알 수 있다. 형평운동의 목적인 '계급타파, 모욕적 칭호 폐지, 교육 장려, 상호 친목'[66]에 뜻을 같이하는 한국인이면 누구든지 함께할 수 있도록 한 것이다. 자료에서 파악할 수 있는 연도별 도(道) 단위 형평사원 수를 정리하면 〈표 13〉과 같다.

앞에서 인용한 바와 같이 『개벽』에서는 "불과 1주년에 전국의 형평사원이 17만 명에 달했다"라고 했다. 1927년 형평사에서 주장한 형평사원 수를 보면 '통상 40만 회원'으로, 통상적인 백정의 통계 40만과 일치하기도 했다. 이와 같은 형평사원 수치는 조선총독부 발간 자료의 통계로 작성한 〈표 13〉의 형평사원 통계와는 비교할 수 없을 만큼 차이가 큰 것을 알 수 있다. 형평사에서 주장한 형평사원 '40만 명'은 백정 중에서 형평사에 정식으로 가입한 수뿐만 아니라 백정층에 해당하는 자들을 포함한 규모라고 볼 수 있다.

'40만 명'에서 〈표 13〉의 형평사원 통계를 뺀 수치의 인원은 비록 형평사의 정식 사원이 아니라 하더라도 형평운동을 지원할 수 있는 엄청난 잠재적 존재였다. 형평사 조직이나 운동이 한반도 중 · 남부 지역에서 초기부터 빠르고도 넓게 확산할 수 있었던 것은 바로 그러한 잠재적 인적 자원에 힘입은 탓이라고 할 수 있다. 또한, 형평사가 형평사원 충원 방법에서 백정층에 제한하지 않은 것[67]도 형평사 또는 형평운동 확산의 주요한 요인이었다.

---

66) 「형평사 사칙(衡平社社則)」 제3조(김의환, 「일제 치하의 형평운동고」, 『향토서울』 31, 1967, 61-63쪽).

67) 김중섭, 『형평운동연구: 일제 침략기 백정의 사회사』, 민영사, 1994, 195쪽, 121쪽.

2) 형평운동 정신의 상징성 확산: 백정들의 인권해방운동에서 한국의 독립 · 해방운동으로

형평사 창립 당시에 백정들은 자신의 존재를 어떻게 인식하고 있었고, 그들이 형평사를 창립하고 형평운동을 전개한 배경은 무엇이며, 형평사 또는 형평운동이 추구했던 목표는 어떤 것이었을까. 다음의「형평사 주지」에는 이러한 질문들과 관련된 답이 명확하게 제시되어 있다.

(278 쪽「형평사 주지」에서「」표시한 부분)

공평은 사회의 근본이요 애정은 인류의 본량(本良)이다. 그러므로 아등(我等)은 계급을 타파하여 모욕적 칭호를 폐지하며 교육을 장려하야 우리도 참사람이 되기를 기(期)함이 본사의 주지이라 (중략)

본사는 시대의 요구보다도 사회의 실정(實情)에 응하야 창립되었을 뿐 아니라 우리도 조선 민족 1천만의 1인이라. 애정으로써 상호부조 하야 생활의 안정을 도모(圖)하여 공동의 존영(尊榮)[68]을 기(期)코자 이에 40여 만이 단결하야 본사의 목적인 그 주지를 표방코자 하노라.

위 주지 내용에 따르면 백정들은 자신의 존재를 '조선 민족 1천만의 1인'으로서 즉 1천만 한국인 중 한 사람으로 인식하고 있었음을 알 수 있다. 백정도 한국에서 같이 살고 있던 다른 한국인과 동등한 존재로 생각하고 있었던 것이다. 그들이 형평사를 창립하고 형평운동을 전개한 배경은 '시대의 요구보다 사회의 실정(實情)에 응한' 것이었다. 그리고 형평사 또는 형평운동이 추구했던 목표는 '계급을 타파하여 참사람'이 되는 것이었다. 다시 말

---

68) 고귀하고 영예로움, 지위가 높고 영화로움.

해서 형평운동은 갑오개혁 때 제도적으로 신분이 철폐되었음에도 '실생활 속에서 계속된 관습적 차별'이라는 '사회의 실정'으로부터 탈피하는 것이었다. 그럼으로써 '다른 한국인들과 동등한 한 구성원, 즉 참사람으로 살기 위한' 운동이었다. 형평사의 그 같은 목적은 「형평사 사칙(社則)」 제2조에서도 "계급타파, 모욕적 칭호 폐지, 교육 권장, 상호의 친목을 목적으로 한다"라고 포함하고 있다.

형평사가 추구한 이념과 형평운동의 성격은 결코 백정층에게만 제한된 것이 아니었다. 1920년대 사회운동가들이 한국 사회의 오랜 관행 중에서 문제가 있는 부분 등을 바꾸어 새로운 사회를 만들어 가고자 하는 열망으로 전개한 사회운동과도 결코 무관하지 않았다.[69] 형평운동도 여전히 한국을 지배하고 있던 불평등한 신분제나 불합리한 사회 관행 등을 깨뜨리고 평등하고 정의로운 사회를 만들어가려고 했던[70] 당시의 사회운동들과 맥을 같이했던 것이다.

형평운동이 목표했던 '차별 또는 신분제로부터의 해방'이나 '참사람이 되는 것'은 한국과 한국인이 목표했던 '일제에 의한 피지배 국가 또는 민족이라는 상황에서 독립하는 것', 즉 '일제로부터의 해방운동'과도 성격상 매우 밀착되어 있었다. 더 높고 궁극적인 차원에서 본다면 '누구 또는 무엇으로부터 해방하느냐?'라는 구체적인 대상에서 차이가 있었지만, 공통되는 점이 당연히 더 컸다고 할 수 있다. 백정이나 형평사의 해방운동 대상은 백정을 차별하던 한국인(대부분 비백정층)과 일제 그리고 일본인이었으며, 한국

69) 당시 아리요시 주이치[有吉忠一] 정무총감도 "백정들의 형평사 조직이 사회운동의 일단(一端, 하나, 한 부분)이 일어난 것과 같이 전해 들었다"라고 했다(『동아일보』, 1923년 5월 3일 2면 '선박령(船舶令)과 취인령(取引令), 유길(有吉) 총감(總監) 귀임담(歸任談)').

70) 김중섭, 「1920년대 지역 사회운동과 농민운동: 진주 지역을 중심으로」, 『현상과 인식』 32, 한국인문사회과학회, 2008, 69쪽.

과 한국인의 해방운동 대상은 일제와 일본인이었기 때문이다.

『동아일보』는 형평사 창립 후 1주일 정도 지난 1923년 5월 1일 보도에서 "형평사의 출생 의미가 없으며 오히려 평지에 파란을 일으킬 염려가 없지 않다. … 우리 민족의 일치단결할 장래에 한 점의 암영(暗影)[71]을 던지는 것이다"라고[72] 하면서 형평사에 대한 매우 부정적인 우려 또는 견해를 피력했다. 그러나 5월 21일 충청남도 대전에서 열린 형평사 남조선대회와 관련한 5월 29일 논평[73]은 다음과 같다.

> 1. … 형평사 운동이 단순한 그 계급에만 그 효력이 정한(定限)될 것이 아니라. 기력이 쇠퇴(衰退)해가는 조선인 전부의 해방운동에 일대 경종이 될 수 있으리니…
> 2. … 고(故)로 오인(吾人)은 금일 조선사회에서 해방운동으로 장래성이 풍부하고 창조성이 유(有)한 것은 소작인 운동과 같이 형평운동이라고 하노니. 그 내부적 자멸이 의외(意外)로 돌발하기 전에는 해방운동에 규범이 될 수 있다. …
> 3. … 그러나 오인이 특히 형평사 제군(諸君)에게 주의를 촉구하는 것은 금일의 조선은 민족적 감정 왕성한 시대요, 또한 민족적 대항에 일호(一毫)의 방심을 불허하는 관(觀)이 유(有)한 현재 정황에 자(自)계급의 해방운동과 배치되지 아니하기를 기(期)하여야 할 것이니, 만일 이 정황을 무시하면 형평사 운동이 그 해독을 받을 것은 물론이요. 조선인 전반의 해방운동에 적지 않은 손해를 미치고 그

---

71) 어두운 그림자. 어떤 일을 이루는 데 지장이나 방해가 되는 영향.

72) 『동아일보』, 1923년 5월 1일 2면 '횡설수설'.

73) 『동아일보』, 1923년 5월 29일 1면 '민족해방운동의 일군, 형평사남선대회'.

결과로 악영향을 받아서 백정 계급이 재건하기 어려운 운명을 당할는지도 알 수 없노니. 신중히 할 바가 형평사 운동과 민족적 운동에 조화를 잃지 않는 것에 있다.

- 이에 민족적 운동이라고 함은 민족해방운동을 말함이다. 이에 오인은 시대적 요구에 응하여 형평사 운동의 발전을 보고 해방운동의 발전으로 그 가치를 시인하고 겸하여 진행상 과실이 없기를 바라노라.

여기서는 앞의 5월 1일 논지와 달리 "형평운동이 소작운동과 함께 조선사회에서 해방으로 장래성이 풍부하고 창조성이 있다"라고 하면서 일단은 적지 않게 호의적으로 평가하는 듯했다. 그러나 결국 핵심적인 주장으로는 '해방운동'적인 성격을 지닌 형평운동이 잘못하여 민족적 운동으로서의 '해방운동', 즉 독립운동에까지 적지 않은 손해를 끼치거나 경종을 울리게 될 것임을 계속하여 강조하였다. 아무튼, 이 보도를 통해서도 당시에 형평운동과 민족운동이 지닌 '해방운동적 성격'이 결코 간과할 수 없을 만큼 민감하게 의식되고 있었음을 짐작할 수 있다.

그러나 1924년 5월 『동아일보』[74]는 형평운동과 민족운동의 '해방운동' 성격을 연장선상에서 또는 일치선상에 놓고 논지를 전개했다. 즉, 수원 장터에서 키 장사하는 형평사원과 일반인 간에 발생한 투쟁 사건을 보도하면서 다음과 같이 서술했다.

◇ 모든 사람이 다 같이 사람의 대우를 서로 받고 주기 위하여 해방운동이 가장 열렬한 오늘날에 형평사의 운동이 당연할 뿐 아니라

---

74) 『동아일보』, 1924년 5월 26일 2면 '해방운동자, 수원서 형평사원 결속'.

오히려 늦게 일어난 감이 없지 아니하다.

◇ 구속과 압박에서 우는 조선사람은 우리의 모든 노력을 해방이라는 줄에 모조리 뭇처서[75] 젓 먹은 힘을 다 써야 할 때다. 해방의 편이 이기고 이기지 못하는 것은 우리의 생명이 이어가거나 끊어지는 갈림길이다.

◇ 소작인의 해방, 부인의 해방과 같이 백정의 해방도 민족의 해방운동에 한가지 길이다. 살고저 하는 우리의 운동은 해방에 있는 것과 같이 형평사원을 박해하는 것은 우리의 신조(信條)와 현대사람의 양심에 위반되는 일이다.

백정의 해방이 소작인의 해방, 부인의 해방과 함께 우리 민족의 해방운동에 한 가지 길이라고 했다. 그리고 "'구속과 압박에서 우는 조선 사람'은 우리의 모든 노력을 해방이라는 줄에 모조리 뭇처서(합쳐서-필자 주)", "형평사원을 박해하는 것이 우리의 신조에 위반되는 일" 등의 표현에서 '구속과 압박에 우는 조선 사람' 또는 형평사원을 '우리(민족)'로 통합하고 공동운명체로서 일치시키고 있음을 알 수 있다.

『동아일보』의 그 같은 견해는 1925년 형평사 창립 3주년을 기념하여 게재한 사설에서 더욱 명백하게 드러난다.

(사설 내용 중 1. 2. 3. 생략)

4. 요(要)컨대 문제는 대국(大局)으로 보아서, 한국인 전체가 형평사원과 같은 운명을 가진 것을 자각치 아니하면 아니 될 것이다. 그러므로 형평운동은 어느 의미로 보아서 조선인해방운동의 전위(前

75) 뭇다: 여러 사람이 한데 모여서 조직, 짝 따위를 만듦.

衛)가 될 것이다. 이러한 의미에 있어서 동(同) 대회의 위대한 착목(着目)[76]과 건전한 발달을 축(祝)하는 바이다."[77]

형평운동을 한국 민족해방운동의 상징적인 모델 중 하나로 여기고, 그러한 인식을 한국 사회에 확산시키려 했음을 확인할 수 있다. 이 사설은 일제에 의하여 압수되었다.[78] 그 사유는 두말할 나위 없이 형평운동과 민족해방운동이 지닌 그러한 상징적 관계를 너무나도 간결하고도 분명하게 서술하였기 때문이었다. 그리고 머지않은 훗날 형평사의 일부 지도자들은 민족해방을 목적으로 하여 고려혁명당에 가담하거나 신간회를 비롯한 여러 사회운동 단체와도 긴밀한 관계를 갖고 있었다.[79] 그러한 점에서도 형평사 활동의 적지 않은 부분에서 민족해방운동의 성격 또는 민족해방운동과의 연계성을 찾아볼 수 있다.

---

76) 착목: 어떤 일을 주의하여 봄.

77) 『동아일보』, 1925년 4월 26일 1면 '전 조선 형평 대회에 대하야'.

78) 동아일보사, 『일정하동아일보압수사설집』, 1978, 133-134쪽. 이 기사는 현재 한국역사정보통합시스템에서 제공하는 원문에서는 읽을 수 있으나(http://db.history.go.kr/item/imageViewer.do?levelId=npda_1925_04_26_v0001_0030), 동아일보사에서 제공하는 원문에서는 기사가 뭉개져 버려서 읽을 수 없음(https://www.donga.com/news/Pdf?ymd=19250426).

79) 김중섭, 『형평운동연구: 일제 침략기 백정의 사회사』, 민영사, 1995, 311-312쪽. 이 논문에서 김중섭 교수는 "젊은 지도자들 중심의 활동이나 해소론 주장 등에서는 계급해방운동의 성격을 볼 수 있다. 이런 것들은 모두 형평운동이 부분적으로 민족주의나 사회주의의 사상적 영향을 받았고, 또 그 계열의 단체들과 밀접하게 활동을 벌였음을 보여주고 있다"라고 했다. 그렇지만 "형평사를 좁은 의미의 민족해방운동단체나 계급해방운동단체로 분류할 수 없을 것"이라고 하면서 "오히려 이것들은 기본적으로 백정의 신분해방이나 인간해방의 맥락에서 파생된 것으로 설명되어야 할 것"이라고 했다.

4. 마무리하면서

민중은 3 · 1운동 이후 일제의 식민지배에 항거하는 해방운동 · 독립운동과 더불어 오랫동안 조선 사회에 내재해 왔던 불공정함과 부당함 등을 개혁하기 위한 사회 · 정치개혁 등 다양한 방면의 운동에도 적극 참여했다. 진주의 3 · 1운동도 사회의 포괄적인 쟁점에 대해 민중이 적극 참여하는 시발점이 되었다. 또한, 민중은 3 · 1운동을 경험하면서 '민족'에 대한 공동 또는 집단 정체성에 대해 더욱 강하게 인식하게 되었다. 나아가 그와 같은 '공동 정체성 또는 집단 정체성'에 대한 인식은 사회계층별 집단에까지 광범위하고도 실천력 있게 확장되었다. 한국 사회에서 오랫동안 사회적 · 정치적 피해자 또는 약자였던 이들도 자신들이 처해 있던 문제들을 해결하고 목표를 실천하려고 공동의 조직을 만들어 적극 노력한 것이다. 진주의 형평사와 형평운동도 그중 하나였다. 특히 형평사와 형평운동은 한국 사회의 사회적 · 정치적 오랜 피해자 또는 약자 중에서도 가장 낮은 위치에 처해 있던 존재, 즉 '옛 백정'이었다.

한국의 동부 남단에서 출발한 형평사는 창립되면서부터 지역 조직인 지사와 분사를 통하여 서울을 비롯한 한반도 중부까지 빠르게 확산했다. 지금 파악할 수 있는 각종 통계 자료를 통해서도 다른 시기보다 1923년 또는 1924년 조직된 지 · 분사가 가장 많다. 1927년 발간된 『개벽』에서도 "불과 1주년에 그 기분이 전국에 가득 차고 (중략) 그 운동의 잠재력이 어떠한가를 알 수 있을 것이다"라고 한 데서도 그러한 정황을 짐작할 수 있다. 1935년 4월 형평사 이름이 '대동사(大同社)'로 바뀌기 직전까지 형평사는 적은 수이지만 계속 설립되었는데, 백정들이 형평운동 확산을 위한 노력을 마지막까지 중단없이 전개했음을 의미한다. 형평사와 형평운동은 지역 조직 면에서만 전국적으로 전개된 것은 결코 아니었다. 형평사의 인권해방운동과 그 정신도 백정이라는 한 계층만을 위한 범주에 머물지 않았다. 한국 사회운동의 하나로 출발하여 한국 또는 한국인의 해방운동과 밀접하게 연계되어 있었다. 과거 최하위 사회집단이던 백정층의 신분해방운동에서 출발하여 민족이라는 공동 집단의 독립운동 또는 해방운동까지 확산하여 인식하게 한 엄청난 상징성을 지니고 있었던 것이다.

참고문헌

『경남일보』, 『동아일보』, 『매일신보』, 『시대일보』, 『조선일보』, 『황성신문』

고숙화, 『형평운동』, 독립기념관 한국독립운동사연구소, 2008.

국가보훈처 공훈전자사료관 독립유공자 정보, 독립유공자 공적조서와 독립유공자 공훈록(강상호, 이동구)

김상환, 「경상남도 3 · 1운동의 전개 양상과 특징」, 『지역과 역사』 29, 2011.

김의환, 「일제 치하의 형평운동고,」 『향토서울』 31, 1967.

김중섭, 『형평운동연구: 일제 침략기 백정의 사회사』, 민영사, 1994.

______, 『형평운동』, 지식산업사, 2001.

______, 「1920년대 지역 사회운동과 농민운동: 진주 지역을 중심으로」, 『현상과 인식』 32, 한국인문사회과학회, 2008.

______, 『평등사회를 향하여: 한국 형평사와 일본 수평사의 비교』, 지식산업사, 2015.

동아일보사, 『일정하동아일보압수사설집』, 1978.

신진균, "한말 진주지역 백정 층의 동향과 형평운동[우리가 미처 몰랐던 형평운동 이야기(https://blog.naver.com/hpmovement/222015465307)]"

이영식, 「초기 한국장로교회와 백정선교」, 『역사신학논총』 27, 한국복음주의역사신학회, 2014.

이정은, 「3 · 1운동의 지방확산 배경과 성격」, 『한국독립운동사연구』 5, 독립기념관 한국독립운동사연구소, 1991.

정연심, 「1920년대 진주노동공제회의 조직과 농민운동의 발전」, 『역사와 세계』 21, 부산대학교 사학회, 1997.

정종현, 「식민지의 목소리: 간행(1927)을 통해 본 식민지/제국의 문화교섭」, 『한국학연구』 48,

인하대학교 한국학연구소, 2018.

조미은, 「조선형평사 경제활동 연구」, 『성신사학』 12 · 13합집, 동선사학회, 1995.

조선형평사총본부, 「朝鮮衡平運動の梗概」, 『朝鮮及朝鮮民族』 1집, 朝鮮思想通信社, 1927, 166쪽.

차천자(車賤者), "백정사회의 암담한 생활상(生活狀)을 거론하야 형평 전선(戰線)의 통일을 촉(促)함", 『개벽』 49, 1924.

허영란, 「3 · 1운동의 지역성과 집단적 주체의 형성: 경기도 안성의 사례를 중심으로」, 『역사와 경제』 72, 2009.

______, 「삼일운동의 네트워크와 조직, 다원적 연대」, 『사학연구』 132, 2018.

한국역사정보통합시스템.

형평운동기념사업회 홈페이지(http://www.hpmove.com/).

마무리 논문

진주지역 3·1운동과 근대 사회 발전

—

김중섭

1. 시작하며

1919년 일제강점기에 전국적으로 일어난 3 · 1운동을 어떻게 평가할 것인가? 일제 식민지배에 대한 범민족적인 저항으로 기록되는 이 역사는 한국 근대 역사의 분수령으로 평가되고 있다. 특히, 3 · 1운동을 겪으면서 한국 사회는 조선 시대에 내재된 다양한 문제를 극복하고 근대 사회로 나아가게 되었다고 평가된다. 3 · 1운동 100주년을 지낸 이 시점에 그 역사적 과정을 재조명하며 유산과 성과를 다시 살펴보는 것은 의미 있는 일이다.

3 · 1운동의 1차적 목적은 일제 식민지로부터 독립을 쟁취하는 것이었다. 독립에 대한 열망으로 전국에 걸쳐 범민족적인 만세시위가 폭발적으로 일어났다. 그러나 일제의 무자비한 탄압으로 만세시위의 목적인 독립은 이루지 못했다. 그 결과에 얽매여 3 · 1운동을 '실패'로 평가할지도 모른다. 그러나 평가는 드러난 결과만이 아니라 '의도하지 않은 결과'도 주목해야 한다. 독립을 이루지 못했지만, 3 · 1운동이 미친 영향과 그 이후의 사회 변화를 살펴보아야 한다. 곧, 3 · 1운동이 한국 사회에 미친 광범위한 변화를 간과해서는 안 된다.

범민족적인 항쟁에 맞부딪힌 일제가 '무단 통치'라는 강압적인 통치 방식을 이른바 '문화 통치'로 바꾼 것도 작은 성과일 수 있다. 1910년 조선을 강제로 빼앗은 이후 시행해온 정책을 바꾸어 한국어 신문 창간이나 사회단체 활동을 허용한 것도 그러한 성과의 하나일 것이다. 그렇게 유연한 통치 전략으로 바뀌었지만, 일제의 식민지배는 본질적으로 바뀌지 않았다. 오히려 식민지배에 방해되는 사회 활동에 대한 탄압은 더욱 강화되었다.

따라서 3 · 1운동을 평가하는 데 일제의 식민 통치 방식이 바뀐 측면보다 3 · 1운동이 한국 사회의 변화에 미친 영향을 주목하게 된다. 예컨대, 정치적으로 임시정부 수립도 큰 성과였다. 독립운동의 구심적 역할을 하는 조직의 구축은 새로운 범민족적 항쟁의 발판이 만들어졌다는 의미다. 게다가 임시정부의 국가 형태가 조선왕조 같은 왕정이 아니라 백성이 주인인 민주공화국이었다. 이것은 과거로 되돌아가는 것이 아니라 민족의 미래상을 제시하는 것이었다. 그 유산이 해방 이후 대한민국의 기틀을 확립하는 데 이바지한 것은 주지의 사실이다.

또 3 · 1운동의 영향으로 전국 곳곳에서 다양한 사회운동이 폭발적으로 전개되었다는 사실도 중요한 결과였다. 그것은 조선 사회의 폐습을 타파하고 새로운 사회를 만들어가는 과정이었다. 곧, 3 · 1운동은 사회개혁을 통한 근대 사회로의 이행을 이끄는 출발점이며 새로운 사회 건설을 재촉하는 계기가 되었다. 이런 점에서 3 · 1운동과 그 이후의 사회운동을 이어서 살펴보는 것이 중요하다. 그 역사적 과정을 밀착하여 살펴보고 논의함으로써 3 · 1운동의 역사적 평가 지평을 넓힐 수 있게 될 것이다. 이러한 역사적 흐름을 잘 보여주는 사례를 진주지역에서 찾을 수 있다. 이 글은 지금까지의 논의를 마무리하는 차원에서 근대 사회를 이끈 진주지역의 3 · 1운동과 그 이후의 사회운동을 살펴보려고 한다.

2. 3·1운동 이후 진주지역 사회운동의 양상

진주의 3 · 1운동 만세시위는 다른 지역보다 늦게 일어났지만, 지역의 역사적 배경을 토대로 활발하게 전개되었다는 특징이 있다. 각계각층의 주민이 적극적으로 독립 만세에 참여하여 범민족적인 항쟁을 벌였으며, 그 이후 다양한 사회운동 발전과 밀접하게 연계되어 있다.[1] 일제의 엄격한 검열과 통제 탓으로 무장 독립 투쟁이나 공산주의운동 같은 활동은 파악하기 어렵지만, 진주지역 사회운동단체의 활동은 당시 언론의 빈번한 보도를 통해 어느 정도 윤곽을 그려볼 수 있다. 1920년 창간된 『조선일보』와 『동아일보』, 한국어로 발간된 조선총독부 어용지 『매일신보』 등이 진주지역 활동을 비교적 상세하게 보도했다.

3 · 1운동 이후 진주지역의 사회운동은 청년회 활동으로 시작되었다. 진주청년회, 진주청년구락부, 광진(光晋)체육회 등 진주의 여러 청년단체가 1920년 7월 진주청년회로 통합되면서[2] 규모를 확대하고 활동 영역을 넓혀갔다. 이 청년단체는 또한 3 · 1운동 관련자들이 감옥에서 출소한 뒤 활동을 재개하는 무대로 활용되었다.[3] 활동가들은 진주청년회뿐만 아니라 천도교, 천주교, 기독교 같은 종교 기관의 청년회나 여자청년회에도 참여했다. 이 단체들은 순회 강연회나 토론회, 야학, 전도대회 등 다양한 활동을 벌여나갔다. 다른 지역으로 공부하러 간 유학생들도 1920년 진주학생대회, 1923년 유학생 친목회, 동경유학생단체 등을 결성하여 지역 활동에 적극 참여했다. 이렇게 진주지역의 청년 · 학생 단체는 3 · 1운동 이후 다양한 지역사회운동을 이끄는 젊은이들의 활동 공간이었고, 지역 주민의 활동을 이어주는 구심점 역할을 했다.

3 · 1운동 직후에는 청년회 중심으로 지역사회 활동이 이루어졌지만, 새로운 목적의 단체들이 생겨나면서 사회운동 영역의 분화 양상이 나타났다. 그 결과 다양한 성격의 단체가 크게 늘어나 1920년부터 1925년까지 신

1) 3 · 1운동 즈음의 진주의 상황과 그 이후의 사회운동을 논의한 김중섭, 『사회운동의 시대: 일제 침략기 지역 공동체의 역사 사회학』, 북코리아, 2012 참조.

2) 『동아일보』, 1920년 7월 12일, 27일.

3) 한규상, 『나의 민족 나의 조국』, 보이스사, 1980, 60-61쪽.

문에 활동이 보도된 단체 수가 60여 개에 이르렀다. 이러한 사회단체의 결성 추이를 보면, 1920년 체육회, 노동단체, 일신고보 설립이나 야학 활동을 위한 교육단체, 종교 기관의 청년단체, 여성단체 등이 만들어졌고, 1921년과 1922년에는 번영회, 자선회, 소년회, 종교 기관의 청년회, 여자청년회 등이 활동을 시작했다. 그리고 1923년에는 유학생 친목회 같은 학생단체, 종교 기관에서 만든 소년단체, 농민 · 노동자들을 위한 노동공제회의 하위 단체, 백정 해방운동단체인 형평사, 민립대학 발기회 같은 교육단체, 금주단연회 같은 사회개선활동단체 등이 생겨났다. 1924년 이후에는 사상단체가 생겨나는 등 사회운동 지평이 더욱 확대되었다. 이와 같이 1920년대 전반기에 활동한 진주지역 단체를 성격별로 정리하면 〈표 14〉와 같다.

〈표 14〉 1920년대 전반기 진주지역의 주요 사회단체(1920~1925)

성격	단체명	활동 시기	주요 참여자
청년단체	천도교청년회 진주지회	1920. 4.	박태준, 김의진
	진주기독교청년회	1920. 7. 26 창립	홍수원, 한규상, 김주학, 박성오, 김장환, 심두섭
	진주청년회	1920. 7. 진주청년회, 진주청년구락부, 광진체육회 합병	박재표, 강주한, 강윤영, 탁정하, 김갑순, 남홍, 고경인, 김찬성, 김주석, 정성호, 조우제, 강달영, 박진환, 심두섭
	진주천주교청년회	1922. 8. 20 창립	김재홍, 이상석, 진홍조, 김경홍, 조우제, 박재홍
	진주기독청년면려회	1924. 1. 17 남녀기독청년회 병합	김병규, 김인숙, 정성도
학생단체	진주학생대회	1920. 7. 5. 결성	김형동, 유덕천, 문위동, 김삼조
	재외진주유학생회친목회	1923. 8.	박윤석, 김장환, 박영환, 고경인, 김찬성, 박진환
	재동경진주유학생구락부	1923. 9.	남홍, 이강우, 정병호, 김찬성

성격	단체명	활동 시기	주요 참여자
여성단체	진주야소교부인회	1920. 11.	이수애
	진주여자기독청년회	1921. 12. 창립	박덕실, 안신덕, 서성실, 성석순, 김남례
	진주천주교여자청년회	1923. 2. 25 창립	강금춘, 홍영애, 강영순, 조명원
	진주부인회	1923. 8.	
소년단체	진주소년회	1921. 6.	강민호, 김경홍, 김경택
	보천교소년회	1923. 5. 6 창립	강대창, 심두섭, 정성호, 오경표, 천석구
	천도교진주소년회	1923. 8.	김영호, 김영식
	진주소유원(少幼院)	1924. 10.	정준교, 강대창, 천명옥, 오경표, 김재홍, 박진환, 조우제, 신현수
노동단체	노동대회진주지부	1920. 6. 24	박재표, 김경서, 강주한
	진주이발업조합	1921. 8.	
	조선노동공제회 진주지회	1922. 2. 19 발기	강달영, 조우제, 김재홍, 이현중, 장영정, 박봉의, 전희원, 박태홍, 박진환
	노동공제회양화직공조합	1923. 4. 1 발기	강덕문, 김하진, 김도윤
	노동공제회자유노동조합	1923. 7. 23	장영정, 한영준
	노동공제회운수종업조합	1924. 6. 26 창립	
농민단체	진주자작회	1922. 12. 24 발기	함태진, 김재홍, 박태홍, 강달영, 박봉의
	소작인조합	1923. 12.	김기태
백정해방 운동단체	형평사(衡平社)	1923. 4. 24 발기	강상호, 신현수, 천석구, 장지필, 이학찬
교육단체	일신고보 기성회	1920. 5. 1 발기인회	허만정, 허선구, 하영진, 김기태, 박재호, 정재환, 이강우, 강주한
	일신고보기성회 후원회	1922. 3. 23 발기	서진욱, 강선호, 황의호, 강주식, 김장환, 심두섭

성격	단체명	활동 시기	주요 참여자
교육단체	평안동제1야학회	1920.	박재화, 정상진, 탁정하, 서달서, 서상필
	내성동제2야학교	1920.	강복순, 황의호, 강선호
	비봉야학회	1920.	이현중, 정태범
	옥봉야학회	1924. 6.	문장현
	진주면민립대학발기회	1923. 3.	허진, 이범욱, 정재화, 박재화, 한형동
	진주제1공보 학부형회	1923. 5. 15 창립	박재화, 정상진, 정규용, 정태범
	남진수양단(南晋修養團)	1923. 7.	김기연, 정종근, 정성호, 하윤호, 김찬태
	진주수양단	1923. 7. 2 창립	日野春吉, 山下 군수, 관공리 중심
	진주교육다화회(茶話會)	1923. 7.	
	진주교육회	1924. 2. 24 창립	山下 군수
사회개선 활동단체	무직자구제회	1921. 3.	정상진, 박재표
	진주저축계	1921. 8. 27 발기	이치안, 강윤영, 탁정하, 신현수, 심두섭, 김경명
	진주조혼회	1922. 1. 8	서진욱, 정규용, 김동식, 김경숙
	진주상보회(相保會)	1923. 2. 발기	서진욱, 강주식. 이현중, 황의호, 정규용
	진주禁酒斷煙會	1923. 3. 23 발기	천석구, 백남옥, 이영배, 김경명, 신현수
	진주부업장려회	1923. 4.	신현수, 박봉의
	진주공존회	1923. 5.	강상호, 조기홍, 신현수, 심두섭, 조우제, 박봉의
	진주기근구제회	1924. 10. 21 발회	박성기, 박재표, 황의호, 박진환, 신현수, 김재홍, 강대창

성격	단체명	활동 시기	주요 참여자
관변단체	진주번영회	1921. 3.	淸水佐太郎, 박재화
	진주자선회	1921. 3. 5 발기	서진욱, 김기태, 김주현, 김경숙, 平野原之助
	진주지주회	1923. 10. 4 창립	山下 군수, 강원로
	진주희망사지우회	1925. 1	和田 지사 부인 등 일본인 공무원
	여명회	1925. 4.	진주지역 일본인
도청이전 반대단체	경남도청이전방지동맹회	1921. 7. 28 결성	정규용, 서진욱, 上原三四郎, 淸水佐太郎
	도청이전방지단	1924. 12.	
종교단체	진주불교진흥회	1923. 1. 7	황의호, 채서응, 정순백, 지홍유
기 타	진양樂友會	1922. 12. 15 창립	정응삼
	진양商友會	1923. 1.	김경명
체육단체	진주체육회	1920. 7.	박영환, 강영호
사상단체	同友社	1924. 10. 28 발기	조우제, 정준교, 박진환, 강상호, 신현수, 강대창
	赤心團	1924. 12.	
	同人會	1925. 3. 30 발기	조우제, 박윤석, 박태홍, 김재홍, 방진혁, 강달영
언론단체	진주기자단	1925. 11.	강달영, 조우제
연대활동 단체	진주각단연합회	1923. 1. 13 발기	강달영, 박태홍, 조우제, 이범욱, 이상석, 한규상

출처: 김중섭, 『사회운동의 시대: 일제침략기 지역 공동체의 역사 사회학』, 북코리아, 2012, 66-68쪽.

1920년대 전반기에 진주에서 활동한 단체의 목적이나 내용을 중심으로 추세를 정리하면 크게 세 가지 특징을 볼 수 있다. 첫째, 사회개혁을 지향하는 단체가 크게 늘어났다. 대표적인 보기가 여성, 소년, 백정, 노동자, 농민 같은 사회적 약자의 권익을 위한 단체였다. 특히, 종교 기관 중심으로 여성단체와 소년단체, 그리고 노동자 및 농민조합 성격의 노동단체, 농민단체 등이 만들어졌다. 그리고 고등보통학교나 민립대학 같은 교육기관 설립을 추진하는 단체나 야학, 강습소 등 비인가 주민 교육을 실시하는 단체가 생겨났다.

둘째, 지역 유지들이 주도하는 온건한 성향의 사회개선활동을 벌이는 단체가 생겨났다. 대표적으로, 무직자구제회, 상보회, 저축계, 조혼회, 부업장려회, 공존회, 기근구제회 등 어려운 지역 주민을 돕기 위한 단체, 사회 문제인 음주나 흡연 관습의 개선 활동을 벌이는 금주단연회 같은 단체다. 이와 비슷하게 종교, 체육, 상업, 언론 등 여러 분야에서 온건한 친목단체나 이익단체가 생겨났다.

셋째, 관공서 관리, 일본인 거류민, 일제 부역 세력 등이 주도하여 만든 관변단체가 등장했다. 대표적으로, 교육 진흥을 내건 교육회, 수양단, 교육다화회 같은 교육단체, 지역 번영이나 자선을 내건 번영회, 자선회, 그리고 소작인 운동에 대항하는 지주회 같은 단체다. 일제 식민통치에 협력하는 이 단체들은 급증하는 지역사회운동 세력의 활동에 대항하는 데 앞장섰다. 예컨대, 소작료 분쟁, 경남 도청 이전 반대 운동 등이 일어났을 때 지배 세력의 이익을 지키는 데 주력했다.

요컨대, 3 · 1운동 이후 진주지역의 사회단체들이 폭발적으로 늘어나면서 활동 내용이나 성격 측면에서 분화 양상이 나타났다. 적극적으로 사회개혁을 지향하는 단체들이 많았지만, 온건하게 사회개선을 추구하는 단체도 있었고, 일제의 식민지배에 협력하며 사회개혁에 저항하는 보수 세력 단체도 생겨났다. 이러한 분화에 따라 지역사회에서 생겨나는 다양한 쟁점에 대해 단체마다 각기 다른 입장을 갖게 되고 활동 방향이 달라지면서 지역의 사회적 과정이 역동적으로 바뀌었다. 이와 같은 역동적 과정은 사회 변혁을 둘러싸고 더욱 첨예하게 대립하는 양상으로 나타났다. 이제 사회개혁을 지향하는 다양한 목적의 사회운동단체를 중심으로 활동 양상을 살펴보고자 한다.

3. 1920년대 진주지역 사회운동의 특징

1920년대 전반기에 한국 사회에 내재된 다양한 문제를 해결하려는 활동이 지역사회 차원에서 활발하게 일어났다는 것은 여러 자료에서 확인된다. 지역 주민이 새로운 사회를 만들기 위해 벌이는 사회운동이 폭발적으로 늘어난 것이다. 가히 '사회운동의 시대'라고 일컬을 만한 상황이었다. 이것은 분명히 3 · 1운동 영향에서 비롯된 것이었다. 특히, 사회운동을 조직하고 주도한 활동가들이 3 · 1운동을 경험한 젊은이들이었다. 진주의 경우, 3 · 1운동을 경험한 젊은이들이 청년회를 결성하여 지역 활동을 이끌었다. 진주청년회는 재판에 회부되지 않은 박재표, 강주한, 강윤영, 탁정하, 김갑순 같은 청년들이 활동하는 공간이었다. 그리고 그것은 3 · 1운동을 주도하여 감옥에 간 강달영, 김재홍, 박진환, 심두섭, 정성호 등이 출옥한 뒤 활동하는 기반이 되었다.[4)]

종교 기관의 청년회, 여성청년회도 젊은이들의 활동 근거지가 되었다.

4) 3 · 1운동을 주도하여 감옥에 투옥된 진주지역 지도자들의 배경과 그 후 활동을 살펴본 김중섭, 위의 글(2012), 57-58쪽 참조.

3 · 1운동으로 재판에 회부된 심두섭과 한규상은 홍수원, 정석록, 김주학, 변세희 등과 기독청년회에서 활동했고, 김재홍은 이상석, 조우제, 박재홍 등과 함께 천주교청년회에서 활동했다. 이들 단체는 종교적 주제에 한정하지 않고, 다양한 지역사회 쟁점을 적극적으로 제기하며 다양한 활동을 전개했다.

청년단체 활동가들은 1920년대 지역사회운동을 이끄는 중추 세력이었다. 그들은 다양한 성격의 사회운동단체를 조직하는 기폭집단 역할을 했다. 곧, 청년단체는 진주지역의 사회운동을 일으키는 기폭집단의 보금자리였으며, 지역 단체 활동을 활성화시키는 인적 자원의 공급처였다. 이것은 3 · 1운동 이후 진주뿐만 아니라 다른 지역에서도 쉽게 볼 수 있는 현상이었다.

요컨대, 3 · 1운동은 주민 스스로 새로운 사회를 만들고자 행동하는 사회적 자극제였다. 3 · 1운동의 만세시위를 조직하고 참가한 경험은 민족 상황과 사회 문제에 대해 더 많은 관심을 불러일으키는 바탕이 되었다. 독립을 쟁취하려던 집합행동의 열정은 사회개혁에 대한 열망으로 이어졌다. 이렇게 여러 성격의 지역사회운동에 열심히 참여하는 활동가들은 사회운동을 마치 '직업'으로 삼은 듯했다. 그들은 다양한 목적의 사회운동단체를 결성하고 활동을 주도했다. 그들 가운데는 지역 유지의 자제로 신교육기관에서 교육받은 이들이 많았고, 집안의 경제력을 활동 기반으로 활용하기도 했다.

사회운동 분야가 확대되면서 '직업적 사회운동가' 집단은 개인적 관심에 따라 주력 활동 분야를 갖기 시작했다. 예컨대, 강대창, 오경표 등은 소년운동에서, 강상호, 신현수, 장지필, 이학찬 등은 형평운동에서, 박덕실, 성석순, 강금춘 등은 여성운동에서, 허만정, 강선호 등은 교육운동에서, 강달영, 김재홍, 조우제, 장영정, 박태홍, 한영준, 박봉의 등은 노동자 · 농민운동에서 열성적으로 활동했다.

요컨대, 3 · 1운동 이후 생겨난 직업적 사회운동가들은 여러 영역에서 사회운동단체를 만들어내는 기폭집단이었으며, 사회운동을 이끌어가는 지도자들이었다. 그들은 다른 사회운동과의 연대를 주도했으며, 사회운동단체들을 이어주는 매개 집단이었다. 그들은 지역사회 문제에 적극적으로 개입하며 사회적 의사 결정에 일정 수준의 영향력을 미치는 세력을 구축했다. 그러면서 사회운동가 집단은 전통 사회에서 억압받던 사회적 약자를 대변하고 지역사회의 변화를 추구하는 주민의 열망을 조직하는 전위 집단이 되었다. 이렇게 형성된 사회운동단체의 활동 영역은 '사회운동계' 또는 '사회운동권'으로 일컬어졌다. 사회운동 세력을 형성하면서 기득권 세력이나 지배층이 동의하건 하지 않건 그들의 사회적 영향력도 증대되었다.

세력을 구축하여 전체 사회나 지역사회 차원에서 일정한 영향력을 행사하게 된 사회운동계의 활동가들은 일제나 지배 세력을 견제하며 사회적 약자의 권익을 지키고 대변해주는 위상을 갖게 되었다. 이와 함께 주민은 지역사회의 현안문제에 독자적인 의사를 개진하는 주체적 행위자로 발전했다. 곧, 자기 결정권을 행사하는 주민은 주체적인 행위자인 '시민'으로 발전하는 조짐이 나타났다. 그것은 '시민 집단'의 성장, '시민사회'의 도래 같은 역사적 전개까지 기대할 만한 수준이었다. 물론 자율성이 허용되지 않고 활동 탄압이 심한 일제 식민지 통치 아래에서 이러한 발전을 기대하기는 어려웠다.

사회운동권을 형성한 직업적 사회운동가들은 다양한 영역에서 사회운동의 목표를 서로 공유하고 있었다. 그들은 어느 한 단체에만 소속되지 않고 여러 단체의 활동에 겹쳐 참여했다. 물론 개별적으로는 관심사에 따라 전념하는 활동 영역이 달랐다. 그러면서도 그들 사이에는 기존 질서에 대한 비판의식이나 활동에 대한 연대감이 형성되어 있었다. 서로 '동지'로 인식하며 활동 상황을 공유했고, 때로는 긴밀하게 연대 활동을 펼치며 협력했다. 그러한 연대 의식과 의사소통망은 사회운동단체끼리의 협력을 이끄는 토대가 되었다. 이러한 요소들이 상승작용하며 지역사회운동의 활성화에 이바지했다.

사회운동권의 연대 의식과 연결망은 진주지역에 한정되지 않았다. 서울을 비롯한 다른 지역사회운동 단체들과의 교류로 이어졌고, 활발한 협력 활동의 토대가 되었다. 진주는 많은 단체의 전국 순회 활동의 단골 방문지가 되었다. 진주를 방문한 단체들은 강연회를 열거나 문화 활동을 벌이면서 정보와 지식을 전파했다. 이것은 다른 지역과 진주지역 활동가들이 교류하는 기회가 되었다. 특히, 지역 활동가들에게는 서울 등 타지의 분위기를 알게 되고 새로운 사상과 정보를 교환하는 자리가 되었다. 이런 기회에 활동가들끼리 사회적 쟁점에 대한 인식을 공유하고, 사회운동의 목표나 활동 전략을 수립하며, 사회개혁의 의지를 강화하고, 새로운 이념과 활동 방향을 모색했다. 물론 이러한 활동은 항상 경찰의 감시와 통제 대상이 되었다. 경찰의 탄압으로 행사가 중지되거나 심지어 방문단이 해산당하여 활동을 중지하는 사례도 있었다.

다른 지역 단체의 방문이나 연대 활동을 계기로 진주에 새로운 지역사회운동 단체가 만들어지기도 했다. 1920년 서울의 노동단체인 노동대회 임원이 내려왔을 때 노동대회 진주지부가 결성되었고,[5] 조선학생대회를 본받아 진주학생대회가 결성되었으며,[6] 1922년에는 조선노동공제회의 하부 조직인 진주노동공제회가 결성되었다.[7] 1923년 민립대학 진주면 발기회,[8] 금

---

5) 『동아일보』, 1920년 5월 1일; 『매일신보』, 1920년 6월 24일.

6) 『동아일보』, 1920년 5월 11일, 7월 12일.

7) 신용하, 「조선노동공제회의 성립과 노동운동」, 『한국의 사회신분과 사회계층』(한국사회사연구회 논문집) 3집, 1986, 71-201쪽; 『동아일보』, 1922년 3월 1일.

8) 『조선일보』, 1923년 3월 7일; 『동아일보』 1923년 3월 9일.

주단연(禁酒斷煙)동맹회,[9] 1924년 기근구제회[10] 같은 지역 단체의 결성도 전국적인 분위기나 흐름에 따라 이루어진 것이다.

한편, 진주지역 활동이 서울이나 다른 지역에 영향을 미치기도 했다. 대표적인 사례가 소작인운동과 형평운동이다. 1922년 전국 최초로 진주에서 열린 소작인대회를 계기로 많은 지역에서 농민운동이 활성화되었고, 전국에서 소작 쟁의가 일어나기도 했다.[11] 또 1923년 4월 진주에서 창립된 형평사는 백정 해방 활동의 전국화를 이끌었다. 창립 초기에 진주 본사 임원들이 전국을 순회하며 형평사 창립 취지를 알리고 하부 조직 결성을 독려한 활동이 형평운동의 빠른 확산에 크게 이바지했다. 그 밖의 진주지역 사회운동 활동이 인근 지역을 비롯하여 다른 지역에 크고 작은 영향을 미쳤다. 진주의 여러 활동이 서부 경남에 영향을 미쳤으며, 경남 전역으로 확산되기도 했다. 예컨대, 일신고보 설립 운동 같은 교육운동은 경남 전역의 관심 속에서 전개되었다. 또 전국 최초의 소년단체 결성이나 선구적인 소년 권익 활동은 다른 지역의 소년운동 활성화에 이바지했다고 평가된다.

요컨대, 3 · 1운동 이후 폭발적으로 늘어난 사회운동은 진주를 비롯한 각 지역에서 사회개혁을 추구하는 거대한 흐름을 형성했다. 그 출발이 3 · 1운동이었다. 3 · 1운동을 겪으면서 주민은 조선 사회의 문제를 인식하게 되었다. 그들은 지역 문제를 스스로 해결하는 주체로 성장하여 3 · 1운동 이후 다양한 사회운동에 적극적으로 참여했다. 일제 식민통치라는 시대 상황에서 주민이 주체적으로 벌인 사회운동은 뜻대로 이루지 못한 사례가 적지 않지만, 새로운 사회를 향한 열망과 개혁 의지를 보여주는 역사였다.

---

9) 『동아일보』, 1923년 3월 29일.

10) 『조선일보』, 1924년 10월 25일.

11) 김중섭, 위의 글(2012), 제3부 3장 참조.

이렇게 1920년대에 일어난 사회운동의 발전은 3 · 1운동과 밀접하게 이어져 있다.

4. 3·1운동 이후 진주지역 사회운동의 지향성

1920년대 전반기 진주지역에서는 사회운동단체가 급증하고 활동 목표나 전략이 다양해지면서 사회의 역동성이 크게 늘어났다. 정치적 입장이나 이념적 지향점에 따라 사회운동의 양상이 다양해졌고, 사회 구성원 사이의 관계가 더욱 복합적으로 나타났다. 일제 식민지배로부터의 독립, 민족주의에 대한 인식, 근대 사회를 향한 비전과 내용 등에 따라 활동 전략이 다양해졌고, 통치 세력인 일제와의 관계도 집단 간의 편차가 더욱 커졌다. 대부분 활동가들은 사회 변혁을 지향하는 활동을 지속해갔지만, 진주면협의원, 경남도평의원 선거에 참여하는 등 일제 통치에 순응하며 협력하는 부류도 나타났다. 이것은 일제의 차별적 통제 전략에서 비롯된 측면이 있지만, 사회운동계의 분화가 가속화되는 요인이 되었다.

요컨대, 3 · 1운동 이후 진주지역의 사회운동 양상은 복합적이며 역동적이었다. 주민은 다양한 사회 문제에 관심을 갖고 적극적으로 사회운동에 참여하며 새로운 사회를 만들고자 하는 주체적인 행위자로 발전해갔다. 그것은 근대 사회로 나아가는 모습으로 이해된다. 그들의 활동이 조선 사회의 폐습을 타파하고 사회 변혁을 목표로 한다는 점에서 더욱 주목된다. 1920년대 초 진주지역의 사회운동은 직업적 사회운동가 집단이 다양한 사회운동단체를 만들고 이끌어가며, 주민이 적극적으로 사회개혁활동에 참여하며 한국 사회의 시대적 과제를 해결하여 근대 사회로 나아가려는 역사적 행동이었다. 그들이 해결하고자 한 시대적 과제는 크게 신분제 청산, 유교 폐습의 타파, 소작 관행의 불공정 시정, 낮은 교육 수준 해결이었다. 1920년대 전반기 사회운동을 간략하게 살펴보며 근대 사회 발전에 이바지한 점을 밝히고자 한다.

1) 신분제 청산

조선 사회를 지탱해온 신분제의 폐습은 1920년대 초에도 계속되었다. 태어나면서 갖게 된 신분은 사회적 지위를 결정할 뿐만 아니라 직업 선택, 사회행위의 조건으로 작용하면서 일상생활과 공적 세계에 지대한 영향을 미쳤다. 특히, 최하층민 천민에 대한 갖가지 형태의 차별과 억압 관습은 일상생활에서 그대로 유지되고 있었다. 조선 후기, 특히 1801년 관청의 노비였던 공노비의 해방이 공식화되고 신분 간의 이동이 일어나는 등 신분제가 와해되기 시작했지만, 그 폐습은 쉽게 사라지지 않았다.

그러나 신분제의 법적 철폐는 19세기 말에 이미 이루어졌다. 1894년 갑오농민전쟁 지도자들은 폐정개혁안을 주장하며 노비 문서의 소각, 천민 대우 개선, 백정의 상징인 패랭이 철폐를 포함했다. 그것은 농민군의 패배 이후 시행된 정부의 갑오개혁에 최하층민 백정인 피장(皮匠)의 신분 해방으로 반영되었다. 그렇게 법적으로 철폐되었어도 여전히 지속된 신분 차별의 관습은 백정들의 삶을 억눌러왔다. 예컨대, 백정들은 일상생활의 대화 말투나 행동거지 등에서 차별을 받았고, 사회 활동이나 학교 입학 등에 제대로 참여할 수 없었다. 이러한 복합적인 상황은 백정들의 사회적 환경 변화에 영향을 미쳤다. 전통 사회에서처럼 대부분이 성 밖의 특정 지역에서 집단으로 거주했지만, 일부는 비백정 거주지로 이동하여 살았다. 또 자기들끼리 결혼하던 관습에서 벗어나 하층민 비백정들과의 혼인도 늘어났다. 대부분 도축, 정육, 피혁 제조업 같은 특정 직업에 종사했지만, 음식점 영업이나 소농으로 전업하기도 했다.

이렇게 사회적 차별과 느리지만 미세한 사회 변화가 공존하는 상황에서 백정 차별 철폐와 평등사회 건설을 주창하는 활동이 진주에서 일어났다. 1923년 4월 형평사(衡平社) 창립이다.[12] 이 단체는 백정들이 겪는 차별 관습과 부당함을 없애겠다는 목표를 뚜렷이 밝혔다. 이 단체는 호적에 표기된 백정 표시의 삭제를 요구했고, 학교 입학 차별, 일상생활에서의 차별을 고치려고 했다. 이 단체의 창립 취지는 「형평사 주지(主旨)」로 집약되었다.

> 공평(公平)은 사회의 근본이요 애정은 인류의 본량(本良)이다. 연(然)함으로 아등(我等)은 계급을 타파하며 모욕적 칭호를 폐지하며 교육을 장려하야 우리도 참사람이 되기를 기(期)함이 본사의 주지이다.[13]

공평이 사회의 기본이라는 인식 아래 백정도 참사람으로 평등하게 대우받는 사회를 만들고자 한다는 목표를 갖고 형평사를 창립한 것이다. 이 단체의 결성은 백정 공동체 지도자들과 비백정 출신 활동가들의 협력이 이룬 결실이었다. 곧, 3 · 1운동을 경험한 강상호, 신현수, 정희찬 같은 비백정 출신의 활동가와 백정 공동체의 유지인 이학찬, 장지필 등이 주도했다. 백정과 비백정의 협력 활동은 사회적 통합과 협력을 지향하는 형평사의 성격

12) 진주지역의 형평운동 창립과 전국적인 전개 과정에 관해서는 김중섭, 『형평운동연구: 일제 침략기 백정의 사회사』, 민영사, 1994; 김중섭,『형평운동』(진주문화를 찾아서 3), 지식산업사, 2001; 김중섭, 위의 글(2012), 제3부 2장 참조.

13) 「衡平社 主旨」,『조선일보』, 1923년 4월 30일; 김중섭, 위의 글(1994), 327쪽, '자료 1' 참조.

을 잘 보여준다. "본사원의 자격은 조선인은 하인(何人)을 불문하고 입사할 수 있다"라는 사칙(社則) 제4조에 규정한 바와 같이 형평사는 사회적 배제나 격리를 금지하며 모든 사람의 참여를 허용했다. 이렇게 형평운동은 '백정' 이라는 특정 집단의 권익에 머무르지 않고 평등사회, 인권 증진 같은 보편적 가치 실현을 지향했다.

형평사는 진주지역 사회운동가들과 백정 80여 명이 참여한 가운데 조촐하게 창립되었지만, 짧은 시간에 신분 차별 철폐와 평등사회를 지향하는 백정 해방활동의 전국 조직으로 발전했다. 또 진주의 지도자들은 전국의 여러 지역을 방문하여 조직 결성과 활동 확산을 이끌었다. 그리고 각 지역의 백정들은 형평운동을 열렬히 성원하고 적극적으로 참여했다. 그 덕분에 형평사는 창립 첫해에 80개의 하부 조직을 갖게 되었다. 활동이 활발하던 1920년대 후반에는 160개가 넘는 하부 조직을 가진 단체로 발전했다. 백정 신분 해방은 근대 사회의 핵심 가치인 인권의 보편성을 실현하는 것이라는 인식이 그러한 발전의 바탕에 깔려 있었다. 이러한 인식은 형평사의 영향을 받아 창립한 전북 김제의 서광회(曙光會)[14] 선전문에서 확인할 수 있다.

> … 백정! 백정! 불합리의 대명사, 부자연의 대명사, 모욕의 별명, 학대의 별명인 백정이라는 명칭하에서 인권의 유린, 경제의 착취. 지식의 낙오, 도덕의 결함을 당하야 왓다. … 그러므로 우리는 이 진화 법칙에 의하야 향상하려 한다. 여기에서 권리를 회복하고 자유를 해방하려고 질곡적 제도를 탈출하며 전통적 습관을 타파하야 동민족적 차별을 철폐하려는 동시에 모멸적인 백정이라는 명사를 철폐하야 우리의 역사를 일층 신선케 하며 우리의 생활을 일층 진선미케하랴 한다. … (밑줄은 필

14) 1923년 5월 창립된 서광회는 이내 형평사 익산분사로 개칭했다.

자가 덧붙임)[15]

요컨대, 형평운동에는 조선 사회의 근간이던 신분제 해체를 뛰어넘어 인간 존중과 인권 보장을 실현하는 근대 사회 건설의 꿈이 담겨 있었다. 이렇게 전국 조직 아래 활발하게 전개된 형평운동은 인권운동의 금자탑으로서 근대 사회로의 이행에 이바지했다고 평가된다.

2) 유교 폐습의 타파

조선 사회를 지배한 유교 가치와 규범은 20세기에도 한국 사회의 기반으로 유지되고 있었다. 여전히 일상생활을 지배했고, 그에 기반한 관습은 크게 달라지지 않았다. 그런데 임금과 신하, 어버이와 자식, 남편과 아내, 어른과 어린이의 관계를 규정한 '삼강오륜'의 규범은 어린이나 여성이 어른이나 남성들과 평등한 관계를 갖는 것을 방해했다. 임금과 신하의 관계를 강조하는 규범은 민주주의나 공화정의 정착을 방해할 소지가 컸다.

그런 가운데 일어난 3 · 1운동은 유교 가치나 도덕적 규범을 크게 위협하는 역사가 되었다. 3 · 1운동 직후 수립된 임시정부의 형태는 왕정이 아니라 공화정이었다. 대한민국임시헌장은 평등과 민주주의 사회를 지향한다는 것을 명시했다. 그리고 조선 시대 유교 관습을 타파하려는 어린이, 여성 권익 증진 활동이 일어났다.

1921년 진주에서 전국 최초의 소년단체인 진주소년회가 결성되었

15) 「서광회 선전문」, 『조선일보』, 1923년 5월 26일; 『동아일보』, 1923년 5월 26일; 김중섭, 위의 글(1994), 328쪽, '자료 2' 참조.

다.[16] 이 단체는 어린이 권익을 높이려는 목적을 갖고 있었다. 이 단체의 주동자들이 불온 행동 이유로 일제 경찰에 검거된 탓으로[17] 활동이 오랫동안 지속되지 않았지만, 이후의 여러 단체가 소년회의 목적을 실현하고자 했다. 1923년 5월 결성된 보천교 소년회, 그해 8월 결성된 천도교 진주소년회 등 전통 종교단체가 어린이의 권익을 증진하고자 했다. 또 1905년 진주에 전래된 기독교의 유치원 설립과 주일학교 운용, 1898년 진주 외곽에 들어온 천주교의 야학 설치 등 외래 종교도 어린이 권익 증진 활동을 전개했다. 이러한 활동은 어린이에 대한 사회 인식이 바뀌도록 도왔다.

유교 관습에서 억압받아온 여성들의 사회 활동도 3 · 1운동 때부터 나타나기 시작했다. 조선 사회에서 천민 신분이던 기생들이 집단적으로 만세시위를 벌였고,[18] 호주 선교사들이 세운 여학교는 여성 교육을 하며 사회 활동 참여를 이끌었다. 또 3 · 1운동 직후인 1920년 진주야소교부인회, 1921년 여자기독청년회, 1923년 천주교여자청년회 같은 여성단체들이 결성되어 여성들의 대외 활동 근거지가 되었고, 여성에 대한 사회 인식 변화를 이끌었다. 이러한 단체의 활동가들은 훗날 근우회 진주지부 결성 등 여성의 권익 신장 활동을 이어갔다.

여성 교육은 여성의 권익 증진을 위한 활동 가운데 하나였다. 남녀유별 관습의 영향으로 여성의 교육 기회가 절대적으로 부족한 상황에서 많은 사회단체가 여성 교육 활동을 벌였다. 호주 선교사들이 세운 정숙여학교, 광림학교 여학생부, 시원여학교 등과 같은 근대적 학교는 여성 교육에 크게 이바지했다. 그리고 여성 교육을 확대하기 위한 방안도 다양하게 생겨났다.

---

16) 金正義, 『韓國少年運動史』, 민족문화사, 1992.

17) 『동아일보』, 1921년 6월 24일.

18) 『매일신보』, 1919년 3월 25일.

진주보통학교 내에 여학생을 위한 학급 증설이 추진되었고, 여자야학, 부인야학 같은 비인가 학교가 곳곳에서 생겨났다. 곧, 진주여자기독청년회가 광림여학교 내에 여자야학을 설치했고,[19] 진주제1공립보통학교 교사들이 진주군청 회의실을 이용하여 부인야학회를 열었다.[20] 또 진주제1공보 학부형회는 제1공보 내에 부인야학회를 설치했고,[21] 옥봉리 천주교는 해성여학원를 개설했다.[22] 그리고 중등교육기관인 일신여자고등보통학교의 설립도 특기할 만한 일이었다. 3 · 1운동 이후 남자 고등보통학교 설립 운동이 일제의 간계로 좌절되고 대안으로 여학교 설립이 제안되었을 때, 진주의 활동가들이 여성 교육을 위해 이 안을 수용한 결과로 여자 중등교육기관이 생긴 것이다.

이와 같이 3 · 1운동 이후 모든 사람이 평등하게 대우받는 사회를 만들고자 하는 시대적 소명과 사회적 분위기에 힘입어 어린이나 여성의 권익 증진을 위한 활동이 활발하게 전개되었다. 그만큼 유교 폐습을 극복하고 근대사회로 나아가고자 하는 사회적 갈망이 컸다.

3) 소작 관행의 불공정 시정

농업 중심의 조선 사회에 지속되어온 지주와 소작인의 관계는 불평등하고 부당한 문제를 많이 안고 있었다. 특히, 7할 또는 8할이나 되는 고율의 소작료를 부담해야 하는 소작인들은 농사를 지어도 끊임없이 적자를 감수

19) 『조선일보』, 1923년 6월 27일 '記念式兼懇談會'

20) 『동아일보』, 1922년 7월 26일 '黃貞善女史寄附'

21) 『동아일보』, 1924년 6월 14일 '晋一學父兄會, 婦人夜學開催를 決議'

22) 『조선일보』, 1923년 3월 7일 '海星女學院'; 천주교 칠암동교회, 『칠암성당 25년』, 1990, 53쪽.

해야 하는 상황이었다. 게다가 지주나 그에 고용된 사음(마름)이 소작인에게 부당한 것을 요구하는 관행이 굳어 있었다. 그들은 토지의 소작권 회수라는 절대적 권한을 이용하여 지세, 소출의 분배, 볏짚 같은 부산물 처리 등 여러 사안에서 소작인들에게 갖가지 불이익을 부여했다. 이와 같은 소작 관계의 불공정한 관행은 일제가 식민지배 이후 토지조사사업을 벌이면서 더욱 심화되었다. 이런 상황에서 많은 지역에서 소작 문제로 갈등이 증폭되고 쟁의가 일어났다.

진주지역에서는 1922년 2월 3 · 1운동 만세시위 주동자 강달영, 김재홍 등이 출옥하여 조선노동공제회 진주지부(진주노동공제회)를 창립하면서 소작인 운동이 본격적으로 시작되었다.[23] 진주노동공제회는 양화직공, 운수종업자, 자유노동자 등의 하위 조직을 결성하여 노동운동을 벌이기도 했지만, 주요 활동은 소작인운동이었다.

1922년 9월 전국 최초의 소작노동자대회가 진주노동공제회 주최로 진주에서 열렸다. 이 대회의 목적은 소작 문제에 대한 사회적 관심을 불러일으켜 불공정한 소작 관행을 시정하려는 것이었다. 참석자들은 종래의 정조(定租, 정해진 소작료) 폐지, 소작료 50% 인하, 지주의 세금 부담, 소작료 운반 규정 만들기, 지주 및 사음에 대한 물품 증여 관습 폐지 등을 결의했다. 이것은 소작인들이 겪고 있는 대표적인 불공정한 소작 관행의 내용이었다. 자연재해나 풍작, 흉작 등에 관계없이 정해진 몫을 지주에게 줘야 하는 소작료[定租]로 소작농들은 지극히 불리한 상황을 겪었다. 게다가 소작료 운반, 세금 부담, 지주에 대한 무상 노역, 지주나 마름에게 주는 물품 증여 등으로 소작인들이 겪는 무상의 희생이 적지 않았다.

소작인운동의 목적은 만연한 불공정을 시정하여 소작인들의 처지를

23) 진주노동공제회 활동에 관한 자세한 논의는 김중섭, 위의 글(2012), 3부 3장 참조.

개선하려는 것이었다. 진주노공은 소작인들을 대변하며 지주와 소작인의 역학관계를 개선하고자 다양한 활동을 했다. 예컨대, 우량지주와 마름, 불량 지주와 마름을 선정 발표하여 스스로 소작 문제의 개선을 유도하기도 했다. 이러한 활동을 통해 소작인들이 결속하게 되었고, 농민들의 연대의식이 강화되었다. 그러면서 소작 문제를 둘러싼 쟁의 활동이 더욱 활발하게 되었다.

진주노공의 소작인운동이 활발해지면서 농민들의 태도도 달라지기 시작했다. 그들은 소작 관행의 불공정성을 인식하게 되었고, 자신들의 상황을 바꾸려는 활동에 적극적으로 참여했다. 농민들의 적극적인 참여로 진주노공의 조직이 빠르게 확대되고 활동도 활성화되었다. 그 결과 진주노공은 창립 1년 만에 진주군의 거의 모든 면에 하부 조직인 출장소를 설치하고, 더 나아가 인근의 사천군과 하동군에 지회를 만들었다. 진주노공의 회원 수도 크게 늘어나 1923년 1월 임시총회에서는 회원 수가 2만 2천여 명이나 되었다고 보고되었다.[24] 그렇게 진주노공은 농민들을 결속시키는 구심점이 되었다.

농민들이 소작인운동에 참여하면서 사회적 쟁점에 대한 관심이 커지고 사회 활동 참여도 늘어났다. 그리고 지역사회의 다양한 쟁점에 대해 독자적인 목소리를 내기 시작했고, 다른 사회운동을 지지하는 입장을 밝히기도 했다. 예컨대, 형평사 창립 이후 일부 주민이 형평운동을 반대하며 형평사원들을 공격하자 진주노공 활동가들이 중재에 나서 갈등을 해결했고, 일신고보 설립 운동이 전개될 때 진주노공 회원들은 학교부지 조성 작업에 자

24) 『동아일보』, 1923년 1월 14일; 『조선일보』, 1923년 1월 18일. 오미일은 83~84%의 소작농 또는 자작농이 참여했다고 추론했다. 오미일, 「1920년대 진주지역농민운동」, 진주농민항쟁기념사업회 · 경상대학교 경남문화연구원 (엮음), 『진주 농민운동의 역사적 조명』, 역사비평사, 2003, 112쪽.

발적으로 부역했다.[25)] 또 경남도청 이전이 쟁점이 되어 반대 활동이 거세게 일어났을 때는 농민들도 집회에 적극적으로 참여했다. 이렇게 주민의 절대 다수를 차지하는 농민들이 사회 활동에 참여하면서 지역사회운동 전반이 활성화되는 효과를 가져왔다.

4) 문맹 퇴치

조선 사회의 제도적 교육은 제대로 시행되지 않았다. 양반을 비롯한 소수 집단만이 향교나 서당 등에서 교육받을 수 있었을 뿐 대다수 백성은 교육 기회를 갖지 못했다. 그런 탓으로 1920년대 초까지도 문맹률이 90% 이상이라고 추정될 정도였다.[26)] 19세기 말 근대교육이 도입되고 지역마다 주민이 세운 학교가 폭발적으로 늘어났는데, 일제가 식민지배를 시작하자마자 시행한 「조선교육령」(1911)으로 많은 사립학교가 문을 닫았다.[27)] 그 결과, 사립 각종학교는 1911년 2,085개에서 1920년에 661개교로 줄어들었고, 사립보통학교는 54개에서 38개로 줄어들었다. 반면에 일제가 통제하는 공립보통학교는 1911년 152개에서 1920년 641개로 늘어났다.[28)] 절대다수의 사립학교가 폐쇄되어 한국인의 교육 기회가 급격하게 줄어든 상황은 진주도 예외가 아니었다.

---

25) 『동아일보』, 1922년 12월 24일.

26) 노영택, 「日帝時期의 文盲率 推移」, 『國史館論叢』 51집, 1994, 123-129쪽.

27) 일제는 1908년 사립학교령에 반발하는 외국인 선교사를 무마하기 위해 그들이 신청한 종교계 학교 778건은 모두 인가해준 반면에, 한국인 사학(私學)의 경우에는 신청한 1,217건 가운데 42건만 인가했다. 文定昌, 『軍國日本占領 36年史』, 박문당, 1965; 盧榮澤, 『日帝下 民衆敎育運動史』, 探求堂, 1979, 40쪽 참조.

28) 노영택, 위의 글(1994), 122쪽.

그래도 진주는 경남 도청 소재지로서 다른 지역보다 먼저 근대 교육기관이 설치되는 혜택을 누렸다. 1895년 소학교령 공포에 따라 경남 최초의 공립학교인 관찰부 소학교가 설립되었다. 이 학교는 1906년 「보통학교령」에 따라 공립보통학교로 바뀌면서 공립 교육을 계속 맡았다. 한편, 1910년 중등교육기관인 진주공립실업학교가 설립되었다. 이 학교의 목표는 농업 기술자 양성이었다. 훗날 농림학교, 농업고등학교로 바뀌면서 농업인 양성과 농업 발전에 이바지했다. 그리고 교사 양성 목적의 중등 교육기관인 사범학교가 설치되었다. 이렇게 공립학교가 여럿 설립되었지만, 수용 학생이 소수여서 취학 희망자의 절대다수가 학교 교육을 받을 수 없었다.

이런 상황에서 주민의 교육 기회 확대가 지상 과제였다. 문맹 퇴치는 근대 사회로 나아가는 길이며, 실력 양성이 일제를 이기는 길이라는 인식이 널리 확산되었다. 3 · 1운동 이후 진주지역에서 이를 위해 벌인 활동은 크게 두 갈래 방안을 활용했다. 곧, 총독부 인가를 받은 학교 설립과 인가 없이 교육하는 야학이나 학술강습소 운영이었다.[29)]

인가받지 않은 학교는 낮에 교육하는 학술강습소와 서당, 그리고 밤에 가르치는 '야학(夜學)'으로 나뉘었다. 1920년대 진주지역 비인가 교육기관으로 중심지인 진주면에는 평안동, 내성동, 비봉동 3개 지역에 야학이 있었고, 외곽 농촌 지역에는 학술강습소나 야학이 공존해 있었다. 언론 보도를 보면, 1920년 지수면의 승내노동야학회,[30)] 1921년 대곡면 단목마을의 단봉강습소,[31)] 대평면의 하산강습소,[32)] 1922년 금산면의 금산노동야학회,[33)] 문

29) 주민교육운동에 관해서는 김중섭, 위의 글(2012), 제2부 2장 참조.

30) 『동아일보』, 1921년 12월 9일 '勝內勞動夜學狀況'

31) 『동아일보』, 1921년 10월 24일 '丹鳳講習所消息'

32) 『동아일보』, 1921년 12월 9일 '荷山講習所近況'

33) 『조선일보』, 1923년 4월 6일 '琴山勞動夜學盛況'

산면의 낙산야학교,[34] 일반성면의 진동강습회,[35] 1923년 이반성면의 수성 강습회,[36] 일반성면 남산리의 노동강습회,[37] 명석면의 강습회가 설치되어 운용되고 있었다.[38] 곧, 1920년대 전반기에 진주군 19면 가운데 진주면을 포함한 9개 면에서 15개 이상의 학술강습소나 야학이 운용되고 있었다.

이 밖에도 특정한 성격의 비인가 학교가 개설되어 있었다. 대표적으로 노동자 · 농민 자제 대상으로 노동야학이 운영되고 있었고, 형평사 사원 자녀들을 위한 형평야학이 설치되어 있었다.[39] 또 앞서 논의한 것처럼 여성들을 위한 야학과 강습소가 여러 곳 있었다.

야학과 강습소는 전래의 서당을 개조하거나 관공서 건물을 활용하여 설치 · 운영된 사례가 많았다. 이러한 비인가 학교에는 정규 학교에 가지 못한 주민의 자녀들이나 학교에 갈 기회를 놓친 학령기 이상의 주민이 다녔다. 대개 서당보다는 야학이, 야학보다는 학술강습소가 교육기관의 틀을 더 갖추어 운영되었다. 교과목은 대개 읽기, 쓰기 같이 일상생활에서 필요한 내용으로 짜였다. 1차적 목표가 문맹 퇴치였던 것이다. 이에 덧붙여, 시대적 흐름이나 식민지배의 민족 상황을 교육하기 위해 시사, 역사 같은 과목이 개설되었다. 그래서 야학이나 강습소 활동은 항상 경찰의 요주의 감시 대상이 되었다.

비인가 교육기관의 운영은 지역이나 생활권 주민의 자발적인 봉사로 이루어졌다. 대개 지역의 지식인들이 교사로 봉사했고, 운영 비용은 지역의

34) 『동아일보』, 1925년 8월 6일 '樂山夜學經營'
35) 『동아일보』, 1923년 6월 11일 '晋東講習落成式'
36) 『동아일보』, 1923년 6월 26일 '壽星講習會設立'
37) 『동아일보』, 1923년 6월 26일 '晋州勞動講習設置'
38) 『조선일보』, 1923년 10월 9일 '鳴石面長의 敎育獎勵'
39) 『조선일보』, 1923년 8월 29일 '衡平本社에 夜學開設'

유력자가 부담했다. 야학이나 강습소의 성격에 따라 교사나 재정 지원자들은 경찰의 감시 대상이 되기도 했다. 그렇기 때문에 경찰의 감시를 피하기 위해 봉사자나 지원자가 지원을 중단하는 사례도 생겨났다. 이렇게 야학이나 강습소 운영은 기본적으로 지역 주민의 지원에 달려 있었으므로 대개 불안정한 상황에서 유지되었다.

이러한 비인가 학교들이 총독부의 학교 설치 정책에 따라 공립학교로 전환되는 사례도 많았다. 총독부는 학교부지나 자산을 활용하여 공립학교 설립 비용을 줄이려고 했고, 주민들은 안정된 공립학교 설립이라는 숙원을 성취하고자 했다. 이렇게 상호 이득이 되는 공립학교 설립은 궁극적으로 지역 주민의 교육 기회를 확장하는 것이어서 지역마다 활발하게 추진되었다. 그 결과 진주군의 경우, 1920년대 말까지 진주면 이외의 18개 면 가운데 15개 면에 공립보통학교가 설립되었다.[40] 일제가 1928년 2개 면당 1개 학교를 설립했다고 홍보하는 것을 고려할 때 진주는 다른 지역보다 훨씬 더 많은 공립학교가 설치된 것을 알 수 있다. 이것은 문맹 퇴치를 통해 근대 사회로 나아가고자 하는 지역 주민의 열성적인 활동 덕분이었다.

주민의 학교설립 운동은 초등학교에 머무르지 않았다. 실업계만 있어 인문계 중등학교에 진학하려면 다른 지역으로 가야 하는 상황이었다. 이것을 타개하기 위해 인문계 중등학교 설립 운동이 일어났다. 곧, 3 · 1운동 직후에 시작된 일신고등보통학교(일신고보) 설립 운동이었다. 일신고보 설립 운동은 진주뿐만 아니라 경남의 유력자들, 특히 허만정, 하영진, 허선구 같은 재력 있는 젊은 활동가들이 주도했다.[41] 그들은 중등교육 기회를 확장하여

40) 朝鮮總督府學務局, 『朝鮮諸學校一覽』, 1929, 243-246쪽.

41) 김중섭, 「효주 허만정과 일신고보 설립운동」, 『문화고을 진주』(진주문화연구소) 제5호, 2011, 18-39쪽 참조.

민족 실력을 양성하고자 했다. 그러나 일제는 남자고등보통학교는 통제하기 쉬운 공립으로 설립하고, 그 대신에 여자고등보통학교 설립 허가를 제안했다. 이런 상황에서 진주의 활동가들은 여성 중등교육의 중요성을 인식하여 그 제안을 수용했다. 그 결과 진주에는 공립 진주고등보통학교와 사립 일신여자고등보통학교가 동시에 생겼다. 일신여고보의 설립은 앞서 언급한 바와 같이 유교 폐습을 타파하고 여성에 대한 인식을 일깨우며 근대 사회로의 발전에 이바지했다.

요컨대, 3 · 1운동 이후 전개된 주민교육운동은 절대적으로 부족한 교육 기회의 확대에 이바지했다. 그들의 활동은 문맹 퇴치와 민족 실력 양성을 통해 근대 사회로 나아가려는 집단적 노력이었다. 이와 같이 '주민'에 의해, '주민'을 위해 이루어진 진주지역의 주민교육운동은 근대 사회의 초석을 조성하는 데 이바지했다.

5. 진주지역 사회운동 발전의 토양

3 · 1운동 이후 진주지역에서는 다양한 사회운동이 폭발적으로 일어났다. 그것은 전통 사회의 폐습을 없애고 '근대 사회'를 만들어가려는 주민의 자발적인 활동이었다. 그들은 형평운동, 여성운동, 어린이운동, 교육운동을 통해 차별 철폐, 인간 평등을 실현하고자 했다. 그렇게 그들이 바라는 사회는 신분이나 사회적 지위와 상관없이 모든 사람이 존엄을 누리며 사는 평등사회였다. 구체적으로 백정, 여성, 어린이 같은 사회적 약자가 차별 없이 동등한 인권을 누리며 살아가는 사회였다. 곧, 그들이 꿈꾸는 새로운 근

대 사회는 신분제 해체, 유교 질서 와해, 산업 구조 변동 등이 이루어지는 가운데 모두가 평등하게 대우받는 사회였다.

그들은 일한 만큼 대우받고 모든 일이 공정하게 처리되는 정의로운 사회를 꿈꾸었다. 소작인운동, 노동자운동은 불공정하고 불합리한 사회적 관행을 바꾸려는 것이었다. 지주는 소출의 70~80%를 가져가면서도 소작인에게 토지세를 부담하고, 지주 거주지까지 작물 운반을 요구하며, 짚이나 나락 같은 부산물까지 차지하는 불공정을 타파하려고 했다. 적어도 토지세는 토지 소유자가 납부하고, 작물 운반이나 부산물의 분할은 양측이 납득할 만한 수준에서 분담하는 것이 공정하고 합리적이라고 주장했다. 불합리한 관행을 바꾸고 공정한 규범을 만드는 것은 소작인만이 아니라 노동자를 비롯한 모든 사회 구성원을 위한 것이다. 전통 사회에서 벗어나 새로 만들어지는 근대 사회에서는 마땅히 공정하고 정의로운 규범과 가치가 확립되고 보장되어야 한다고 인식했고, 또 그렇게 만들고자 애썼다.

요컨대, 3 · 1운동 이후 진주에서 일어난 사회운동은 새로운 질서를 구축하려는 바람의 소산이었다. 신분제의 잔재를 없애고, 유교 폐습을 버리고, 농업 사회의 불공정한 소작 관행을 고치고, 문맹을 퇴치하는 것이 근대 사회로 나아가려는 사회운동의 과제였다. 그것은 백정, 여성, 어린이, 농민, 노동자, 배우지 못한 사람 등 사회적 약자의 입장에 서서 부당한 관행을 바꾸려는 활동이었다. 그들의 목표는 평등사회, 정의로운 사회를 만드는 것이었다. 그것은 만세시위를 벌이며 일제 식민지배로부터 독립하고자 한 3 · 1운동의 유산이었다. 3 · 1운동은 평등하고 정의로운 근대 사회로 나아가고자 하는 사회운동으로 이어졌다. 그 과정에 주민은 사회 문제를 주체적으로 해결하고 극복하려는 '시민'으로 성장하는 조짐을 보였다.

이와 같은 진주지역 사회운동 발전의 바탕에는 '이웃'에 대한 관심과 지역 공동체 의식이 깔려 있었다. 전통 사회의 근간이던 '이웃' 관계, 지역 공동체의 소속감이 지역사회운동을 발전시키는 활력소였다. 지역사회 구성원들 사이에 오랫동안 형성되어온 연대감은 평등이나 공정 같은 새로운 가치를 수용하여 근대 사회를 만들고자 한 원동력이 되었다. 전통 사회의 질서가 무너지는 상황에서 전통 사회의 특징인 지역 공동체의 연대 의식이 새로운 사회 건설의 원동력으로 작용한 것은 얼핏 아이러니같이 느껴진다. 그러나 그것은 3 · 1운동 이후 '사회운동의 시대'에서 볼 수 있는 특별한 모습이었다.

3 · 1운동과 그 이후에 진주 사람들은 개인적인 이해관계와 상관없이 평등이나 공정 같은 가치를 실현하는 사회개혁 활동에 적극적으로 참여했다. 지역 유지들은 학교에 가지 못하는 주민을 위한 야학이나 강습소를 설립하여 지원했고, 모든 사람의 교육 기회 확장을 위해 적극적으로 학교설립 운동을 벌였다. 비백정 사회운동가들은 백정들의 신분 차별 철폐를 위해 형평사를 창립하고 활동을 주도했다. 지역 유력자 자제들이나 지식인들은 불공정한 소작 관행과 노동 환경을 개선하기 위해 소작운동과 노동운동에 적극적으로 참여했다. 젊은 청년들은 전통 사회의 유교 관습에서 억눌려온 어린이나 여성 같은 사회적 약자를 위해 다양한 활동을 벌였다. 이러한 행동은 평등이나 공정 같은 가치를 실현하는 새로운 사회에 대한 열망에서 비롯된 것이었다. 그 바탕에는 지역사회 '이웃'과의 연대감, 지역 공동체의 소속감과 연대의식에서 비롯된 공동체 의식이 작동했다. 이렇게 3 · 1운동 이후 진주에는 개인적이고 직접적인 이해관계를 뛰어넘어 새로운 가치를 실현하는 사회를 만들어가고자 하는 사회적 분위기가 형성되어 있었다. 이것이 근대 사회를 향한 사회운동이 활발하게 전개될 수 있었던 토양이었다.

공동체 연대감은 오랫동안 형성되어온 역사적 유산이다. 3 · 1운동의 범민족적 확산 바탕에는 민족 공동체에 대한 연대 의식이 깔려 있듯이 지역사회운동에는 지역 공동체 의식과 이웃에 대한 연대감이 작동하고 있었다.

이와 같은 공동체 의식이나 연대감은 3 · 1운동을 경험하면서 사회 문제를 해결하려는 출발점으로 작용했다. 사회운동의 참여자들은 계급이나 신분의 테두리를 뛰어넘어 지역이나 민족 공동체의 발전을 통해서 근대 사회로 나아가고자 했다. 그러한 연대 의식과 역사 인식이 평등하고 공정한 사회를 만들어가는 원동력으로 작용했다.

지역 공동체의 연대 의식에 기반한 사회운동의 활성화는 지역사회 구성원들의 의식을 일깨우고 태도를 바꾸는 데 작용했다. 그 결과, 전통 사회에서 소외되고 억압받아온 주민이 자신들의 권익을 찾으려는 활동에 적극적으로 참여하게 되었다. 예컨대, 전통 사회에서 비백정들과 함께 활동하지 못하던 백정들이 형평사 활동에 주체적으로 참여했고, 소작인과 노동자들이 노동공제회 활동에 열성적으로 참여하였다. 또 많은 주민이 지역의 교육 현안에 관심을 갖게 되었고, 학교설립 활동, 야학이나 강습소 운영 등 교육 환경 개선과 교육 기회 확대 활동에 적극적으로 참여했다. 소작인이나 농민들은 소작인운동이나 농민운동을 뛰어넘어 사회적 쟁점에 관심을 가지면서 다른 사회운동과 적극적으로 협력 활동을 하였다. 이와 같은 연대와 협력 활동은 지역사회운동의 활성화에 이바지하며, 사회운동단체가 지역사회 전반에 미치는 사회운동단체의 영향력을 높여주었다.

6. 맺음말

진주지역의 3 · 1운동과 그 이후 사회운동의 발전은 전통 사회에서 근대 사회로 넘어가는 분수령이었다. 그것은 '사회운동의 시대'라고 일컬을 만한 다양한 사회운동의 역동적 과정이었다. 전통 사회의 폐습을 타파하고 근대 사회를 만들어가려는 주민의 의지와 행동은 크게 네 가지 역사적 의미를 갖고 있었다.

첫째, 조선 사회에서 최하층 집단으로 차별받는 백정들의 신분해방운동인 형평운동은 신분제를 청산하고 인권 존중의 사회를 만들려고 한 역사였다. 둘째, 유교 규범에서 어른이나 남성에게 억눌려왔던 어린이나 여성의 권익을 증진하기 위한 어린이운동, 여성운동은 조선 500년 동안 지배층 이데올로기로 군림하던 유교의 폐습을 극복하는 역사였다. 셋째, 전래된 오랜 농업 사회의 관습에서 지주와 소작인의 불공정한 관행을 극복하려는 소작인운동은 공정한 사회를 만들고자 하는 사회적 약자들의 열망이 반영된 역사였다. 넷째, 절대다수의 문맹 상황을 타파하기 위해 정규 학교를 설립하고 비인가 교육기관을 운영하는 주민교육운동은 문맹 퇴치와 민족 실력 양성으로 근대 사회의 토양을 조성하려는 역사였다.

3 · 1운동과 1920년대 전반기의 진주지역 사회운동, 특히 형평운동, 어린이운동, 여성운동, 농민운동, 주민교육운동 등은 평등과 공평에 기반한 근대 사회를 만들고자 한 한국 역사의 이정표에 길이 남을 기념비적인 역사다. 오랫동안 발전되어온 지역 공동체의 연대감 위에서 그러한 활동이 전개되었다. 신분, 계급을 뛰어넘어 새로운 사회를 만들고자 하는 지역 공동체 구성원들의 열망과 의지가 다양한 사회운동의 발전을 가져왔다. 그것은 지역사회 전반에 확산되어 있는 사회개혁의 바람이 반영된 것이었다. 이러한 진주지역의 선구적인 사회운동은 역사도시 진주의 또 하나의 모습을 보여주고 있다.

참고문헌

『동아일보』

『매일신보』

『조선일보』

金正義, 『韓國少年運動史』, 민족문화사, 1992.

김중섭, 『형평운동연구: 일제 침략기 백정의 사회사』, 민영사, 1994.

_____, 『형평운동』(진주문화를 찾아서 3), 지식산업사, 2001.

_____, 「효주 허만정과 일신고보 설립운동」, 『문화고을 진주』(진주문화연구소) 제5호, 2011, 18-39쪽.

_____, 『사회운동의 시대: 일제침략기 지역 공동체의 역사 사회학』, 북코리아, 2012.

盧榮澤, 『日帝下 民衆教育運動史』, 探求堂, 1979.

_____, 「日帝時期의 文盲率 推移」, 『國史館論叢』 51집, 1994, 123-129쪽.

文定昌, 『軍國日本占領 36年史』, 박문당, 1965,

신용하, 「조선노동공제회의 성립과 노동운동」, 『한국의 사회신분과 사회계층』(한국사회사연구회 논문집) 3집, 1986, 71-201쪽.

오미일, 「1920년대 진주지역농민운동」, 진주농민항쟁기념사업회 · 경상대학교 경남문화연구원 (엮음), 『진주 농민운동의 역사적 조명』, 역사비평사, 2003, 105-139쪽.

朝鮮總督府學務局, 『朝鮮諸學校一覽』, 朝鮮總督府, 1929.

진주농민항쟁기념사업회 · 경상대학교 경남문화연구원 (엮음), 『진주 농민운동의 역사적 조명』, 역사비평사, 2003.

천주교 칠암동교회, 『칠암성당 25년』, 1990.

한규상, 『나의 민족, 나의 조국』, 보이스사, 1980.

찾아보기

ㅅ

ㅇ

ㅈ

ㅊ

ㅋ

ㅌ

ㅍ

ㅎ

123

글쓴이(가나다 순)

김준형(金俊亨, myway5391@hanmail.net)

경상대학교 역사교육과 명예교수

저서: 『조선후기 단성 사족층 연구』(2000), 『1862년 진주농민항쟁』(2001), 『晋州 蓮桂齋 沿革』(2007), 『기록유산으로 되살린 역사공간 진주성 이야기』(2015)

김중섭(金仲燮, kimjs0727@naver.com)

(사)진주문화연구소 이사장, 경상대학교 사회학과 명예교수, 역사진주시민모임 공동대표, 조선형평운동사연구회 공동대표, 국가인권위원회 인권교육전문위원

저서: 『형평운동연구: 일제침략기 백정의 사회사』(1994), 『사회운동의 시대: 일제침략기 지역공동체의 역사사회학』(2012), 『평등 사회를 향하여: 한국 형평사와 일본 수평사의 비교』(2015), 『인권의 지역화: 일상생활의 인권 증진을 위하여』(2016) 외

김형목(金炯睦, hyungmok59@hanmail.net)

독립기념관 책임연구위원(전), (사)국채보상운동기념사업회 이사, (사)선인역사문화연구소 연구이사, 한국민족운동사학회 연구이사, 한국여성사학회 지역이사, 육군본부 군사연구소 편집위원

저서: 『대한제국기 야학운동』(2005), 『교육운동: 한국독립운동의 역사 35』(2009), 『김광제, 나랏빚 청산이 독립국가 건설이다』(2012), 『여주독립운동사 개설』(2014), 『최용신, 소통으로 이상촌을 꿈꾸다』(2015), 『대한제국기 경기도의 근대교육운동』(2016), 『대한제국기 충청지역 근대교육운동』(2016), 『충청도 국채보상운동』(2016), 『도마 안중근』(2017, 공저), 『배움의 목마름을 풀어준 야학운동』(2018), 『최용신 평전: 농촌계몽에 헌신한 영원한 상록수』(2020), 『공주독립운동사』(2020, 공저) 외

김희주(金希柱, haeun1208@naver.com)

한국국제대학교 교양학부 교수, 대한광복단기념관 자문위원, 한국동학학회 편집위원, 역사와교육학회 지역이사(전)

저서: 『대한광복단의 민족운동연구』(2006), 『한국근현대인물강좌』(2007, 공저), 『한국근대사의 이해』(2014), 『동학농민혁명 전후의 경남지역 동학 · 천도교 활동』(2020, 공저)

이준식(李俊植, junsik@i815.or.kr)

독립기념관 관장, 친일반민족행위자재산조사위원회 상임위원(전), 민족문제연구소 연구위원 겸 근현대사기념관 관장(전), 성균관대학교 초빙교수(전), 연세대학교 연구교수(전)

저서: 『농촌 사회 변동과 농민 운동』(1993), 『조선공산당 성립과 활동』(2009), 『일제강점기 사회와 문화』(2014), 『민족의 독립과 통합에 바친 삶 김규식』(2014) 외

조미은(趙美恩, seoulhistory@naver.com)

성균관대학교 동아시아역사연구소 책임연구원, 독립기념관(천안) 이사

저서: 『한국 근대 신어의 유형과 특성』(2016, 공저), 『재조선 일본인 학교와 학생: 개항기부터 일제시기까지』(2018) 외

조헌국(趙憲國, chk1221@hanmail.net)

진주교육청 교육장(전), 진주교회 은퇴장로, 부 · 경 교회사연구회 이사, (사)진주문화연구소 이사

저서: 『진주노회사』(2014, 공저), 『진주에 뿌려진 복음』(2015), 『삼천포교회 110년사』(2018), 『호주 선교사 커를과 그의 동료들』(2019) 외